Winfried Eggers · Die Staatenbeschwerde

Schriften zum Völkerrecht

Band 61

Die Staatenbeschwerde

Das Verfahren vor der Vergleichskommission nach der Rassendiskriminierungskonvention im Lichte vorliegender Modellverfahren

Von

Dr. Winfried Eggers

DUNCKER & HUMBLOT / BERLIN

Gedruckt 1978 bei Buchdruckerei Richard Schröter, Berlin 61
Printed in Germany

ISBN 3 428 04208 5

Vorwort

Die Internationale Konvention zur Beseitigung jeder Form von Rassendiskriminierung wird in wenigen Monaten ihr zehnjähriges Inkrafttreten begehen können. Anfängliche enthusiastische Erwartungen über ihre Wirkungsmöglichkeiten sind inzwischen einer nüchternen Betrachtungsweise gewichen.

Dies erscheint der geeignete Zeitpunkt, sich mit dieser Konvention eingehender auseinanderzusetzen, als es im Schrifttum bisher der Fall war. Bereits vor einem Dutzend Jahren appellierte *Egon Schwelb* an die Völkerrechtswissenschaft, die Vorschriften der Konvention einer sorgfältigen rechtsvergleichenden Betrachtung zu unterziehen (ICLQ Vol. 15 [1966], S. 996, 997).

Diesem Aufruf folgend beschränkt sich die vorliegende Arbeit auf verfahrensrechtliche Aspekte der Konvention und greift hier speziell das Verfahren der Staatenbeschwerde heraus. Da die materielle Prüfung als Kernabschnitt der Staatenbeschwerde in der Form eines Vergleichsverfahrens durchgeführt wird, ist die vorliegende Arbeit zugleich als Beitrag zur Darstellung internationaler Vergleichsverfahren auf dem Gebiete des Menschenrechtsschutzes gedacht.

Die tiefgreifende Bedeutung des Verfahrensrechts im internationalen Menschenrechtsschutz verdient gesondert hervorgehoben zu werden. Sollen die internationalen Garantien der Menschenrechte mehr als bloße Deklamation sein, so bedarf es zu ihrer Durchsetzung eines gründlich und wirkungsvoll durchgebildeten Verfahrensrechts.

Mein besonderer Dank gilt Herrn Prof. Dr. Karl-Josef Partsch, Universität Bonn, für die Anregung des Themas und wertvolle Hinweise. Ferner bin ich dem Max Planck-Institut für ausländisches öffentliches Recht und Völkerrecht in Heidelberg und dem Auswärtigen Amt in Bonn für die Gewährung technischer und materieller Unterstützung zu Dank verpflichtet.

Bonn, im Juni 1978

Winfried Eggers

Inhaltsverzeichnis

Teil A

Grundlagen

Teil B

Einzeldiskussion

Erster Abschnitt: Organisationsrecht

Abkürzungsverzeichnis

a. A.	=	anderer Ansicht
a. F.	=	alte Fassung
AFDI	=	Annuaire Français de Droit International
AJIL	=	American Journal of International Law
AmKMR	=	Interamerikanische Kommission zum Schutz der Menschenrechte
AmMRK	=	Amerikanische Menschenrechtskonvention
anal.	=	analog
AnnIDI	=	Annuaire de l'Institut de Droit International
ArchVR	=	Archiv des Völkerrechts
arg.	=	Rückschluß
ASDI	=	Annuaire Suisse de Droit International
belg.	=	belgisch
BGBl.	=	Bundesgesetzblatt
BP	=	Bogotá-Pakt
BRDrs.	=	Bundesratsdrucksache
brit.	=	britisch
Bull.	=	Bulletin
BVerfG	=	Bundesverfassungsgericht
BVerfGG	=	Gesetz über das Bundesverfassungsgericht
BYIL	=	British Yearbook of International Law
CACIJ	=	Central American Court of International Justice
CACJ	=	Central American Court of Justice
CERD	=	Convention on the Elimination of All Forms of Racial Discrimination
CIJ	=	Cour Internationale de Justice
DJZ	=	Deutsche Juristenzeitung
DokS	=	Dokumentensammlung
dt.	=	deutsch
EGKS	=	Europäische Gemeinschaft für Kohle und Stahl
ENEA	=	European Nuclear Energy Agency
ESK	=	Europäische Schiedskonvention
EuGH	=	Europäischer Gerichtshof
EuGHMR	=	Europäischer Gerichtshof für Menschenrechte
EuKMR	=	Europäische Kommission für Menschenrechte
EuMRK	=	Europäische Menschenrechtskonvention
EURATOM	=	Europäische Atomgemeinschaft
EYB	=	European Yearbook
EYbHR	=	European Yearbook of Human Rights
frz.	=	französisch
GA	=	Generalakte bzw. General Assembly
GAOR	=	United Nations General Assembly Official Records
griech.	=	griechisch
GSchG	=	Gemischtes Schiedsgericht
HA	=	Haager Streitbeilegungsabkommen

ibid.	=	ebendort
ICAO	=	International Civil Aviation Organization
ICJ	=	International Court of Justice
ICLQ	=	International Comparative Law Quarterly
IDI	=	Institut de Droit International
idR	=	in der Regel
i. e.	=	das heißt
IGH	=	Internationaler Gerichtshof
ILA	=	International Law Association
ILC	=	International Law Commission
ILM	=	International Legal Materials
ILO	=	International Labour Organization
iSd.	=	im Sinne des (der)
ital.	=	italienisch
iVm.	=	in Verbindung mit
JIR	=	Journal für Internationales Recht
JO	=	Journal Officiel
lit.	=	Buchstabe
LNTS	=	League of Nations Treaty Series
LSchA	=	Londoner Abkommen über deutsche Auslandsschulden
MR	=	Model Rules on Arbitral Procedure
mwN.	=	mit weiteren Nachweisen
NJW	=	Neue Juristische Wochenschrift
No.	=	Nummer
norweg.	=	norwegisch
Nr.	=	Nummer
NRG	=	Martens Nouveau Recueil Général
NTIR	=	Nederlands Tijdschrift voor International Recht
OAS	=	Organization of American States
OEEC	=	Organization for European Economic Cooperation
Off.	=	Official
OR	=	Official Records
österr.	=	österreichisch
ÖZöR	=	Österreichische Zeitschrift für öffentliches Recht
PCIJ	=	Permanent Court of International Justice
Prot.	=	Protokoll
RdC	=	Recueil des Cours de l'Académie de Droit International
RDI	=	Revue de Droit International
RDILC	=	Revue de Droit International et de Législation Comparée
RDH	=	Revue des Droits de l'Homme
RDTAM	=	Recueil des Tribunaux Arbitraux Mixtes
Rec.	=	Records, bzw. Recueil
Reg.	=	Regulation
Rep.	=	Report
Res.	=	Resolution
RGBl.	=	Reichsgesetzblatt
RGDIP	=	Revue Générale de Droit International Public
RSA	=	Recueil des Sentences Arbitrales
SchG	=	Schiedsgericht
SchiedsG	=	Schiedsgericht
SchiedsK	=	Schiedskommission
schweiz.	=	schweizerisch
SdN	=	Société des Nations

Sect.	=	Section
Sér.	=	Série
sog.	=	sogenannte(r)
StIGH	=	Ständiger Internationaler Gerichtshof
StPO	=	Strafprozeßordnung
StSchH	=	Ständiger Schiedshof
Suppl.	=	Supplement
T.	=	Tomus
Tit.	=	Titel
UN	=	United Nations
UNCIP	=	United Nations Commissions for India and Pakistan
UNESCO	=	United Nations Educational, Scientific and Cultural Organization
UNGFIC	=	United Nations Commission of Investigation concerning Greek Frontier Incidents
UNICGO	=	United Nations Security Council Committee of Good Offices on the Indonesian Question
UNPC	=	United Nations Palestine Commission
UNRIAA	=	United Nations Reports on International Arbitral Awards
UNSCOB	=	United Nations Special Commission on the Balkans
UNSCOP	=	United Nations Special Committee on Palestine
UNTCOK	=	United Nations Temporary Commission on Korea
UNTR	=	UN-Treuhandrat
UNTS	=	United Nations Treaty Series
UNYbHR	=	United Nations Yearbook of Human Rights
USA	=	United States of America
v.	=	vom, von; versus
VN	=	Vereinte Nationen (Zeitschrift)
VO	=	Verfahrensordnung
Vol.	=	Volume
vs.	=	versus
VV	=	Friedensvertrag von Versailles
WB	=	Wörterbuch
WEU	=	Westeuropäische Union
ZaöRV	=	Zeitschrift für ausländisches öffentliches Recht und Völkerrecht
ZöR	=	Zeitschrift für öffentliches Recht

TEIL A

Grundlagen

Erstes Kapitel

Das Verfahren vor der Ad-hoc-Kommission als Bestandteil eines internationalen Systems zum Schutz der Menschenrechte

1. Die Stellung der Rassendiskriminierungskonvention im System der internationalen Menschenrechtssicherung

Das am 7. März 1966 zur Unterzeichnung aufgelegte und am 4. Januar 1969 in Kraft getretene „Internationale Übereinkommen zur Beseitigung jeder Form von Rassendiskriminierung"[1] bildet ein wesentliches Element der Arbeit der Vereinten Nationen auf dem Gebiete des Menschenrechtsschutzes im Völkerrecht[2]. Es wurde von der Menschenrechtskommission des Wirtschafts- und Sozialrats der UN (ECOSOC) unter Verwendung eines Entwurfs der Unterkommission zur Verhütung von Diskriminierung und zum Schutz von Minderheiten entworfen und erhielt seine endgültige Form im 3. Ausschuß der UN-Generalversammlung[3]. Die UN-Generalversammlung hat den Entwurf einstimmig angenommen[4].

---

[1] „International Convention on the Elimination of All Forms of Racial Discrimination" (CERD); Text: GA Res. 2106 A (XX), Annex; amtliche deutsche Übersetzung in BGBl. 1969 II, 962; das Übereinkommen wird im folgenden als „Rassendiskriminierungskonvention" bzw. „CERD" bezeichnet.

[2] Der Geltungsgrund der Konvention liegt allein im staatlichen Vertragsschließungsrecht; allerdings besteht aufgrund der Entstehungsgeschichte ein tatsächliches „Naheverhältnis" zu den UN, vgl. *Khol,* Zwischen Staat und Weltstaat, S. 30. Vgl. auch die UN-Pakte (Covenants) zur Sicherung bürgerlicher und politischer Rechte vom 19. Dezember 1966, BGBl. 1973 II, 1533 (in Kraft seit dem 23. März 1976) mit dem gleichzeitig in Kraft getretenen Fakultativprotokoll BRDrs. 304/73, 65, und zur Sicherung wirtschaftlicher, sozialer und kultureller Rechte vom 19. Dezember 1966, BGBl. 1973 II, 1569 (in Kraft seit dem 3. Januar 1976).

[3] UN Doc. E/CN. 4/873 vom Jan. 1964; s. Report on the 20th session of the Commission on Human Rights, UN Doc. E/3873; zur Entstehungsgeschichte der Rassendiskriminierungskonvention s. *Schwelb,* ICLQ Bd. 15 (1966), S. 996 bis 1000 mwN.; *Ermacora,* Diskriminierungsschutz, S. 72 - 111; *Lerner,* UN-Convention, S. 13 ff.; *Partsch,* Rassendiskriminierung, S. 3 f.

Die Rassendiskriminierungskonvention ist neben den Internationalen Menschenrechtspakten vom 19. Dezember 1966, der Konvention gegen Diskriminierung in Beschäftigung und Beruf der Internationalen Arbeitsorganisation (ILO) von 1958[5] und der Konvention gegen Diskriminierung im Unterrichtswesen der Organisation der UN für Erziehung, Wissenschaft und Kultur (UNESCO) von 1960[6] ein Bestandteil des völkerrechtlichen Instrumentariums zur Beseitigung und Verhütung der Diskriminierung von Individuen und Gruppen[7]. Die Rassendiskriminierungskonvention soll gewährleisten, daß niemand wegen seiner „Rasse, Hautfarbe, Abstammung, nationalen Ursprungs oder Volkstums“[8] derart diskriminiert wird, daß er in seinen „Menschenrechten und Grundfreiheiten im politischen, wirtschaftlichen, sozialen, kulturellen oder jedem sonstigen Bereich des öffentlichen Lebens“[9] beeinträchtigt wird.

Zur Erreichung dieses Zieles übernehmen die Vertragsstaaten weitreichende Verpflichtungen, die sich auf die Verfolgung einer Politik der Beseitigung der Rassendiskriminierung und Förderung des gegenseitigen Verständnisses sowie eine entsprechende Ausgestaltung der innerstaatlichen Rechtsordnung[10] und des Kultus- und Informationswesens[11] beziehen[12]. Es ist Aufgabe der Vertragsstaaten, den Bestimmungen der Konvention im innerstaatlichen Bereich zu voller Wirksamkeit zu verhelfen[13].

---

[4] UN Doc. A/PV. 1406; A/PV. 1408; zum Stand der Ratifikationen s. die jährlichen Berichte „Status of the International Convention on the Elimination of All Forms of Racial Discrimination“, ferner regelmäßig in UN Doc. E/CN. 4/ 907/Rev. 1 ff.; Unterzeichnung durch die Bundesrepublik Deutschland am 10. Februar 1967; Ratifikation durch Gesetz vom 9. Mai 1969, BGBl. 1969 II, 961.

[5] Angenommen von der ILO General Conference am 25. 6. 1958; UN Yb. HR 1958, 307.

[6] Angenommen von der UNESCO General Conference am 4. 12. 1960; UN Yb. HR 1961, 437.

[7] Eine „Convention on the Elimination of All Forms of Religious Intoleance“ befindet sich noch im Vorbereitungsstadium, vgl. *Ermacora*, Diskriminierungsschutz, S. 145 - 163.

[8] Art. 1 I CERD; zur Definition des Begriffs „Racial Discrimination“ s. *Schwelb*, ICLQ Bd. 15 (1966), S. 1001 - 1015; *Delbrück*, Die Rassenfrage als Problem des Völkerrechts und nationaler Rechtsordnungen, Frankfurt/M. 1971; *Partsch*, Rassendiskriminierung, S. 4 ff.; *ders.*, Beseitigung ..., S. 122 f.; s. dazu auch Art. 1 der UN-Deklaration über die Beseitigung jeder Form von Rassendiskriminierung, UN Doc. A/Res./1904 (XVIII) v. 20. 12. 1963; deutsche Übersetzung bei *Partsch*, Rassendiskriminierung, S. 24 ff.

[9] Art. 1 I CERD.

[10] Art. 2 - 6 CERD.

[11] Art. 7 CERD.

[12] Zum Umfang der Verpflichtungen im einzelnen: *Partsch*, Rassendiskriminierung, S. 6 ff.

[13] Zum Problem der rassischen Diskriminierung im Völkerrecht allgemein s. die gesammelten Aufsätze in RDH 4 (1971), S. 207 - 350.

2. Die Menschenrechtssicherungsverfahren der CERD

Eingedenk der elementaren Erfahrung, daß die Übernahme völkerrechtlicher Verpflichtungen keine Garantie für deren Erfüllung bietet, sieht die Rassendiskriminierungskonvention eigene Nachprüfungsmechanismen zur Kontrolle der Durchführungswirklichkeit innerhalb der einzelnen Vertragsstaaten vor. Es handelt sich dabei um völkerrechtliche Sicherungsverfahren auf einem Spezialgebiet der Internationalen Kontrolle[14], nämlich dem der völkerrechtlichen Menschenrechtssicherung.

Unter einem Sicherungsverfahren versteht man im weiteren Sinne den Inbegriff jener Normen, die die Kontrolle der Erfüllung materiellrechtlicher Verpflichtungen durch den verpflichteten Vertragsstaat mittels eines hierzu berufenen Sicherungsorgans regeln[15].

Menschenrechtliche Sicherungsverfahren im besonderen sind „alle jene durch Kollektivvertrag oder andere Völkerrechtsquellen im weiteren Sinne institutionalisierten Verfahren, in denen in Übereinstimmung mit dieser Norm in einem rechtlich geordneten Weg von Amts wegen oder auf Antrag (Beschwerde) durch internationale Organe die staatliche Gesetzgebung und Vollziehung generell oder im Einzelfall im Rahmen einer internationalen Organisation darauf überprüft werden, inwieweit dadurch abstrakt oder konkret die durch eine völkerrechtliche, für diesen Staat verbindliche Norm dem einzelnen zugesicherten Menschenrechte verwirklicht, eingehalten, geschützt oder verletzt werden"[16].

Die Sicherungsverfahren können demnach verschieden gestaltet sein. Zu unterscheiden sind Staatenberichts-, Beschwerde- und Petitionsverfahren[17].

Im Rahmen von Staatenberichtsverfahren[18] legt der betreffende Vertragsstaat periodisch oder in unregelmäßigen Abständen — gegebenenfalls auch auf Anforderung — einem Kontrollorgan ohne Vorliegen eines konkreten Anlasses einen Bericht über den Stand der zur Durchführung des jeweiligen Vertragszwecks ergriffenen Maßnahmen vor. Es handelt sich also um ein generell-abstraktes Verfahren.

Demgegenüber wird im Beschwerdeverfahren dem Kontrollorgan eine konkret behauptete Vertragsverletzung mitgeteilt. Die Mitteilung

[14] Zu diesem Institut eingehend *Hahn*, WB. des Völkerrechts Bd. 2, S. 66 ff. (mwN.).

[15] Vgl. *Khol*, S. 504.

[16] So *Khol*, S. 390 f.

[17] Zum menschenrechtlichen Petitionsverfahren s. *Meißner*, Menschenrechtsbeschwerde, S. 17 - 38; *Tomuschat*, Stichwort „Petition", in: Handbuch Vereinte Nationen.

[18] Dazu allgemein *Khol*, S. 173 ff.

beinhaltet regelmäßig den ausdrücklichen oder stillschweigenden Antrag, den Sachverhalt zu erforschen und im Lichte des jeweiligen Vertrages zu würdigen. Als Mitteilende kommen andere Vertragsstaaten („Staatenbeschwerde“) oder sich in ihren spezifischen Rechten verletzt fühlende Individuen oder Gruppen („Individualbeschwerde“)[19] in Frage. In beiden Fällen handelt es sich um individuell-konkrete Verfahren, die zusammenfassend als „individuelle Sicherungsverfahren“ bezeichnet werden.

Die Rassendiskriminierungskonvention sieht mit Ausnahme des Petitionsverfahrens sämtliche dargestellten Sicherungsverfahren vor.

Inhalt des Staatenberichtsverfahrens gem. Art. 9 Abs. 1 CERD ist die Pflicht der Vertragsstaaten zur regelmäßigen Berichterstattung über Maßnahmen, die sie zur Verwirklichung der Konventionsziele ergriffen haben. Adressat dieser Berichte ist der im Rahmen der Konvention gebildete Ausschuß, der die Berichte prüft und sie gegebenenfalls als Material für Anregungen und allgemeine Empfehlungen an die Generalversammlung der Vereinten Nationen (Art. 9 Abs. 2 CERD) verwendet. Dieses politisch-generelle Verfahren kommt bereits seit mehreren Jahren zur praktischen Anwendung[20].

Individualbeschwerden von Personen oder Personengruppen über Nichteinhaltung der Konvention gem. Art. 14 CERD sind dagegen bisher rechtlich nicht möglich, da die gem. Art. 14 Abs. 9 CERD von mindestens zehn Vertragsstaaten abzugebenden Erklärungen über die Anerkennung der Zuständigkeit des Ausschusses zur Entgegennahme von Petitionen bisher nicht vorliegen. Angesichts der zu beobachtenden Zurückhaltung der Staaten gegenüber der Anerkennung von Individualbeschwerden ist es offen, ob dieses quasigerichtliche, individuelle Sicherungsverfahren im Rahmen der Rassendiskriminierungskonvention in näherer Zukunft praktikabel werden wird[21].

Um so größere Bedeutung könnte daher in der Praxis dem Verfahren der Staatenbeschwerde (Art. 11 - 13 CERD)[22] zukommen, da dessen Vorschriften unmittelbar anwendbares Recht sind[23]. Praktische Erfahrun-

---

[19] Zum Individualbeschwerdeverfahren vor den UN s. insbesondere *Meißner*, S. 39 ff.

[20] Dazu *Partsch*, Rassendiskriminierung, S. 15 - 18; instruktiv zur Arbeitsweise des Ausschusses: *ders.*, Bekämpfung der rassischen Diskriminierung, S. 123 - 126; eingehend auch *Das*, Measures of Implementation, S. 213 - 262.

[21] Vgl. *Partsch*, Rassendiskriminierung, S. 14.

[22] Zu der CERD-Staatenbeschwerde allgemein s. *Schwelb*, ICLQ Bd. 15, S. 996 ff.; *Cassese*, Rivista di Diritto Internazionale Bd. 50 (1967), S. 270 ff.; *Khol*, S. 231 ff.

[23] Im Gegensatz zu Art. 41 des UN-Paktes über bürgerliche und politische Rechte ist die CERD-Staatenbeschwerde obligatorischer Art, bedarf also keiner weiteren Anerkennungserklärung durch die Vertragsstaaten; ähnl. die Staatenbeschwerde nach Art. 24 EuMRK.

gen mit diesem Sicherungsverfahren liegen im Rahmen der Rassendiskriminierungskonvention bisher nicht vor. Die Konzeption der CERD-Staatenbeschwerde beruht auf dem durchaus geläufigen Gedanken, daß es in erster Linie Aufgabe der Völkerrechtsgemeinschaft selbst ist, über die Erfüllung völkerrechtlicher Verpflichtungen zu wachen[24]. Daher wird den Vertragsstaaten die Befugnis eingeräumt, sich mit der Beschwerde[25], ein anderer Vertragsstaat führe die Bestimmungen der Rassendiskriminierungskonvention nicht durch, an den Ausschuß zu wenden. Diesem selbst steht ein eigenes Initiativrecht ähnlicher Art nicht zu[26]; er kann aus eigener Befugnis nur im Rahmen des Staatenberichtsverfahrens tätig werden.

Die Staatenbeschwerde nach der Rassendiskriminierungskonvention wird sukzessiv vor zwei verschiedenen Gremien behandelt: dem CERD-Ausschuß und einer ad hoc einzusetzenden Kommission. Die Frage nach dem vor dieser Kommission einzuschlagenden Verfahren bildet den Gegenstand der vorliegenden Arbeit.

Da die Arbeit der Kommission systematisch eng mit derjenigen des CERD-Ausschusses zusammenhängt und sich aus diesem funktionalen Kontext möglicherweise Anhaltspunkte für die Verfahrensgestaltung vor der Kommission ergeben, ist es unerläßlich, zunächst den Verfahrensablauf der Staatenbeschwerde vor beiden Gremien im Zusammenhang darzustellen.

3. Der Ablauf der Staatenbeschwerde nach Art. 11 - 13 CERD

Die Staatenbeschwerde nach der Rassendiskriminierungskonvention ist durch einen mehrphasigen Verfahrensablauf gekennzeichnet, der eine möglichst rationelle Bereinigung der Meinungsverschiedenheit unter Beachtung der Konvention ermöglichen soll. Im einzelnen lassen sich fünf Verfahrensabschnitte unterscheiden: Eingangsverfahren vor dem CERD-Ausschuß[27], Verhandlungsstadium zwischen den beteiligten Vertragsstaaten, Sachprüfung vor dem CERD-Ausschuß, Verfahren vor der CERD-Kommission, Verfahrensabschluß durch den Ausschußvor-

---

24 *Partsch*, Rassendiskriminierung, S. 18.

25 „Communication", in amtlicher deutscher Übersetzung „Mitteilung"; im Schrifttum findet sich häufig der plastischere Ausdruck „Beschwerde", s. *Partsch*, ebd., S. 12 ff., 18 ff.; zu terminologischen Fragen s. insbes. *Khol*, S. 116 ff.

26 Vgl. *Partsch*, ebd., S. 18; zur Gewährleistung von Kollektivverträgen eingehend *Khol*, S. 22 ff. mwN.; das einzige Beschwerdeverfahren, das von Amts wegen eingeleitet werden kann, ist dasjenige nach Art. 26 ILO-Satzung.

27 Zur Arbeitsweise des Ausschusses allgemein s. *Sohn/Buergenthal*, International Protection, S. 866 - 868.

sitzenden. Wesentlich für das Verständnis dieses Verfahrens ist, daß diese Mehrphasigkeit nicht als starres Verfahrensschema konzipiert ist.

Vielmehr strebt die Konvention eine möglichst frühzeitige Einigung der Kontrahenten in einer der ersten Verfahrensphasen an. Bei Gelingen einer frühzeitigen Einigung fallen die späteren Verfahrensphasen ersatzlos weg.

3.1 Eingangsverfahren vor dem Ausschuß

Im ersten Verfahrensabschnitt findet eine Auseinandersetzung der beteiligten Vertragsstaaten vor dem CERD-Ausschuß noch nicht statt. Der CERD-Ausschuß hat in diesem Stadium lediglich unmittelbare Verhandlungen zwischen den Beteiligten durch Herstellung diplomatischer Kontakte einzuleiten[28]. Dies geschieht durch Weiterleitung der Beschwerdeschrift unter Fristsetzung zur Gegenäußerung sowie Weiterleitung der Gegenäußerung des Empfangstaates an den mitteilenden Vertragsstaat (Beschwerdeführer)[29]. Der CERD-Ausschuß geht in diesem Verfahrensstadium gem. Regel 68 Abs. 1 seiner Verfahrensordnung[30] nicht auf den materiellen Gehalt der Staatenbeschwerde ein, sondern prüft lediglich die Aktiv- und Passivlegitimation der Beteiligten, also deren Eigenschaft als Vertragsstaaten der Rassendiskriminierungskonvention[31]. Auf die Schlüssigkeit des Vorbringens im übrigen erstreckt sich die Prüfung also nicht.

3.2 Verhandlungsstadium

Dem Eingangsverfahren vor dem CERD-Ausschuß folgt ein sechsmonatiger Zeitraum, der zur Abwicklung unmittelbarer diplomatischer Verhandlungen zwischen den an der Auseinandersetzung beteiligten Vertragsstaaten der Konvention mit dem Ziel der Streitbeilegung be-

[28] „Briefträgerfunktion", vgl. *Khol*, S. 226; eine vorhergehende diplomatische Auseinandersetzung zwischen den Kontrahenten ist nicht erforderlich, vgl. *Partsch*, ebd., S. 18.

[29] Art. 11 I CERD iVm. Regel 68 I, VI der Ausschuß-VO (Text: s. Fn. 30); im CERD-Ausschuß wurde mehrheitlich die Auffassung vertreten, daß auch Staatenberichte iSd. Art. 9 CERD als „communication" iSd. Art. 11 I CERD in Frage kommen könnten.

[30] Text: Report of the Committee on the Elimination of All Forms of Racial Discrimination, GAOR Suppl. No. 27 (A/8027), S. 17 ff.; deutsche Übersetzung bei *Partsch*, Rassendiskriminierung (Anhang).

[31] Vgl. dazu *Partsch*, ebd., S. 18, der zutreffend auf die Unmöglichkeit einer Zurückweisung wegen offensichtlicher Unbegründetheit in diesem Verfahrensabschnitt hinweist; zu der Frage, ob eine Mitteilung auch dann weiterzuleiten ist, wenn sie sich auf ein Gebiet bezieht, hinsichtlich dessen ein Vertragsstaat einen Vorbehalt erklärt hat, vgl. ibid., S. 19; problematisch auch die Behandlung bei behauptetem Verstoß gegen die Konvention auf dem Gebiet eines Vertragsstaates, der in der Ausübung seiner Souveränität verhindert ist.

stimmt ist. Die Sechsmonatsfrist beginnt mit dem Zugang[32] der ersten Mitteilung bei dem Empfangsstaat (Art. 11 Abs. 2 CERD). An den Verhandlungen nimmt der CERD-Ausschuß nicht teil.

3.3 Sachprüfung vor dem Ausschuß

Sofern die diplomatischen Verhandlungen zwischen den beteiligten Vertragsstaaten nicht zu einer Beilegung der Kontroverse führen, folgt eine Prüfung vor dem CERD-Ausschuß. Dieser Verfahrensabschnitt wird durch eine erneute Vorlage der Angelegenheit durch den mitteilenden Staat bei dem CERD-Ausschuß eingeleitet. Die erneute Vorlage ist frühestens nach Ablauf der Sechsmonatsfrist zulässig.

Der CERD-Ausschuß tritt nunmehr in eine formelle und beschränkt-materielle Sachprüfung ein.

Im Rahmen der formellen Prüfung wird in Übereinstimmung mit der völkerrechtlichen „local remedies rule" die Ausschöpfung aller innerstaatlichen Rechtsbehelfe geprüft[33]. Eine Ausnahme von diesem Erfordernis gilt nur bei ungebührlicher Verfahrensverzögerung (Art. 11 Abs. 3 CERD).

In beschränkt-materieller[34] Hinsicht prüft der CERD-Ausschuß die Schlüssigkeit des Beschwerdevorbringens, die zunächst dessen Substantiierung voraussetzt[35]. Die Staatenbeschwerde ist schlüssig, wenn der Sachvortrag des beschwerdeführenden Vertragsstaats — die Richtigkeit seiner Behauptungen unterstellt — geeignet ist, eine Verletzung der Rassendiskriminierungskonvention durch den Empfangsstaat als möglich erscheinen zu lassen.

Bei mangelnder Schlüssigkeit der Beschwerde treffen weder die Konvention noch die Verfahrensordnung des CERD-Ausschusses Anordnungen über das weiter einzuschlagende Verfahren. Eine Zurückweisung der Beschwerde durch Beschluß[36] liegt nahe, da eine Weiterverfolgung

---

[32] „receipt" bzw. „réception"; die amtl. deutsche Übersetzung verwendet den Ausdruck „Eingang".

[33] Zur Beweislast s. *Lerner*, UN-Convention, S. 88; *Partsch*, Rassendiskriminierung, S. 19; zur local remedies rule allgemein s. *Dahm*, Lehrbuch Bd. 3 S. 261 Fn. 61; zu ihrer Bedeutung speziell im Menschenrechtsschutz s. *Khol*, S. 540 - 543 mit Nachweisen in Fn. 469.

[34] Prüfung auf Vorliegen sog. materieller Unzulässigkeitsgründe; vgl. dazu eingehend *Khol*, S. 371 - 380, 550 - 553 mwN. in Fn. 323, 504; vergleichbar mit der Vorprüfung des BVerfG nach § 91 BVerfGG.

[35] Zur Substantiierungspflicht vgl. *Jenks*, International Protection of Trade Union Freedom, S. 465 f.; *Khol*, S. 209; vgl. auch Art. 7 VO des Zentralamerikanischen Gerichtshofs: „No action shall be entertained which fails to set forth the facts and legal grounds constituting the question or questions in controversy . . .".

[36] Begründungspflicht ist anzunehmen.

der Sache vor dem Ausschuß nicht mehr möglich ist. Der Zurückweisungsbeschluß stellt in diesem Fall die Endentscheidung des CERD-Ausschusses dar.

Bei Schlüssigkeit des Vorbringens steht es dem CERD-Ausschuß frei, ob und in welchem Umfang er eine Tatsachenermittlung durchführt. Nach Art. 11 Abs. 4, Art. 12 Abs. 1 lit. a CERD hat er das Recht zur Einholung und Auswertung aller sachdienlichen Angaben. Eine Aufklärungspflicht wird durch diese Vorschriften ersichtlich nicht begründet.

Die Konvention läßt die Ausgestaltung des Verfahrens in diesem Prüfungsstadium weitgehend ungeregelt. Nach Art. 11 Abs. 3 CERD „befaßt" sich der CERD-Ausschuß mit der Sache, nach Art. 11 Abs. 5 „berät" er über die Sache. Inhalt und Funktion dieser Tätigkeiten werden in der Konvention nicht präzisiert. Daher ist es denkbar, daß der CERD-Ausschuß lediglich das eingegangene Material sichtet, die Schlüssigkeit des Vorbringens prüft und alle weiteren Sachaufklärungen der zu bildenden Ad-hoc-Kommission überläßt. Der Umstand, daß die Verfahrensordnung des CERD-Ausschusses — entgegen mancher Erwartung[37] — auf die Regelung eines Beweisverfahrens verzichtet und statt dessen lediglich das bereits in der Konvention verankerte Recht zur Auskunftseinholung bei den Beteiligten wiederholt[38], macht deutlich, daß der CERD-Ausschuß die Möglichkeit eines ausgedehnten Beweisverfahrens jedenfalls nicht in den Vordergrund seiner Erwägungen stellte.

Diese Zurückhaltung des CERD-Ausschusses erscheint angesichts der Ermittlungskompetenz der anschließend einzusetzenden Ad-hoc-Kommission[39] einleuchtend. Eine umfangreiche Ermittlung durch den CERD-Ausschuß würde zu einer unökonomischen Doppelprüfung führen. Dies kann nicht die Absicht der Konvention gewesen sein. Denn die Einrichtung der Ad-hoc-Kommission bezweckt neben der Entlastung des mit zahlreichen anderen Funktionen betrauten CERD-Ausschusses eine Sachprüfung durch jenes spezielle Gremium, dem aufgrund seiner Ad-hoc-Eigenschaft eine viel eingehendere Behandlung der tatsächlichen Grundlagen des Streitfalles möglich ist.

Der weitergehenden Ansicht, daß die Sachverhaltsermittlung solange durch den CERD-Ausschuß erfolgen solle, als kein Lokalaugenschein[40] notwendig oder eine schriftliche Aufklärung möglich sei[41], ist daher nicht zuzustimmen.

---

[37] Vgl. etwa *Khol*, S. 228 f., der eine Regelung der Beweismittel und ein förmliches kontradiktorisches Verfahren erwartete.

[38] Regel 69.

[39] Art. 12 I, 13 I CERD.

[40] Schon die Möglichkeit des Lokalaugenscheins ist im Rahmen dieses Verfahrens zweifelhaft, s. dazu unter B., 2. Abschn., 4. Kap., Ziff. 8.

[41] So *Khol*, S. 228.

Vielmehr sollte der CERD-Ausschuß dem Grundsatz der Verfahrensökonomie folgend den Aufklärungsstand nur so weit treiben, daß eine Verletzung der Rassendiskriminierungskonvention wahrscheinlich erscheint[42]. Die weitergehenden Ermittlungen sollten durch die Ad-hoc-Kommission erfolgen.

Die gelegentlich aufgeworfene Frage nach einer Vergleichskompetenz des CERD-Ausschusses[43] ist aus ähnlichen Erwägungen mit Zurückhaltung zu beantworten. Eine derartige Kompetenz ließe sich möglicherweise aus einer analogen Anwendung des Art. 9 Abs. 2 CERD herleiten, wonach der CERD-Ausschuß im Berichtsverfahren aufgrund der Prüfung der von den Vertragsstaaten eingereichten Berichte und Auskünfte Vorschläge machen und allgemeine Empfehlungen aussprechen darf. Möglicherweise ließe sich für die Begründung einer Vergleichsbefugnis auch die Lehre von den „implied powers"[44] heranzuziehen.

Die Annahme einer Vergleichskompetenz des CERD-Ausschusses — wie immer sie begründet würde — ließe jedoch außer Betracht, daß die Konvention eigens zum Zweck der Herbeiführung eines Vergleichs die Ad-hoc-Kommission institutionalisiert hat. Die Einsetzung dieser Kommission ist obligatorisch; lediglich hinsichtlich des Zeitpunktes der Kommissionseinsetzung besteht ein Ermessen[45]. Deshalb kommt die Leistung guter Dienste zur Herbeiführung eines Vergleichs ausschließlich der Ad-hoc-Kommission zu[46]. Eine Vergleichsbefugnis des CERD-Ausschusses läßt sich ausnahmsweise bejahen, wenn sich eine Einigung der Streitparteien schon im Ausschußverfahren konkret abzeichnet und die Einsetzung der Ad-hoc-Kommission deshalb nur zu einer unangemessenen Verfahrensverzögerung führen würde[47].

Für den Abschluß der Ermittlungstätigkeit des CERD-Ausschusses ist eigentümlicherweise weder in der Konvention noch in der Verfahrensordnung des CERD-Ausschusses ein formeller Akt vorgesehen. Regel 71 der Verfahrensordnung sieht lediglich vor, daß der Ausschußvorsitzende nach Erhalt und Auswertung aller vom CERD-Ausschuß für erforder-

---

[42] So auch *Partsch*, Rassendiskriminierung, S. 20.

[43] Anscheinend bejahend *Partsch*, ebd., S. 12; vgl. aber auch ebd., S. 19; s. dagegen abweichende Regelung in Art. 41 I e des Pakts über bürgerliche und politische Rechte, der dem dort zu errichtenden Menschenrechtsausschuß ausdrücklich konziliatorische Kompetenz zuweist.

[44] Zur Begründung dieser Lehre eingehend *Guckel*, Streitbeilegungsvorschriften, S. 204 - 217 mwN.; zum Erfordernis der Notwendigkeit der implizierten Regelungsbefugnis s. *Schwarzenberger*, International Law, Bd. I Teil 1, S. 521; grundlegend: IGH, ICJ Reports 1949, S. 182.

[45] Vgl. dazu *Khol*, S. 229.

[46] So auch *Partsch*, Rassendiskriminierung, S. 19; wohl auch *Khol*, S. 242.

[47] Auch derartige Vergleichsvorschläge müssen auf der Grundlage der Achtung der Rassendiskriminierungskonvention beruhen (anal. Art. 12 I lit. a CERD).

lich gehaltenen Auskünfte die streitenden Vertragsstaaten benachrichtigt und Verhandlungen über die Zusammensetzung der Ad-hoc-Kommission führt. Vor dieser Benachrichtigung muß allerdings die Willensbildung innerhalb des CERD-Ausschusses über die Beendigung des Ermittlungsverfahrens abgeschlossen sein. Das geeignete Mittel zur Bekundung dieses Abschlusses ist ein förmlicher Verfahrensbeschluß[48].

3.4 Das Verfahren vor der Ad-hoc-Kommission

Der Verfahrensbeschluß des CERD-Ausschusses über den Abschluß des Ermittlungsverfahrens leitet zu der Tätigkeit der Ad-hoc-Kommission über, die sich zunächst konstituieren muß.

Die Einsetzung der Kommission erfolgt von Amts wegen durch Ernennung seitens des Vorsitzenden des CERD-Ausschusses (Art. 12 Abs. 1 lit. a CERD). Die Konvention ist insoweit anderen Beschwerdeverfahren, die die Zustimmung der Parteien zur Einsetzung einer Ad-hoc-Kommission verlangen[49], nicht gefolgt. Die Einsetzung der Kommission ist also obligatorisch. Den berechtigten Belangen der Streitparteien bei der Konstituierung der Kommission trägt die Konvention Rechnung, indem die Ernennung der einzelnen Kommissare gem. Art. 12 Abs. 1 lit. a S. 2 CERD an die Zustimmung der Parteien gebunden ist.

Von einem Vorschlagsrecht der Parteien ist in der Konvention nicht die Rede. Jedoch dürften eigene Nominierungsvorschläge der Parteien in den nach Regel 71 der CERD-Ausschuß-Verfahrensordnung zu führenden Verhandlungen über die Zusammensetzung der Kommission nicht ausgeschlossen sein.

Für den Fall der Nichteinigung über die Zusammensetzung der Kommission sieht die Konvention die Möglichkeit einer Ersatzvornahme vor. Der CERD-Ausschuß wählt dann die von den Parteien noch nicht einvernehmlich ernannten Kommissare aus seinen eigenen Reihen in geheimer Abstimmung mit Zweidrittelmehrheit seiner Mitglieder (Art. 12 Abs. 1 lit. b CERD). Auf diese Weise soll die Funktionsfähigkeit der Kommission auch bei Dissens der Parteien garantiert werden.

Aufgabe dieser Kommission ist die Herbeiführung einer gütlichen Einigung zwischen den beteiligten Vertragsstaaten auf der Grundlage der Achtung der Rassendiskriminierungskonvention (Art. 12 Abs. 1 lit. a S. 2 CERD). Die Kommission beschließt ihre Aufgabe mit einem Bericht,

---

48 So auch *Partsch*, Rassendiskriminierung, S. 19.

49 So bei der Staatenbeschwerde gem. Art. 42 I lit. a des Paktes über bürgerliche und politische Rechte; entsprechend auch bei der Einsetzung der Fact-Finding and Conciliation Commission on Freedom of Association der ILO.

der die Ermittlungen der Kommission darstellt und Empfehlungen für eine gütliche Streitbeilegung ausspricht (Art. 13 Abs. 1 CERD).

Organisation und Funktion der Ad-hoc-Kommission bilden das zentrale Problem der vorliegenden Arbeit, die sich die rechtsvergleichende Untersuchung auf Übertragbarkeit der Verfahrensvorschriften vergleichbarer internationaler Gremien auf das — nur in Grundzügen geregelte — Verfahren der Ad-hoc-Kommission zum Ziel gesetzt hat.

3.5 Verfahrensabschluß

Der fünfte und letzte Verfahrensabschnitt der CERD-Staatenbeschwerde beinhaltet die Vorlage des Kommissionsberichts an den Vorsitzenden des CERD-Ausschusses, der den Bericht an die Streitparteien zur Stellungnahme weiterleitet. Das gesamte Verfahren wird abgeschlossen, indem der Ausschußvorsitzende den Kommissionsbericht samt den hierzu abgegebenen Erklärungen der Streitparteien über Annahme oder Nichtannahme des Berichts den anderen Vertragsstaaten übermittel (Art. 13 CERD).

Zweites Kapitel

Die CERD-Kommission als völkerrechtliche Vergleichskommission

1. Die Funktion der CERD-Kommission in rechtsvergleichender Betrachtung

Ausgangspunkt einer Betrachtung, inwieweit bestehende Modellverfahrensordnungen Anregungen für das Verfahren der CERD-Kommission liefern können, muß zunächst eine Kategorisierung dieses Verfahrens innerhalb des Systems bestehender Verfahrensarten sein. Erst nach der Festlegung des rechtstheoretischen Standorts des Verfahrens vor der CERD-Kommission läßt sich die Frage nach der graduellen Verwandtschaft und damit des Modellcharakters anderer Verfahrensregelungen beantworten. Der Ansatz für diese Untersuchung ergibt sich aus der in der Rassendiskriminierungskonvention getroffenen Grundlagenregelung des Verfahrens vor der Kommission.

1.1 Die normative Ausgestaltung der Funktion der CERD-Kommission

Die normative Gestaltung der Funktion der CERD-Kommission beschränkt sich auf elementare Grundzüge. Die wenig systematische Gesetzestechnik der Konvention trägt zum Verständnis dieser Grundzüge nicht sonderlich bei.

1.1.1 Die CERD-Kommission als Vergleichskommission

Die CERD-Kommission ist gem. Art. 12 Abs. 1 lit. a CERD als „Conciliation Commission“ — in der deutschen Textfassung: „Vergleichskommission — konzipiert. Diese Kommission

„bietet den beteiligten Staaten ihre guten Dienste an, um auf der Grundlage der Achtung dieses Übereinkommens eine gütliche Beilegung herbeizuführen“[1].

Diese Aufgabendefinition weist der Kommission die Funktion eines internationalen Streitbeilegungsorgans zu.

Soweit die Konvention ein Angebot guter Dienste vorsieht, erscheint die Formulierung mißverständlich, weil daraus geschlossen werden

[1] Art. 12 I lit. a (am Ende).

könnte, daß die Streitbeilegung in Form des völkerrechtlichen Rechtsinstituts der Guten Dienste, also informell, erfolgen sollte. Daß die Konvention jedoch ein förmlich geordnetes Verfahren institutionalisieren will, ergibt sich aus Art. 12 Abs. 3 CERD, demzufolge die Kommission sich eine Geschäftsordnung gibt.

Zu klären bleibt, welcher der Streitbeilegungsarten das Verfahren vor der CERD-Kommission zuzuordnen ist. Diese Untersuchung erscheint notwendig, da den Verfahrensordnungen aus dem Bereich desjenigen Streitbeilegungsverfahrens, dem das Verfahren vor der CERD-Kommission zuzurechnen ist, ein primärer Modellcharakter zukommt.

Die Verwendung des Begriffs „Vergleichskommission" bzw. „Conciliation Commission" in Art. 12 Abs. 1 lit. a CERD läßt für sich allein noch nicht auf den Rechtscharakter des Verfahrens schließen. Die Bezeichnung der Verfahrensart in völkerrechtlichen Verträgen ist häufig unscharf. Insbesondere wird auch der Begriff „Conciliation" im Völkerrecht nicht in terminologisch einheitlichem Sinn gebraucht. Seine Bedeutung läßt sich im Einzelfall nur aus seinem Kontext erschließen.

Es findet sich folgender Sprachgebrauch: Im weitesten Sinne wird „Conciliation" als Synonym für friedliche Streitschlichtung im Sinne eines Oberbegriffs für alle friedlichen Streitbeilegungsarten, also insbesondere auch für die zu einer juristisch verbindlichen Endentscheidung führenden Verfahren der schiedsgerichtlichen und gerichtlichen Erledigung verstanden.

In einem engeren technischen Sinne wird der Begriff „Conciliation" gelegentlich als gleichbedeutend mit schiedsgerichtlicher Erledigung verwendet. So wurden beispielsweise die Conciliation Commissions nach Art. 83 des Friedensvertrags mit Italien von 1947 als Schiedsgerichte konzipiert, die für die Parteien verbindliche Endentscheidungen erließen. Sie werden daher auch in der Literatur als Schiedsgerichte behandelt[2]. Entsprechendes gilt für die nach Art. 45 der Belgrader Donaukonvention vom 18. August 1948 zu bildende „Commission de Conciliation", die gleichfalls schiedsgerichtliche Funktionen ausübt[3]. Diese engere technische Verwendung des Begriffs „Conciliation" hat sich aber nicht allgemein durchgesetzt, sondern ist atypisch geblieben.

„Conciliation" im engeren, heute typischerweise verwandten Sinn ist die Bezeichnung für eine spezielle Form friedlicher Streitschlichtung,

---

[2] *Bolla*, Quelques considérations sur les commissions de conciliation prévues par l'article 83 du Traité de Paix avec l'Italie, Symbolae Verzijl, S. 72 f.; *v. Asbeck*, NTIR 1956 III, S. 3; *Seidl-Hohenveldern*, Die Vergleichskommissionen gem. Art. 83 des Friedensvertrags mit Italien von 1947, ArchVR Bd. 9 (1961), S. 278 - 288; *Staats*, Ausländisches Privatvermögen in der internationalen Rechtsprechung, Göttingen 1966, S. 10 - 12.

[3] *Seidl-Hohenveldern*, Die Grenzen rechtlicher Streiterledigung, S. 59.

die sich von den anderen Verfahren in charakteristischer Weise unterscheidet und im deutschen Sprachgebrauch als Schlichtungsverfahren oder Vergleichsverfahren auftritt. Dieses Verfahren ist dadurch gekennzeichnet, daß es zu einer juristisch nicht verbindlichen Empfehlung an die Streitparteien führt.

Da die Konvention für das Verfahren vor der CERD-Kommission in Art. 12, 13 schon eine bestimmte, wenn auch auf Grundzüge beschränkte Verfahrensregelung trifft, wird deutlich, daß der Begriff „Conciliation" im Sinne der Konvention nicht in dem erstgenannten allgemeinen, sondern in einem spezifischen, engeren Sinne zu verstehen ist.

Da andererseits die CERD-Kommission auch keine rechtlich verbindlichen Entscheidungen, sondern lediglich unverbindliche Empfehlungen trifft (Art. 13 Abs. 1 CERD), über deren Annahme oder Nichtannahme die betreffenden Vertragsstaaten nach freiem Ermessen entscheiden[4], ist klargestellt, daß unter „Conciliation" im Sinne des Art. 12 Abs. 1 CERD auch keine schiedsgerichtliche Streiterledigung zu verstehen ist. *Es handelt sich also um ein völkerrechtliches Vergleichsverfahren typischer Art.*

Das völkerrechtliche Vergleichsverfahren typischer Art ist ein Mittel zur Schlichtung völkerrechtlicher Streitigkeiten jeder Art durch eine von den Parteien ständig oder ad hoc eingesetzte Kommission, die eine unparteiische Untersuchung des Streitfalls anstellt, sich um eine Versöhnung der Parteien bemüht und bei Mißlingen dieser Bemühungen den Parteien die Einzelheiten einer ihr angemessen erscheinenden Regelung vorschlägt, ohne daß diesen Vorschlägen in irgendeiner Weise eine verbindliche Wirkung zukäme[5].

Das Vergleichsverfahren im eben definierten Sinne unterscheidet sich von den übrigen Instrumenten völkerrechtlicher Streitbeilegung wie folgt:

a) von den *Guten Diensten* schon vor allem durch das Fehlen eines eigenen Initiativrechtes der Vergleichskommission, während es bei den Guten Diensten zu den Begriffsmerkmalen gehört, daß der Dritte von sich aus mit den Streitparteien Kontakt aufnimmt. Ferner ist die Aufgabe des Dritten darauf beschränkt, die Parteien an einen Tisch zu bringen; sein Aufgabenbereich umfaßt nicht die Unterbreitung eigener Regelungsvorschläge. Das Verfahren ist rein informell.

b) von der *Vermittlung* vor allem durch das Fehlen einer eigenen Untersuchungsbefugnis auf seiten des Vermittlers sowie einer stärkeren Formalisierung des Vergleichsverfahrens. Andererseits ist die

---

[4] Insofern eindeutig Art. 13 II 1 CERD.

[5] Vgl. die ähnliche Definition bei *Cot*, Conciliation Internationale, S. 253.

Stellung des Vermittlers insofern stärker, als er bei der Abgabe von Empfehlungen durchaus seinen politischen Einfluß auch in Form von Druckausübung auf die Parteien geltend machen kann, während die Vergleichskommission in Ermangelung derartiger Druckmöglichkeiten nur auf die Überzeugungskraft ihrer Argumente angewiesen ist.

c) von der *Untersuchung* vor allem durch das Fehlen einer eigenen Vorschlagsbefugnis der Untersuchungskommission. Insofern ist der Aufgabenbereich der Vergleichskommission in charakteristischer Weise erweitert. Soweit letztere innerhalb ihres Aufgabenbereichs ein Untersuchungsverfahren durchführt, wird ihre Funktion häufig nicht genügend deutlich von derjenigen einer eigentlichen Untersuchungskommission unterschieden. Doch besteht hinsichtlich des Umfangs der Sachaufklärungsbefugnis ein fundamentaler Unterschied: Die Untersuchungskommission ist dem Prinzip der materiellen Wahrheit verpflichtet. Dies bedeutet: Sie ist zur Sachaufklärung ohne Rücksicht auf einen etwaigen Widerspruch einer Partei verpflichtet[6]. Beim Vergleichsverfahren dagegen ist die Herbeiführung einer freiwilligen Einigung der Parteien das vorrangige Ziel. Aus diesem Grunde findet beim Vergleichsverfahren die Sachaufklärungsbefugnis der Kommission dort ihre Grenze, wo durch eine weitere Sachermittlung die Einigungsaussichten ersichtlich zunichte gemacht werden.

d) von *schiedsgerichtlichen und gerichtlichen Verfahren* im wesentlichen dadurch, daß diese Verfahren zu einem bindenden, teilweise sogar vollstreckbaren Urteil führen. Aufgabe eines Gerichts oder Schiedsgerichts ist es nicht, die Parteien zu überreden oder zu überzeugen, sondern die Prinzipien des Rechts anzuwenden. Aus diesem Grunde ist es ihm verwehrt, Urteile allein auf politische, wirtschaftliche oder psychologische Erwägungen zu stützen und unter Außerachtlassung anerkannter Rechtsgrundsätze seine Entscheidungen nach bloßen Zweckmäßigkeitsgesichtspunkten zu treffen[7].

1.1.2 Die Mittel zur Durchführung der Funktion einer Vergleichskommission im Rahmen der Rassendiskriminierungskonvention

Eine systematische Darstellung der zum Zweck der Herbeiführung einer gütlichen Einigung zu ergreifenden Maßnahmen liefert die Kon-

[6] Vgl. die Kommentierung zu Art. 1 des Schlußentwurfs des IDI (Berichterstatter: Henri *Rolin*), Ann. IDI 48 I, S. 11.

[7] Die Möglichkeit der Entscheidung ex aequo et bono soll hier unerörtert bleiben.

vention nicht. Sie beschränkt sich auf die Regelung folgender Einzelpunkte:

a) Die Kommission trifft eine „Feststellung über alle auf den Streit zwischen den Parteien bezüglichen Sachfragen“[8].

b) Als Mittel der Sachverhaltsfeststellung erwähnt die Konvention nur „die dem Ausschuß zugegangenen und von ihm ausgewerteten Angaben“. Diese „werden der Kommission zur Verfügung gestellt“. Die Kommission kann zur Vervollständigung ihres Informationsstandes „die beteiligten Staaten auffordern, weitere sachdienliche Angaben beizubringen“[9]. In welcher Form diese Angaben zu erfolgen haben, bleibt offen.

c) Die Kommission berät die Sache eingehend[10].

d) Sie spricht Empfehlungen aus, „die sie zwecks gütlicher Beilegung des Streits für angebracht hält“[11].

e) Sachverhaltsfeststellung und Empfehlungen werden in Form eines Berichts niedergelegt, der dem Ausschußvorsitzenden vorzulegen ist[12].

Wesentliche Verfahrensfragen, wie etwa der Umfang der der Vergleichskommission zustehenden Ermittlungsfunktionen und die Form der Durchführung der Ermittlungen läßt die Konvention also unbeantwortet. Soweit die Funktion der CERD-Vergleichskommission durch den Text der Konvention nicht ausreichend klargestellt wird, bietet sich im Interesse der Erläuterung ein Exkurs in die normativen Grundlagen anderer völkerrechtlicher Vergleichsverfahren und die bei bisher durchgeführten Vergleichsverfahren gesammelten praktischen Erfahrungen an.

1.2 Funktion völkerrechtlicher Vergleichskommissionen (Normative Regelungen)

Die normativen Regelungen, die sich auf die Funktion völkerrechtlicher Vergleichskommissionen beziehen, können in zwei große Gruppen unterteilt werden: Regelungen aus dem Bereich der allgemeinen Streitschlichtung aufgrund bilateraler oder multilateraler Streitbeilegungsabkommen und Regelungen aus dem Bereich internationaler Organisationen, die der Beilegung von Streitigkeiten innerhalb der jeweiligen Organisation dienen.

---

[8] Art. 13 I.

[9] Art. 12 VIII.

[10] Art. 13 I

[11] Ibid.

[12] Ibid.

1.2.1 Normative Regelungen aus dem Bereich der allgemeinen Streitschlichtung

Als erste Wurzel des Vergleichsverfahrens werden gelegentlich die sog. „Bryan-Verträge" angesehen[13], die die USA ab 1913 mit einer größeren Zahl von inner- und außeramerikanischen Staaten abschlossen[14]. Sie beinhalten die Verpflichtung zur Vorlage aller gegenseitigen Streitigkeiten an eine ständige internationale Kommission zur Untersuchung und Berichterstattung. Die Bryan-Verträge stehen dem herkömmlichen Konzept des internationalen Untersuchungsverfahrens nahe[15], eine Vergleichs- oder Vermittlungsfunktion der Kommission ist in ihnen nicht verankert[16].

Der deutsch-schweizerische Schieds- und Vergleichsvertrag vom 3. 12. 1921[17] brachte mit der Einführung eines Vergleichsverfahrens (Art. 13) eine erhebliche Neuerung in Richtung auf die Ausweitung der Kompetenzen der zu bildenden Kommission, die als „Ständiger Vergleichsrat" (Art. 14) konstituiert wird. Diesem wird nicht nur die Aufgabe der Sachverhaltsfeststellung übertragen, sondern auch die Kompetenz eingeräumt, „Vorschläge für die Beilegung der Streitigkeiten" zu unterbreiten (Art. 15). Die Sachverhaltsfeststellung und Beilegungsvorschläge sind in Form eines Berichts zusammenzufassen.

---

[13] *Reuter*, RdC 1961, S. 634; *Hamzeh*, S. 28; vgl. auch *Wehberg*, ZaöRV 19, S. 551 (552 f.); zum internationalen Vergleichsverfahren eingehend: *Cot*, La Conciliation Internationale.

[14] *Guggenheim* II S. 689 f. sieht in den Bryan-Verträgen unter Einordnung in das Kapitel „Das Vergleichsverfahren" Elemente des Untersuchungsverfahrens und der Vermittlung; eine Kompetenz der nach diesen Verträgen zu bildenden Kommissionen zur Unterbreitung von Vermittlungsvorschlägen nimmt *Guckel*, S. 37, an, freilich mit unklarer Begründung; ebenso *Hamzeh*, S. 35.

[15] Die Bryan-Verträge sind offenbar bisher nicht praktisch angewandt worden, vgl. *C. W. A. Schurmann*, A Centre for International Fact-Finding: A Review and a Proposal, New York 1963; einige sind noch in Kraft, s. *Oppenheim* II S. 15. Zu den Verträgen ausführlich *J. B. Scott*, Treaties for the Advancement of Peace, New York 1920.

[16] Deshalb wohl behandelt *Verdroß* I S. 336 sie im Zusammenhang mit dem Untersuchungsverfahren. Als Streitbeilegungsverfahren sui generis werden sie bei *Oppenheim* II S. 14 dargestellt. Sie unterscheiden sich vom Untersuchungsverfahren durch Einführung eines Moratoriums, Obligatorium, Erstreckung der Untersuchung auch auf Rechtsfragen, Permanenz der Kommission und in einigen Fällen durch eigenes Initiativrecht der Kommission; von einer fehlenden Vermittlungsfunktion spricht auch *Wehberg*, ZaöRV Bd. 19, S. 553.

[17] RGBl. 1922 I 217; LNTS Vol. 12, 272; *Berber* DokS II 1725; vorausgegangen war ein Vertrag Schweden—Chile vom 26. 3. 1920, der die Einrichtung eines als Untersuchungskommission bezeichneten Gremiums mit Vergleichsbefugnis vorsah, *Wehberg*, ebd., S. 556 f.; ferner *de Visscher*, RDILC 50 (1923), 21 (33 f.); vgl. auch die Initiative der skandinavischen Staaten von 1920 zur Einführung von Schieds- und Vergleichskommissionen in die Völkerbundsatzung; dazu s. *C. C. Hyde*, AJIL 20 (1926), 104.

Ausführlicher noch wird die Aufgabe einer Vergleichskommission in den Locarno-Verträgen vom 16. 10. 1925[18] definiert, die das Vergleichsverfahren als fakultatives Vorschaltverfahren vor dem schiedsgerichtlichen oder gerichtlichen Verfahren (Art. 2, 16) bzw. als zwingendes Verfahren bei nicht-justiziablen Streitigkeiten (Art. 17) vorsehen. Der nach diesen Verträgen zu bildenden Ständigen Vergleichskommission „liegt es ob, die strittigen Fragen zu klären, zu diesem Zweck alle geeigneten Auskünfte auf dem Wege einer Untersuchung oder sonstwie zu sammeln und *sich zu bemühen, einen Vergleich zwischen den Parteien herbeizuführen. Sie kann nach Prüfung des Falles den Parteien die Bedingungen der ihr angemessen scheinenden Regelung mitteilen* und ihnen eine Frist zur Erklärung setzen.

Nach Beendigung ihrer Arbeiten stellt die Kommission ein Protokoll auf, das je nach Lage des Falles feststellt entweder, daß sich die Parteien verständigt haben und gegebenenfalls unter welchen Bedingungen die Verständigung erfolgt ist, oder aber, daß die Parteien nicht zur Annahme eines Vergleichs gebracht werden konnten ...[19]"

Bei Streitigkeiten nach Art. 17 hat die Kommission „die Aufgabe, den Parteien eine annehmbare Lösung vorzuschlagen und jedenfalls einen Bericht zu erstatten".

Die Vergleichskommission der Locarno-Verträge hat demnach eine dreifache Aufgabe:

a) Sachverhaltsermittlung
b) Bemühungen um eine Aussöhnung zwischen den Parteien
c) Unterbreitung eines eigenen Beilegungsvorschlages bei Mißlingen einer Aussöhnung[20].

Nach diesem Muster wurde in den Folgejahren eine lawinenartig anschwellende Zahl bilateraler Vergleichsverträge geschlossen[21].

Diese Aufgabendefinition hat auch Aufnahme in multilaterale Verträge gefunden. Die Genfer Generalakte vom 26. 9. 1928[22] wiederholt in

---

[18] Anlagen B bis E zum Locarno-Pakt gleichen Datums, RGBl. 1925 II 975; LNTS Vol. 54, 289; *Berber* DokS II 1662; Vertragsparteien der inhaltlich weitgehend identischen Verträge waren Deutschland einerseits und Belgien, Frankreich, Polen und die Tschechoslowakei andererseits.

[19] Art. 8; Hervorhebung vom Verf.

[20] So ausdrücklich *Verdroß* I S. 338: „Mißlingt die gütliche Einigung, dann hat die Vergleichskommission den Streitteilen eine ihr angemessen scheinende Regelung vorzuschlagen."

[21] *Efremoff*, Une Organisation Internationale pour prévenir la Guerre, Bulletin Interparlementaire 1936, 156 - 167 nennt folgende Zahlen: 1931 = 93; 1932 = 150; 1933 = 177; 1936 mehr als 230; nach dem 2. Weltkrieg fand keine nennenswerte Ausweitung dieses bilateralen Systems mehr statt.

Art. 15 nahezu wörtlich die Funktion internationaler Vergleichskommissionen, wie sie in den Locarno-Verträgen festgelegt ist. Diese Fassung wurde auch nach der Revision der Generalakte in der Fassung von New York (28. 4. 1949)[23] unverändert beibehalten. Sie fand später auch Aufnahme in Art. 15 des Europäischen Übereinkommens zur friedlichen Beilegung von Streitigkeiten vom 29. 4. 1957[24].

Die dargestellte Aufgabendefinition der völkerrechtlichen Vergleichskommission wird gelegentlich als „europäisches Konzept des Vergleichsverfahrens" apostrophiert; wohl zu Recht, da es im wesentlichen im europäischen Rahmen entwickelt und bis heute beibehalten wurde[25]. Es ist gekennzeichnet durch ein charakteristisches Zuordnungsverhältnis von Ermittlungsverfahren und Vergleichsbemühungen: Das Ermittlungsverfahren bildet die regelmäßige Eingangsstufe bei streitigem Sachverhalt. Der Vorschaltung des Ermittlungsverfahrens liegt die unausgesprochene Prämisse zugrunde, daß sich bei einem abschließend ermittelten Sachverhalt die von den Parteien zu treffenden Folgerungen häufig von selbst ergeben[26] und insofern eine gründliche Ermittlung die erste Voraussetzung für ein erfolgversprechendes Streitbeilegungsverfahren ist.

Abweichend von der europäischen Entwicklung des Vergleichsverfahrens verlief diejenige im amerikanischen Rahmen. In Verfolgung einer Politik inter-amerikanischer Solidarität und Zusammenarbeit ist das amerikanische System geprägt durch die Entwicklung regionaler Kollektivverträge, die auch den Vergleichskommissionen besondere Funktionen einräumten[27].

Die Convention for the Establishment of International Commissions of Inquiry vom 7. 2. 1923[28] zwischen den USA und den fünf zentralame-

---

[22] LNTS Vol. 93, 343; *Berber* DokS II 1734 (von Deutschland nicht ratifiziert); vgl. dazu die Resolution der Völkerbundsversammlung, 3. Sitzungsperiode, 14. Plenarsitzung vom 22. 9. 1922, SdN Actes de l'Assemblée 1922 Bd. I, S. 195 ff., 199 f., die die Erarbeitung einer allgemeinen Streitschlichtungskonvention in Aussicht nahm und bereits Verfahrensregeln für Vergleichskommissionen vorschlug.

[23] UNTS Vol. 71, 102; *Berber* DokS II 1747; vgl. hierzu UN GA Res. 268 (III) A vom 28. 4. 1949.

[24] BGBl. 1961 II 82; UNTS Vol. 320, 243; *Berber* DokS II 1715; ArchVR 10 (1962/63), 79.

[25] Zur europäischen Praxis s. unter A., 2. Kap., Ziff. 1.3.1.

[26] Zu dieser Erwägung allgemein *Khol*, S. 500 f.

[27] Zur Vermeidung von Mißverständnissen sei darauf hingewiesen, daß auch Vergleichsverträge bilateraler Art zwischen amerikanischen und außeramerikanischen Staaten abgeschlossen wurden, vgl. *Hamzeh* S. 35 f.

[28] Text: *M. O. Hudson*, International Legislation II 985; beim Sekretariat des Völkerbundes offenbar nicht registriert. Ferner in: Revista de derecho internacional Bd. 3 (1923), 204; Conference on Central American Affairs, Washington 1923, S. 392. Es handelt sich um eine Zusammenfassung der vor-

rikanischen Republiken verwendet den Ausdruck „conciliation" noch nicht. Gleichwohl verwendet sie in Art. 5 eine Formulierung, die an Art. 15 des deutsch-schweizerischen Schieds- und Vergleichsvertrages von 1921 erinnert:

„La Commissión tendrá faculdad para examinar todos los hechos, antecedentes y circunstancias relacionados con la cuestión o cuestiones que sean objeto de la investigación y al rendir su informe dilucidará tales hechos, antecedentes y circunstancias y *podrá recomendar las soluciones o arreglos que a su juicio sean pertinentes, justos y convenientes*[29]."

Ein völlig abweichendes Konzept verfolgte die General Convention of Inter-American Conciliation vom 5. 1. 1929[30], die die seit dem Gondra-Vertrag vom 3. 5. 1923 bestehenden ständigen Kommissionen, die als reine Untersuchungskommissionen konzipiert waren, nunmehr zusätzlich mit Vergleichsfunktionen betraute[31]. Die Besonderheit der General Convention beruht auf der Möglichkeit, das Vergleichsverfahren einem Untersuchungsverfahren *vorzuschalten* (Art. 4). Die Vergleichskommission kann daher das Verfahren mit der Unterbreitung eines Lösungsvorschlages eröffnen, bevor sie in eine Tatsachenermittlung eintritt, sie kann den Lösungsvorschlag aber auch während des Ermittlungsverfahrens oder nach dessen Abschluß vorlegen. Die Möglichkeit eines vorgezogenen Vergleichsvorschlages legt das Gewicht auf die moralische Wirkung eines von diplomatischen Fachleuten unterbreiteten Vorschlags[32].

Eine Abkehr von diesem Konzept und eine Wiederannäherung an das „europäische" Konzept des Vergleichsverfahrens brachte der American Treaty on Pacific Settlement (Bogotá-Pakt) vom 30. 4. 1948[33], der in Art. 22 die Aufgaben der nach Art. 55 ff. zu bildenden Commission of Investigation and Conciliation folgendermaßen umreißt:

„It shall be the duty of the Commission of Investigation and Conciliation to clarify the points in dispute between the parties and to endeavour to

---

dem zwischen den USA und den zentralamerikanischen Staaten bestehenden bilateralen Verträge, Hudson, S. 985; nur der spanische Text ist verbindlich.

[29] „Die Kommission soll die Befugnis haben, alle Tatsachen, Ursachen und Umstände bezüglich der den Untersuchungsgegenstand bildenden Frage oder Fragen zu untersuchen, in ihrem Bericht soll sie die besagten Tatsachen, Ursachen und Umstände erhellen, und sie soll die *Befugnis zur Empfehlung von Lösungen oder Korrekturen haben, die sie für dauerhaft, gerecht und ratsam erachtet.*" (Übers. und Hervorhebung v. Verf.).

[30] Text: Conferencias Internacionales Americanas, S. 569; Unión Panamericana, Serie Sobre Tratados No. 16, S. 10.

[31] Dazu *Wehberg*, ZaöRV Bd. 19, S. 562.

[32] Vgl. dazu *Hamzeh*, S. 38; die beiden Kommissionen bestehen — atypisch — aus den drei dienstältesten amerikanischen diplomatischen Vertretern in Washington und Montevideo; als weisungsabhängige Regierungsvertreter besitzen sie die für Vergleichskommissare erforderliche persönliche Unabhängigkeit nicht; dazu *Efremoff*, La Conciliation Internationale à la Conférence de Washington, RDI T. III (1929), 494.

[33] UNTS Vol. 30, 55; *Berber* DokS II 1701.

bring about an agreement between them upon mutually acceptable terms. The Commission shall institute such investigations of the facts involved in the controversy *as it may deem necessary for the purpose of proposing acceptable bases of settlement*[34]."

Diese Formulierung ist Ausdruck des auch dem europäischen Konzept zugrunde liegenden Gedankens, daß ein Ermittlungsverfahren zur Unterbreitung sachgerechter Lösungsvorschläge erforderlich ist[35].

1.2.2 Normative Regelungen aus dem Bereich internationaler Organisationen

Im Bereich internationaler Organisationen gibt es eine Fülle von Organen, die zumindest teilweise die Funktion von Vergleichsgremien ausüben.

Während das konziliatorische Element bei den Untersuchungskommissionen des Völkerbundes noch wenig ausgeprägt war[36], ist der Funktionsbereich späterer Untersuchungskommissionen erheblich weiter ausgedehnt worden. Nachdem sie sich anfangs im wesentlichen auf Untersuchungsaufgaben beschränkten, haben sie in der Folgezeit immer mehr den Charakter von Vergleichsorganen angenommen[37]. Die normativen Grundlagenregelungen dieser Organe sind jedoch in allen diesen Fällen verhältnismäßig wenig präzisiert.

Anders verhält es sich mit Vergleichsorganen im Rahmen internationaler Organisationen, die im technisch-wirtschaftlichen Bereich tätig werden. Hier existieren Streitbeilegungsorgane, die auch von ihrer normativen Grundlage her eindeutig als Vergleichskommissionen zu qualifizieren sind[38]. Da eine systematische Durchsicht aller einschlägigen Streitbeilegungsvorschriften aus dem technisch-wirtschaftlichen Bereich den Rahmen dieser Arbeit sprengen würde, wird auf diese Untersuchung verzichtet. Dieser Verzicht erscheint auch unter Berücksichtigung einer gewissen Eigengesetzlichkeit des technisch-wirtschaftlichen Bereichs vertretbar.

Dagegen erscheint es von elementarer Bedeutung im Hinblick auf die Thematik dieser Arbeit, die Streitbeilegungsvorschriften aus dem Be-

---

[34] Hervorhebung vom Verfasser; zum Verhältnis des Bogotá-Paktes zu früheren inter-amerikanischen Abkommen s. *Wehberg*, ZaöRV Bd. 19, S. 563; *Meyer-Lindenberg*, ZaöRV 17 (1956/57), 548.

[35] So auch *Hamzeh*, S. 38 f.; vgl. dazu die Formulierung der Aufgabe internationaler Untersuchungskommissionen in Art. 9 HA: „... die Lösung dieser Streitigkeiten zu erleichtern, indem sie durch eine unparteiische und gewissenhafte Prüfung die Tatfragen aufklären."

[36] Dazu eingehend *Cot*, S. 259 - 262.

[37] *Cot*, S. 263.

[38] z. B. der Ausschuß im Rahmen des Reglements der Internationalen Zivilluftfahrts-Organisation (ICAO).

reich des internationalen Menschenrechtsschutzes einer Durchsicht zu unterziehen.

Wenig beachtet wurde bisher, daß das internationale Vergleichsverfahren im Bereich des Menschenrechtsschutzes eher Fuß faßte als in allgemeinen Streitschlichtungsverträgen.

Entsprechende Bestimmungen finden sich bereits in Art. 26 ff. der Satzung der Internationalen Arbeitsorganisation[39]. Erhebt ein Mitgliedsstaat Klage beim ILO-Verwaltungsrat mit dem Vorbringen, ein anderer Vertragsstaat führe ein ILO-Übereinkommen nicht durch, so kann der daraufhin fakultativ einzusetzende Untersuchungsausschuß gem. Art. 28 der ILO-Satzung „die ihm geeignet erscheinenden Maßnahmen, die der klagenden Regierung Genüge tun sollen, sowie eine Frist für die Durchführung dieser Maßnahmen (empfehlen)“ und in Form eines Berichts niederlegen.

Diese Befugnis zur Abgabe von Empfehlungen gibt diesen Kommissionen den Charakter von Vergleichskommissionen[40].

Im Rahmen der Europäischen Menschenrechtskonvention[41] hat die Europäische Menschenrechtskommission, die gem. Art. 19 EuMRK über die Einhaltung der Verpflichtungen durch die Vertragsstaaten zu wachen hat, die Eigenschaft einer Vergleichskommission[42]. Nach Art. 28 der Konvention

> „hat sie zum Zweck der Tatsachenfeststellung mit den Vertretern der Parteien eine kontradiktorische Prüfung und, falls erforderlich, Untersuchung der Angelegenheit vorzunehmen“ ... und sich zur Verfügung der beteiligten Parteien zu halten, „damit ein freundschaftlicher Ausgleich der Angelegenheit auf der Grundlage der Achtung der Menschenrechte, wie sie in dieser Konvention niedergelegt sind, erreicht werden kann“.

Entsprechend hat auch das Ministerkomitee die Befugnis,

> „dem betroffenen Staat Ratschläge zu erteilen oder ihm Anregungen oder Empfehlungen zu geben, vorausgesetzt, daß diese sich unmittelbar auf die Verletzung beziehen. Solche Ratschläge, Anregungen oder Empfehlungen sind ... für die Regierung, an die sie gerichtet sind, nicht bindend ...“[43].

Das UNESCO-Protokoll vom 10. Dezember 1962[44] schuf eine „Commission de conciliation et des bons offices“, deren Aufgabe darin besteht,

---

[39] Text: BGBl. 1957 II, S. 318 ff.

[40] a. A. *Cot*, S. 272 mit der unzutreffenden Begründung, es sei nicht Aufgabe dieser Kommissionen, die Parteien zu versöhnen.

[41] Text: *Bertram*, S. 49 ff.

[42] So auch *Cot*, S. 275 ff.

[43] Regel 5 des Ministerkomitees für die Anwendung des Art. 32 EuMRK; Text: *Bertram*, S. 88.

[44] Text: AFDI 1962, S. 670 ff.

„de rechercher la solution amiable des différends nés entre Etats parties à la Convention concernant la lutte contre la discrimination dans le domaine de l'enseignement ...“[45].

Sie erfüllt ihre Funktion folgendermaßen:

„... la Commission, après avoir obtenu toutes les informations qu'elle estime nécessaire, établit les faits et met ses bons offices à la disposition des Etats en présence, afin des parvenir à une solution amiable de la question, fondée sur le respect de la convention[46].“

Die Kommission beschließt ihre Tätigkeit mit einem Bericht, der im Erfolgsfall einen kurzen Tatbestand und die erreichte Lösung und im Mißerfolgsfall einen Bericht über die Tatsachen und die Empfehlungen der Kommission enthält[47]. Diese Kommission ist ihrer ganzen Konzeption nach eine reine Vergleichskommission[48].

Der Internationale Pakt über bürgerliche und politische Rechte vom 16. Dezember 1966[49] sieht sogar zwei Gremien vor, die als Vergleichsorgane fungieren. Der nach Art. 28 ff. des Pakts zu errichtende Ausschuß stellt im Rahmen von Staatenbeschwerden, die zur Erfüllungskontrolle erhoben werden,

„den beteiligten Vertragsstaaten seine guten Dienste zur Verfügung, um eine gütliche Regelung der Sache auf der Grundlage der Achtung der in diesem Pakt anerkannten Menschenrechte und Grundfreiheiten herbeizuführen“[50].

Der Ausschuß faßt seine Arbeitsergebnisse in Form eines Berichts zusammen[51]. Schlagen seine Bemühungen fehl, so kann zur Streitbeilegung eine Ad-hoc-Vergleichskommission eingesetzt werden, deren Funktion in gleicher Weise definiert ist wie diejenige des Ausschusses[52].

1.3 Praktische Erfahrungen mit dem Verfahren völkerrechtlicher Vergleichskommissionen

1.3.1 Bilaterale Vergleichsverfahren

Anders, als es die große Zahl der abgeschlossenen Vergleichsverträge erwarten ließe, ist von dem Vergleichsverfahren in der Völkerrechtspraxis nur unverhältnismäßig wenig Gebrauch gemacht worden. Im

---

45 Art. 1 UNESCO-Protokoll.

46 Art. 17 I UNESCO-Protokoll.

47 Vgl. im einzelnen Art. 17 III UNESCO-Protokoll.

48 So zutreffend *Cot*, S. 277.

49 Text: *Bertram*, S. 28 ff.

50 Art. 41 I e des Pakts.

51 Art. 41 I h des Pakts.

52 Art. 42 I, VII des Pakts; zu dieser eigenartigen Wiederholung zu Recht kritisch: *Guradze*, JIR 15 (1971), S. 242 (268).

Vordergrund stehen Vergleichsverfahren auf der Grundlage bilateraler Schieds- und Vergleichsverträge. Dagegen ist den Vereinten Nationen bei ihren Bemühungen um ein funktionierendes Vergleichsverfahren bisher kein nennenswerter Erfolg beschieden gewesen[53].

Insgesamt wurden 14 Verfahren aufgrund bilateraler Verträge bekannt, davon 5 vor Ad-hoc-Vergleichskommissionen[54]. Diese Angaben können jedoch keinen Anspruch auf Vollständigkeit erheben, da die Veröffentlichungspraxis der beteiligten Staaten als sehr zurückhaltend bezeichnet werden muß[55].

Unter dem Gesichtspunkt der regionalen Verbreitung ist eine Konzentration des Vergleichsverfahrens auf den europäischen Raum auffällig. In 10 Fällen waren beide Parteien europäische Staaten, in weiteren zwei Fällen war eine Partei ein europäischer Staat.

Schriftlich fixierte Verfahrensordnungen konnten dem zur Verfügung stehenden Material nicht entnommen werden. Es ist nicht bekannt, ob derartige Verfahrensordnungen erlassen wurden. In einem Fall war bestimmt, daß die Bestimmungen der Genfer Generalakte über das Vergleichsverfahren zur Anwendung kommen sollten[56].

Der eigentliche Verfahrensablauf zeigt Ähnlichkeit mit einem schiedsgerichtlichen oder gerichtlichen Verfahren[57]. Es findet sich insbesondere die dort vorherrschende Zweiteilung in schriftliches Verfahren und mündliche Verhandlung.

---

[53] Zu den Bestrebungen der UN s. Res. 268 (III) D.

[54] Statistische Angaben sind mit Vorsicht zu behandeln, da sie gelegentlich Verfahren einschließen, die nicht Vergleichsverfahren im engeren technischen Sinne sind. — Zusammenstellung der Fälle bei *Wehberg*, ZaöRV 19, 551 (567 bis 585) eingehend, mwN.; ferner *Stuyt*, Nr. B 1 - 17 (tabellarisch); allerdings unter Aufnahme atypischer Fälle, so B 12 - 16.

[55] Infolge der Lückenhaftigkeit der veröffentlichten Angaben sind nicht in allen Fällen Erkenntnisse über das Verfahren möglich. Teilweise wurden von offizieller Seite keinerlei Angaben veröffentlicht; vgl. dazu *Wehberg*, ebd., S. 593.

[56] So im französisch-siamesischen Fall; hierzu eingehend *Bastid*, in: La technique et les principes du droit public, Bd. I, S. 1 - 20.

[57] Vgl. etwa das deutsch-litauische Verfahren, *Wehberg*, ZaöRV 19, 551 (568); dieser spricht von einer „natürlichen Tendenz des Vergleichsverfahrens, sich in der einen oder anderen Richtung ein wenig einem Schiedsprozeß zu nähern" (S. 590, vgl. auch S. 585, 589); vgl. auch die *Botschaft des schweizerischen Bundesrates* an die Bundesversammlung betr. die Genehmigung des am 2. 6. 1924 mit Schweden und am 6. 6. 1924 mit Dänemark abgeschlossenen Vergleichsvertrages, S. 2: „Zwischen dem Vergleichsverfahren und dem schiedlichen oder gerichtlichen Austrage besteht demnach weniger ein Unterschied in der Art des Vorgehens als im Ergebnis. Diese Feststellung ist nötig, will man nicht Gefahr laufen, das Vergleichsverfahren und das Schiedsgerichtswesen in starrer Begrenzung scharf zu trennen." (zit. nach *Wehberg*, ebd., S. 589, Fn. 64); ebenso: *van Asbeck*, NTIR 1956, 212; *Bastid*, AFDI 1956, 439 ff.; a. A. *Gros*, Etudes en l'honneur d'Achille Mestre, 279 ff.

Im schriftlichen Verfahren wurden in der Regel mémoires und contre-mémoires gewechselt[58]. Die mündliche Verhandlung bestand in der mündlichen Darstellung der jeweiligen Standpunkte durch die Agenten der Regierungen, die von den Kommissaren teilweise um weitere Aufklärung oder Erläuterungen ersucht wurden[59]. Auch die Möglichkeit von Beweisaufnahmen, insbes. Zeugenvernehmungen, war vorgesehen[60]. Gelegentlich wurde auf eine mündliche Verhandlung ganz verzichtet[61]. Die mündliche Verhandlung wurde teilweise auf der Grundlage eines von den neutralen Kommissaren ausgearbeiteten und den übrigen Kommissaren und den Parteien genehmigten Fragebogens durchgeführt[62].

Nach Abschluß der mündlichen Verhandlung wurden in einem Fall die Parteivertreter noch vor Erstattung des Berichts durch die Kommission zwecks Aussöhnung zusammengebracht, allerdings erfolglos[63]. Eine Aussöhnung bereits *in* der mündlichen Verhandlung hat, soweit ersichtlich, in keinem Fall stattgefunden.

Der Inhalt der Berichte ist unterschiedlich. Es finden sich eine Übersicht über die Hauptargumente der Parteien und die Schlußfolgerungen der Kommission[64], sodann die Vergleichsvorschläge, die nicht immer mit einer Erklärungsfrist gekoppelt waren[65]. Die größten Unterschiede finden sich bei der Behandlung des Problems, ob die Vergleichsvorschläge von einer Begründung begleitet werden sollten. Grundlage dieses Problems war der Wunsch, eine Präjudizierung eventueller späterer schiedsgerichtlicher oder gerichtlicher Verfahren zu vermeiden. Eine Begründung erfolgte mündlich[66] oder — bei schriftlicher Begründung — unter Beifügung einer Präjudizklausel[67].

---

58 z. B. im belgisch-luxemburgischen Fall und im französisch-siamesischen Fall; dazu *Wehberg*, ebd., S. 585.

59 z. B. im belgisch-dänischen Fall, wo die Parteivertreter gemäß einer Vereinbarung in ihren Plädoyers nur die grundsätzlichen Fragen erörterten; im italienisch-schweizerischen Fall wurden in der mündlichen Verhandlung zwei Unterkommissionen gebildet.

60 So wurden z. B. im französisch-marokkanischen Fall Zeugenvernehmungen beschlossen; dazu *Wehberg*, ZaöRV Bd. 19, S. 584 f.

61 So im belgisch-luxemburgischen Fall.

62 So im französisch-siamesischen Fall.

63 s. *Wehberg*, ZaöRV Bd. 19, S. 574.

64 s. *Wehberg*, ebd., S. 574.

65 So im französisch-siamesischen Fall.

66 So im belgisch-dänischen Fall: mündliche Kommentierung der schriftlichen Vergleichsvorschläge durch den Vorsitzenden im Verkündungstermin.

67 Vgl. auch im französisch-schweizerischen Fall: „Da der Vorschlag der Kommission nur von dem Verlangen bestimmt ist, eine Vermittlung zwischen den Parteien herbeizuführen, so präjudiziert die vorliegende Darlegung die rechtliche Stellung der Parteien nicht. Diese dürfen sich auf sie in einem eventuellen gerichtlichen Verfahren nicht berufen."

Allen Verfahren war gemeinsam, daß sie unter Ausschluß der Öffentlichkeit stattfanden. Demgemäß wurden Protokolle und Berichte nebst Erläuterungen nur mit Zustimmung der Parteien veröffentlicht[68].

1.3.2 Vergleichsverfahren im Rahmen internationaler Organisationen

Das Vergleichsverfahren in der Praxis internationaler Organisationen bietet wegen der unterschiedlichen Verfahrensgestaltungen ein Bild der Verwirrung, aus dem sich jedoch einige wesentliche Grundzüge herauskristallisieren.

Zunächst unterscheidet es sich von bilateralen Vergleichsverfahren wesentlich dadurch, daß nicht nur die Interessen der beiden unmittelbar beteiligten Staaten für Verlauf und Erfolg des Verfahrens bestimmend sind. Vielmehr wirken die Interessen der Organisation selbst und aller ihrer Mitgliedsstaaten mit, die auf Einhaltung der Prinzipien der Organisation bedacht sind. Die streitenden Staaten unterliegen daher einem soziologischen Druck der anderen Mitgliedsstaaten[69].

Jedoch bleibt auch im Vergleichsverfahren im Rahmen internationaler Organisationen der Grundsatz bestehen, daß die Vergleichskommission ohne Einverständnis der streitenden Parteien nahezu keine Aktivitäten entfalten kann. Die Vergleichskommissionen sind unabdingbar auf das Vertrauen der Parteien angewiesen. Fehlt es, so ist das Vergleichsverfahren von Anfang an zum Scheitern verurteilt.

Schließlich ist das Vergleichsverfahren in internationalen Organisationen durch eine andere Relation der Untersuchungsbefugnisse zu den Vergleichsbefugnissen der Kommission gekennzeichnet. In diesem Bereich ist der konziliatorische Zweck des Vergleichsverfahrens dem Untersuchungszweck nicht — wie im bilateralen Vergleichsverfahren — übergeordnet[70]. Wegen der beteiligten Interessen der übrigen Mitgliedsstaaten der Organisation wird — wenn auch mit unterschiedlichem Ausführlichkeitsgrad — zunächst immer der Sachverhalt festgestellt. Die vorausgehende Sachverhaltsfeststellung ist auch deshalb erforderlich, weil das Vergleichsverfahren in internationalen Organisationen regelmäßig nur eine Stufe eines mehrstufigen Streitbeilegungsverfahrens ist, so daß das nachfolgend zuständige Organ über die Ermittlungsergebnisse der Vergleichskommission zunächst unterrichtet werden muß.

---

[68] Diese Praxis ist der Fortbildung des Vergleichsverfahrens nicht gerade dienlich, vgl. dazu *Wehberg*, ZaöRV Bd. 19, S. 587.

[69] So zutreffend *Cot*, S. 254.

[70] Vgl. *Cot*, S. 255.

Diese allgemeinen Betrachtungen werden für den Bereich des völkerrechtlichen Menschenrechtsschutzes in internationalen Organisationen bestätigt.

Der Schwerpunkt der Erfahrungen liegt in dem Vergleichsverfahren vor der Europäischen Menschenrechtskommission. Daneben liegen nur Erfahrungen mit Vergleichsverfahren im Rahmen der Internationalen Arbeitsorganisation vor. In allen diesen Verfahren schritten die Vergleichskommissionen zu einer gründlichen Tatsachenermittlung, die in ihrem Ablauf starke Ähnlichkeit mit einem gerichtlichen Ermittlungsverfahren zeigt.

1.4 Zusammenfassung: Funktionelle Stellung der CERD-Kommission

Funktionell betrachtet hat die Tätigkeit der CERD-Kommission in Ausübung ihrer durch die Konvention eingeräumten Befugnisse eine zweifache Dimension: Die Kommission wird als völkerrechtliches Menschenrechtssicherungsorgan und gleichzeitig als Organ der friedlichen Streitbeilegung im Völkerrecht in Form einer Vergleichskommission tätig.

1.4.1 Die CERD-Kommission als völkerrechtliches Organ zur Sicherung von Menschenrechten

Im Vordergrund der Aufgabe der Kommission steht die Durchsetzung und Kontrolle[71] der materiellen Schutzbestimmungen der Rassendiskriminierungskonvention innerhalb des inkriminierten Vertragsstaates.

Verfahrensrechtlich wird die Kommission in dieser Eigenschaft als selbständiges völkerrechtliches Kontrollorgan zur Sicherung von Menschenrechten tätig[72]. Sie ist damit ein Organ auf einem Spezialgebiet der internationalen Kontrolle: der Kontrolle der Erfüllung eines multilateralen völkerrechtlichen Vertrages. Die Kommission führt diese Kontrolle kollektivvertraglich begründeter Erfüllungsansprüche nicht mit lediglich beobachtender[73], sondern mit aktiv eingreifender Wirkung aus.

---

[71] Zum Institut der internationalen Kontrolle s. *H. J. Hahn* in WB des Völkerrechts II, S. 66 ff., mwN.; *J. Stone*, Legal Controls of International Conflict, 1954; *van Asbeck*, Quelques aspects du contrôle international non judiciaire de l'application par les gouvernements de conventions internationales, NTIR 1959 (Sonderheft), S. 27 ff.; *M. Merle*, Le contrôle exercé par les organisations internationales sur les activités des Etats membres, AFDI Bd. 5 (1959), S. 411 ff.

[72] Vgl. die Definition des menschenrechtlichen Sicherungsverfahrens bei *Khol*, S. 504: „Inbegriff jener Normen, die die Kontrolle der Einhaltung der materiellen Verpflichtungen durch den Verpflichteten im einzelnen, hinsichtlich der Kompetenzen und des Verfahrens der Sicherungsorgane einerseits, der Parteirechte und -pflichten andererseits regeln."

[73] Beobachtende Kontrolle ist die Überwachung der Vertragserfüllung durch die Vertragsstaaten mittels Einholung von Auskünften und Berichten

Die aktive Rolle der Kommission findet ihren Ausdruck in der Befugnis, Vorschläge zur Beseitigung konventionswidriger Zustände zu unterbreiten. Allerdings ist der aktive Charakter der Kommission durch die mangelnde Bindungswirkung solcher Vorschläge deutlich eingeschränkt. Da die Vorschläge immer nur die Bedeutung einer juristisch unverbindlichen Empfehlung und niemals verbindliche Kraft haben, verfügt die Kommission nicht über Sanktionsmöglichkeiten im strikten juristischen Sinn.

Gleichwohl kann man die Tätigkeit der CERD-Kommission als berichtigende[74] Kontrolle bezeichnen. Denn aufgrund des von ihr festgestellten Sachverhalts nimmt sie eine Subsumtion unter die Vorschriften der Rassendiskriminierungskonvention vor und zieht Folgerungen, die in eine rechtlich erhebliche — eben nur nicht: verbindliche — Form gekleidet sind.

Die Kontrolle der CERD-Kommission ist keine Verwaltungskontrolle[75] (politische Kontrolle), bei der das Kontrollorgan aufgrund diffuser Vertragsvorschriften erst nach einer Interpretation des Vertrages und Ermittlung der daraus konkret resultierenden Vertragspflichten das Staatenverhalten im Einzelfall werten kann. Da nämlich die materiellen Schutzvorschriften der CERD relativ präzise normiert sind, kann die CERD-Kommission den von ihr ermittelten Sachverhalt unmittelbar unter die Vorschriften der Konvention subsumieren. Daher ist ihre Tätigkeit eine Legalitätskontrolle.

Vom Charakter des Sicherungsorgans her hat die Kommission eine deutliche Affinität zu allen völkerrechtlichen Organen, denen die Erfüllungskontrolle im Rahmen völkerrechtlicher Kollektivverträge obliegt[76]).

Von ihrer materiellen Sachbezogenheit ist die Nähe der CERD-Kommission zu anderen völkerrechtlichen Organen, die zur Sicherung von Menschenrechten im speziellen berufen sind, unverkennbar. Angesichts ihrer sachverwandten Funktion haben sie primären Modellcharakter für die Ausgestaltung des Verfahrens vor der CERD-Kommission[77].

---

ohne juristische Sanktionsmöglichkeit, vgl. *H. J. Hahn:* Internationale Kontrolle, ArchVR Bd. 7 (1958/59), S. 88 (97); *Khol*, S. 22 mwN.

[74] Wesentlich für die berichtigende Kontrolle ist die Ziehung rechtlich erheblicher Konsequenzen aus dem vorliegenden Tatsachenmaterial in Form von Empfehlungen, verbindlichen Entscheidungen oder sonstiger Sanktionen, vgl. *Hahn*, S. 104; *Dahm*, Lehrbuch Bd. III, S. 123.

[75] Zur Unterscheidung von Verwaltungs- und Legalitätskontrolle s. *Merle*, S. 414 ff.; *Khol*, S. 23 f.

[76] Derartige Organe existieren seit der Gründung völkerrechtlicher Verwaltungsunionen im 19. Jahrhundert; vgl. *Hahn*, S. 97 ff.; *v. Asbeck*, Quelques aspects . . ., S. 28 ff.

[77] s. unter A., 4. Kap., Ziff. 3.

1.4.2 Die CERD-Kommission als völkerrechtliches Streitbeilegungsorgan

Neben ihrer Eigenschaft als Sicherungsorgan trägt die Kommission aber auch alle Züge eines völkerrechtlichen Streitbeilegungsorgans im traditionellen Sinne. Dies ergibt sich aus dem Umstand, daß Anlaß des Verfahrens ein Streit zwischen Völkerrechtssubjekten über Umfang und Inhalt völkerrechtlicher Verpflichtungen ist[78]. Im Verfahren vor der CERD-Kommission stehen sich der mitteilende Staat und der Empfängerstaat wie Kläger und Beklagter gegenüber.

2. Die Organisation und der Status der CERD-Kommission

Die Kommission besteht aus fünf Mitgliedern, die nicht notwendigerweise dem Ausschuß angehören müssen[79]. Jedoch sind Angehörige der am Streit beteiligten Staaten oder eines Nichtvertragsstaates ausgeschlossen[80]. Die Einsetzung der Kommissare erfolgt nicht durch Wahl, sondern durch Ernennung seitens des Ausschußvorsitzenden. Allerdings ist diese Ernennung[81] an die einmütige Zustimmung der Streitparteien gebunden. Diese ist binnen einer Frist von drei Monaten zu erteilen[82]. Bei Nichtzustandekommen einer Einigung sieht die Konvention zwecks Verhinderung der Möglichkeit einer Verfahrenssabotage eine Ersatzvornahme vor. Diese wird in der Weise bewirkt, daß der Ausschuß die noch nicht einvernehmlich ernannten Kommissare aus seinen eigenen Reihen in geheimer Abstimmung mit Zweidrittelmehrheit seiner Mitglieder wählt[83]. Hinsichtlich des Status der Kommissare hebt die Konvention deren Tätigkeit „in persönlicher Eigenschaft" hervor[84] und unterstreicht damit, daß es sich nicht um weisungsabhängige Regierungsvertreter handelt.

Die auf diese Weise konstituierte Kommission nimmt nach Wahl ihres Vorsitzenden und Verabschiedung ihrer Geschäftsordnung[85] ihre Tätigkeit in dem Streitfall auf. Hierbei, insbesondere auch bei ihren Sitzungen[86], wird sie durch das Sekretariat des Ausschusses unterstützt, das vom Generalsekretär der UN gestellt wird[87].

---

[78] Vgl. dazu *Khol*, S. 505

[79] Art 12 I lit. a.

[80] Art. 12 II.

[81] Art. 12 I lit. a.

[82] Art. 12 I lit. b.

[83] Ibid.

[84] Art. 12 II; vgl. auch die Unabhängigkeit der Mitglieder des CERD-Ausschusses; dazu s. *Schwelb*, Implementation, S. 590 - 593.

[85] Art. 12 III.

[86] Art. 12 IV.

Für die Kostentragung findet sich eine eigene Regelung[88].

Ausgehend von den Bestimmungen der Konvention, daß das Sekretariat der Kommission vom Generalsekretär der Vereinten Nationen gestellt wird[89], daß die Sitzungen der Kommission regelmäßig am Sitz der Vereinten Nationen stattfinden[90] und der Generalsekretär der Vereinten Nationen erforderlichenfalls die Ausgaben der Kommissionsmitglieder bis zur Erstattung durch die kostenerstattungspflichtigen Streitparteien vorschießt[91], ist die Auffassung vertreten worden, die Kommission sei ein Organ der Vereinten Nationen[92].

Die Entstehungsgeschichte der Konvention spricht gegen diese Annahme. Im Laufe der Beratungen im Menschenrechtsausschuß der UN wurde mehrfach erklärt, die Kommission sei ein „non-United Nations body"; für diese gilt in gleicher Weise wie für den Ausschuß, daß sie nicht als UN-Organ konzipiert war[93]. Ein Vorschlag, daß der Ausschuß als „United Nations Committee on Racial Discrimination" bezeichnet werden sollte, wurde mit großer Mehrheit abgelehnt[94]. Demnach ist anzunehmen, daß ein Vorschlag, die statusmäßig vergleichbare Kommission als „United Nations Conciliation Commission" zu bezeichnen, ebenfalls abgelehnt worden wäre. Dafür spricht auch, daß eine Vorlage, die die Kosten der Kommission durch den regulären UN-Haushalt gedeckt sehen wollte, keine Mehrheit fand[95].

Soweit die Organstellung der CERD-Kommission mit einer Analogie zu dem Status des Ständigen Zentralen Opium-Büros mit seinem Berufungsausschuß, des Drogen-Überwachungs-Büros und des Internationalen Büros für Todeserklärungen begründet wird[96], die in mancher Beziehung wie UN-Organe behandelt wurden[97], so handelt es sich hierbei nicht um vergleichbare Institutionen. Denn die beiden erstgenannten wurden durch Verträge ins Leben gerufen, die zeitlich vor der Entstehung der UN lagen; sie mußten daher nachträglich in irgendeine Beziehung zu den UN eingeordnet werden. Das Internationale Büro für

---

[87] Art. 12 V iVm. Art. 10 III.

[88] Art. 12 VI, VII.

[89] Art. 12 V iVm. Art. 10 III.

[90] Art. 12 IV.

[91] Art. 12 VII.

[92] So *Schwelb*, ICLQ Bd. 15 (1966), S. 996 (1048); der Status einer „specialized agency" i. S. d. Art. 57 UN-Charta kommt nicht in Frage, weil die Kommission nicht das Erfordernis der „wide international responsibilities" erfüllt: es fehlt insbesondere an einer dauernden Tätigkeit.

[93] UN Doc. A/C.3/SR. 1352; A/C.3/SR. 1356.

[94] UN Doc. A/C.3/SR. 1352; A 6181, Nr. 110a.

[95] UN Doc. A/C.3/SR. 1355; A 6181, Nr. 134, 137 c (i).

[96] Vgl. *Schwelb*, ICLQ Bd. 15 (1966), S. 996 (1051).

[97] Vgl. Repertory of United Nations Practice, Vol. I (1955), S. 228.

Todeserklärungen wurde bereits in seinem Gründungsinstrument ausdrücklich als „established within the framework of the United Nations" bezeichnet[98]. Analogien zu diesen Organen sind ausgeschlossen, weil in den Beratungen über die Rassendiskriminierungskonvention der Organcharakter der Kommission im Menschenrechtsausschuß der UN mehrheitlich verneint wurde.

Diese Ablehnung beruhte im wesentlichen auf der Abneigung des Menschenrechtsausschusses, auch solchen UN-Mitgliedsstaaten ein Mitspracherecht über Fragen der Einhaltung der Konvention einzuräumen, die selbst der Konvention nicht beitreten — ein Gesichtspunkt, der auch von Vertretern der Organtheorie ernstgenommen wird[99].

Bei der Annahme des Konventionsentwurfs durch die UN-Generalversammlung, die nach Art. 7, 22 der UN-Charta zur Einsetzung von Hilfsorganen befugt ist, war ebenfalls von einem Organcharakter der CERD-Kommission nicht die Rede. Die Annahmeresolution ist jedenfalls für sich allein genommen nicht geeignet, die CERD-Kommission zu einem Organ der Vereinten Nationen zu machen[100].

Die CERD-Kommission ist daher kein Organ der Vereinten Nationen, sondern ein selbständiges Organ im Rahmen der Rassendiskriminierungskonvention. Seine Beziehung zu den UN beschränkt sich auf wenige punktuelle Verfahrensfragen und berührt im übrigen die Selbständigkeit der CERD-Kommission nicht.

---

[98] Conventions on the Declaration of Death of Missing Persons (1950), Art. 8; ebenso die Präambel der Single Convention on Narcotic Drugs (1961).

[99] So *Schwelb*, ICLQ Bd. 15 (1966), S. 996 (1050).

[100] a. A. *Schwelb*, ebd., S. 1052; die dort zur Begründung herangezogene Äußerung des Sekretärs des UN-Menschenrechtsausschusses trägt diese Auffassung jedoch nicht, denn sie bezieht sich nur auf die Hilfsfunktionen der UN, die diese im Rahmen der Konvention ausüben, vgl. UN Doc. A/C.3/SR. 1356.

Drittes Kapitel

Geschäftsordnungsautonomie der Vergleichskommission im Rahmen der Rassendiskriminierungskonvention

1. Ermächtigungsnorm

Ausgangspunkt für die Geschäftsordnungsautonomie der Vergleichskommission im Rahmen der Rassendiskriminierungskonvention ist Art. 12 Abs. 3 CERD:

> „Die Kommission wählt ihren Vorsitzenden und gibt sich eine Geschäftsordnung."

Aus dieser lapidaren Regelung lassen sich kaum wesentliche Erkenntnisse über Umfang und Bedeutung der durch die Konvention eingeräumten Geschäftsautonomie gewinnen.

Daher ist es im Rahmen dieser rechtsvergleichenden Arbeit erforderlich, Grundlagen, Wesen und Umfang der Geschäftsordnungsautonomie im internationalen Verfahrensrecht anhand anderer völkerrechtlicher Verfahren zu ermitteln.

2. Geschäftsordnungsautonomie völkerrechtlicher Organe

2.1 Grundlage

Bereits in der internationalen Schiedsgerichtsbarkeit als dem ältesten völkerrechtlichen Streitbeilegungsinstitut, das einem geordneten Verfahren unterworfen wurde, wurde die Verfahrensausgestaltung regelmäßig in das Ermessen des Schiedsgerichts gestellt. Man ging davon aus, daß der Rahmen für die Tätigkeit des Tribunals durch das Schiedskompromiß der Parteien abgesteckt sei und sich das Tribunal innerhalb dieses Rahmens unter Achtung des Rechts und Bindung an allgemein anerkannte Rechtsprinzipien prozedural frei bewegen könne.

Dieses Vorgehen bietet den Vorteil großer Flexibilität. Organisation und Verfahren können dem Schwierigkeitsgrad und Umfang des Falles optimal angepaßt werden[1], um einen zügigen, kostensparenden und ge-

[1] Vgl. *Carlston*, The Process of International Arbitration, 1946, S. 260.

rechten Verfahrensablauf zu gewährleisten. Aus diesem Grunde wird allgemein angenommen, daß Organe internationaler Schiedssprechung — auch in Ermangelung einer ausdrücklichen Ermächtigung — eine immanente Geschäftsordnungsautonomie besitzen[2].

In diesem Sinne bestimmt auch Art. 12 Abs. 1 der Model Rules on Arbitral Procedure:

> „In the absence of any agreement between the parties concerning the procedure of the tribunal, or if the rules laid down by them are insufficient, the tribunal shall be competent to formulate or complete the rules of procedure[3]."

Dieser Grundsatz ist erweiterungsfähig auf alle Gremien, deren Aufgabenstellung einen rationell geordneten Verfahrensablauf erfordert. Denn diese Gremien sind mit den verfahrensrechtlichen Sachproblemen auf das engste konfrontiert und werden daher am ehesten in der Lage sein, diese Verfahrensfragen sachgerecht zu lösen. Auch völkerrechtliche Vergleichskommissionen sind daher, sofern die Parteien nicht Gegenteiliges vereinbart haben, in der Gestaltung ihres Verfahrens autonom[4].

2.2 Wesen

Ihrem Wesen nach bedeutet die Geschäftsordnungsautonomie im Völkerrecht — ebenso wie im innerstaatlichen Recht — die Befugnis eines Organs zur Regelung seines eigenen internen Tätigkeitsbereiches auf der Grundlage und im Rahmen einer übergeordneten Ermächtigungsnorm.

Die zu erlassenden Geschäftsordnungen gehören, ebenso wie die Ermächtigungsnormen, zum internen Staatengemeinschaftsrecht[5]. Der

---

[2] „implied rule-making authority"; vgl. *Hudson*, International Tribunals, S. 86; vgl. auch *Ralston*, Law and Procedure, S. 197: „From the very nature of things arbitral courts have the right to adopt ordinary rules to govern their procedure ..."; *Sandifer*, Evidence, S. 28 f.; *Simpson/Fox*, International Arbitration, S. 147, 152; s. auch United Kingdom-Mexican Mixed Claims Commission (Cameron Case), UNRIAA Vol. 5, S. 29; die Geschäftsordnungsautonomie mit einem angeblich beschränkten Interesse der Staaten am internationalen Verfahrensrecht zu begründen, dürfte unzutreffend sein; so aber wohl *Khol*, S. 470.

[3] Vgl. auch Art. 57 VO der Organe des LSchA; Art. 34 VO des SchiedsG des dt.-österr. Vermögensvertrages; Art. 21 I VO Saar-Schiedsgericht; Art. 32 VO des Gemischten Gerichtshofs des Saarvertrages von 1956.

[4] So Art. 11 I GA; Art. 12 I ESK; Art. 36 EuMRK für die Europäische Kommission für Menschenrechte; vgl. auch Art. 17, 18 HA (Untersuchungsverfahren).

[5] *Verdroß/Verosta/Zemanek*, Völkerrecht, S. 3 ff.; *Zemanek*, Internationale Organisation, S. 94; *Khol*, S. 468; vgl. auch *Skubiszewski*, A New Source of the Law of Nations: Resolutions of International Organisations, in: Guggenheim-Festschrift 1968, S. 508 ff.

Erlaß einer Geschäftsordnung ist eine echte delegierte gesetzgebende Tätigkeit des erlassenden Organs[6].

Im allgemeinen betrifft die Entscheidung eines Streitbeilegungsorgans über seine Verfahrensordnung eine abstrakt-generelle Norm[7], da sie ohne Bezug auf einen konkreten Einzelfall erlassen wird und zur Entscheidung über eine unbestimmte Vielzahl von Fällen dient.

Dies gilt naturgemäß nicht für die Geschäftsordnung von Ad-hoc-Organen, deren Zuständigkeit auf einen bestimmten Einzelfall beschränkt ist. In diesen Fällen ist die Geschäftsordnung eine konkret-individuelle Norm. Dies wird besonders durch die Tatsache deutlich, daß bei Ad-hoc-Organen Geschäftsordnungen gelegentlich erst im Bedarfsfalle während des bereits laufenden Verfahrens erlassen werden[8]. Häufig wurde auf den formellen Erlaß einer Geschäftsordnung völlig verzichtet[9]. Statt dessen war man bestrebt, über auftretende Verfahrensfragen durch Beschluß ad hoc zu entscheiden[10] oder eine informelle Lösung im Wege des Kompromisses zu suchen.

Die Geschäftsordnungsautonomie betrifft ausschließlich den internen Tätigkeitsbereich des jeweiligen Organs. Zur Regelung der Interna gehört aber auch die Festlegung von Rechten und Pflichten der Parteien[11] und etwaiger Beweispersonen. Insofern hat die Geschäftsordnung auch eine beschränkte Außenwirkung.

---

[6] So *Khol*, S. 471, Fn. 270. Anders bei Genehmigungsvorbehalten: hier liegt keine echte Autonomie vor. So ist nach Art. 19 des Übereinkommens über Rüstungskontrollmaßnahmen der WEU vom 14. Dezember 1957 die vom Rüstungskontrollgericht beschlossene Geschäftsordnung durch den WEU-Rat zu genehmigen; ähnlich Art. 12 d) ENEA-Vertrag für das ENEA-Gericht (Genehmigungsvorbehalt für den Rat der OEEC); bei der Mandatskommission des Völkerbundes war Genehmigung des Völkerbundrates erforderlich. Zweifelhaft bei Stellungnahmevorbehalten; z. B. ist die Geschäftsordnung der Ständigen Schlichtungskommission des Zusatzprotokolls zur UNESCO-Konvention über die Bekämpfung der Diskriminierung im Erziehungswesen den Vertragsstaaten zur Stellungnahme vorzulegen, s. Art. 11 III UNESCO-Protokoll.

[7] Vgl. *Khol*, S. 472; vgl. die Geschäftsordnungsautonomie nach Art. 36 EuMRK (betr. Europäische Kommission für Menschenrechte); Art. 55 EuMRK (betr. Europäischen Gerichtshof für Menschenrechte); Art. 90 UN-Satzung (betr. Treuhandrat); Art. 39 Pakt über bürgerliche und politische Rechte (betr. den Ausschuß).

[8] So das Committee of Good Offices on Indonesia des UN-Sicherheitsrates, s. *Shore*, Fact Finding, S. 113; vgl. auch UN, Organization and Procedure, S. 7, Nr. 4.

[9] Vgl. *Khol*, S. 159; so z. B. in folgenden Fällen: Security Council Consular Commission at Batavia; Security Council Truce Commission for Palestine; UN-Acting Mediator in Palestine; s. UN Organization S. 7, Nr. 2; weitere Nachweise bei *Shore*, S. 113.

[10] So insbesondere bei einigen UN-Untersuchungskommissionen unter Anlehnung an das Verfahren des jeweiligen Mutterorgans, s. dazu *Shore*, S. 113.

[11] s. *Ralston*, S. 197.

2.3 Umfang

Die Geschäftsordnungsautonomie internationaler Organe ist regelmäßig durch ihre Aufgabenstellung begrenzt. Der Umfang der Geschäftsordnungsautonomie wird durch das Instrument (Vertrag, Kompromiß, Konvention) definiert, durch das das Gremium institutionalisiert wird. Diese Begrenzung wird häufig durch die ausdrückliche Vorzeichnung von Rahmenrichtlinien für das einzuschlagende Verfahren verdeutlicht[12].

In diesen Fällen bleibt dem Gremium nur eine rahmenausfüllende Geschäftsordnungsautonomie. Zur Ermittlung des Ermächtigungsrahmens ist das zugrunde liegende völkerrechtliche Instrument nach seinem Wortlaut zu untersuchen und im Rahmen der allgemeinen Interpretationsgrundsätze auszulegen[13].

Wird eine Geschäftsordnungsvorschrift von der Ermächtigungsnorm nicht gedeckt, so ist sie unwirksam, da es dem Organ an der nötigen Rechtsetzungskompetenz fehlt. Das Organ ist nicht befugt, von sich aus seine Kompetenz über den Ermächtigungsrahmen hinaus auszudehnen[14].

Freilich ist in der internationalen Praxis gelegentlich zu beobachten, daß Ad-hoc-Streitbeilegungsorgane unter Überschreitung ihres Kompetenzrahmens Verfahrensregeln beschließen, die von den Streitparteien auch befolgt werden. Diese Befolgung beruht in diesen Fällen aber nicht auf einer etwaigen eo ipso bindenden Rechtsnormqualität dieser Geschäftsordnungsregelungen, sondern auf einem ausdrücklichen oder stillschweigenden Verzicht einer oder beider Streitparteien auf Geltendmachung der Ultra-vires-Einrede.

Der Geltungsgrund dieser ursprünglich kompetenzüberschreitenden Verfahrensregelungen liegt daher nicht in der zugrunde liegenden völkerrechtlichen Streitbeilegungsnorm, sondern in einer besonderen, nachträglich abgegebenen Willenserklärung der streitenden Vertragsstaaten. Dieser wesentliche Unterschied wird häufig verkannt oder nicht mit der wünschenswerten Deutlichkeit herausgearbeitet[15].

Nur durch derartige nachträgliche Einverständniserklärungen ist das Phänomen zu deuten, daß einige Streitbeilegungs- und Sicherungsverfahren in der Praxis effektiver wurden, als der internationale Gesetzgeber zunächst vorgesehen hatte[16].

---

[12] Vgl. die zahlreichen Statute internationaler Gerichte; z. B. Art. 30 Statut IGH; Art. 44 Statut EuGH; s. auch Art. 36, 55 EuMRK.

[13] So auch *Ralston*, S. 197.

[14] *Ralston*, S. 197: „No rule can be used to extend the jurisdiction of the commission ...".

[15] Vgl. etwa die Ausführungen bei *Khol*, S. 471 ff.

In gegenständlicher Hinsicht beziehen sich die Geschäftsordnungen regelmäßig auf zwei Sachbereiche: Eigenorganisation des Gremiums und eigentliche Verfahrensgestaltung.

Die organisationsrechtlichen Regelungen haben regelmäßig keine unmittelbare Außenwirkung auf die Parteien. In diese Kategorie fallen Vorschriften über die Rechtsstellung der Gremienmitglieder, ihre Vertretung und Ausschließung, Außenvertretung, Büroorganisation und interne Willensbildung.

Die eigentlichen verfahrensrechtlichen Normen betreffen dagegen die Parteien unmittelbar, indem sie u. a. deren Rechtsstellung im Verfahren und den modus procedendi bei der Tatsachenermittlung regeln.

3. Folgerungen für die Geschäftsordnungsautonomie der Ad-hoc-Kommission

3.1 Normcharakter der zu erlassenden Geschäftsordnung

Die Normierung der Geschäftsordnungsautonomie der Ad-hoc-Kommission in Art. 12 Abs. 3 CERD stellt im wesentlichen klar, daß für dieses Gremium die allgemeinen Grundsätze der Geschäftsordnungsautonomie internationaler Organe gelten. Es liegt ein Fall echter Verfahrensgestaltungsfreiheit vor, die nicht durch Genehmigungsvorbehalte seitens der Vertragsstaaten der Konvention eingeschränkt ist.

Soweit die Konvention die Grundlinien des Staatenbeschwerdeverfahrens vorzeichnet und punktuelle Einzelfragen des Verfahrens regelt, ist die Kommission bei der Ausarbeitung ihrer Geschäftsordnung an diese Vorschriften gebunden. Im übrigen aber besitzt sie nahezu freie Hand[17].

Die in Ausübung der Ermächtigung des Art. 12 Abs. 3 CERD zu erlassenden Verfahrensvorschriften stellen eine echte gesetzgebende Tätigkeit der Kommission dar, die ihre Befugnis aus der ausdrücklichen Delegierung normsetzender Kompetenzen durch die Vertragsstaaten ableitet.

Die von der Ad-hoc-Kommission zu erlassenden Verfahrensbestimmungen haben nur Ad-hoc-Charakter, da diese nur über den jeweiligen Einzelfall zu befinden hat. Es handelt sich also um individuell-konkrete Normen. Deshalb muß jede Kommission über das von ihr einzuschlagende Verfahren erneut entscheiden. Verfahrensordnungen etwaiger

---

[16] Die Gründe, die die Streitparteien zur Hinnahme weitergehender Verfahrensregeln bewogen haben und die im politisch-psychologischen Bereich liegen dürften, sind an dieser Stelle nicht zu untersuchen.

[17] Vgl. *Schwelb*, ICLQ Bd. 15 (1966), S. 996 (1058).

früher tätig gewordener Kommissionen haben keine unmittelbare Rechtswirkung für spätere Verfahren[18]. Der Ad-hoc-Charakter der zu erlassenden Geschäftsordnung gestattet eine optimale Anpassung des Verfahrens an die Gegebenheiten des Einzelfalles. Die Flexibilität des Verfahrens hat gerade in Vergleichsverfahren hervorragende Bedeutung[19].

3.2 Umfang der Geschäftsordnungsautonomie gem. Art. 12 Abs. 3 CERD

Die Geschäftsordnungsautonomie der Kommission bezieht sich — in Übereinstimmung mit den üblichen internationalen Gepflogenheiten — auf ihre Eigenorganisation und das eigentliche Vergleichsverfahren. Soweit zur Regelung der Interna auch die Festlegung von Rechten und Pflichten der Parteien gehört und insofern die Geschäftsordnung auch Außenwirkung besitzt, werden die Parteien durch diese Verfahrensnormen gebunden. Denn in der Delegierung der Verfahrensgestaltungsbefugnis auf die Kommission liegt eine antizipierte Selbstbindung der Vertragsstaaten. Die Frage nach dem Umfang der anzunehmenden Selbstbindung ist wohl das Kernproblem im Rahmen der Geschäftsordnungsautonomie der Kommission. Zur Verdeutlichung: Kann die Kommission beispielsweise in ihrer Geschäftsordnung die Einnahme eines Lokalaugenscheins auf dem Gebiete der Parteien oder dritter Vertragsstaaten mit einer für diese Staaten verbindlichen Wirkung anordnen, obwohl in der Konvention nicht einmal die Durchführung eines förmlichen Beweisverfahrens, geschweige denn eines derart souveränitätsbeschränkenden Beweismittels wie des Lokalaugenscheins vorgesehen ist?

Hier wird deutlich, daß die Ermächtigungsnorm einer Auslegung im Lichte der Konvention und des mutmaßlichen Willens der Vertragsstaaten bedarf, um den Umfang der antizipierten Selbstbindung festlegen zu können.

Zunächst ist festzustellen, daß die Delegierung der Geschäftsordnungsautonomie an die Organe internationaler Konventionen nicht auf ein Desinteresse der Vertragsstaaten an formellen Normen zurückzu-

---

[18] Eine Anlehnung an frühere Verfahrensregelungen hat lediglich praktische Bedeutung (Zeitersparnis).

[19] Vgl. *Jenks*, The International Protection of Trade Union Rights, S. 244: „Flexibility of procedure, reflecting both the will and the power to modify established procedures and adopt new procedural devices as may be necessary to act effectively in new situations, is of crucial importance.

Successive cases with an apparent similarity may differ profoundly in both substance and context, and unless the procedure followed is as resourceful as the subject matter and circumstances may be varied it will be liable to lose its bite.“.

führen ist[20]. Den Vertragsstaaten ist es nicht gleichgültig, wenn im Wege der Geschäftsordnung Verfahrensgestaltungen gewählt werden, die in einem Maße souveränitätsbeschränkend wirken, wie es bei der Ratifizierung der Konvention noch nicht absehbar war. Vielmehr ist es ein natürliches Interesse der Vertragsstaaten, derartigen Beschränkungen nur insoweit unterworfen zu sein, als sie die Konvention selbst ausspricht. Denn in diesen Fällen können die Vertragsstaaten über den Umfang ihrer Souveränitätseinbuße selbst entscheiden. Die Übertragung der Geschäftsordnungsautonomie an die Organe bedeutet nur, daß die Vertragsstaaten die Regelungen der zahlreichen rein technischen Einzelfragen vergleichsweise minderer Bedeutung den Organen überlassen. Dies gilt insbesondere für die Einräumung einer Geschäftsordnungsautonomie ohne Genehmigungsvorbehalt. Denn da es hier zur Wirksamkeit der Geschäftsordnung keines besonderen Willensaktes der Vertragsstaaten bedarf, muß die Geschäftsordnung sich um so strikter an den Ermächtigungsrahmen der Konvention halten. Der Ermächtigungsrahmen wird überschritten, wenn die Geschäftsordnung souveränitätsbeschränkende Verfahrensbestimmungen trifft, die in der Konvention nicht bereits im gedanklichen Ansatz enthalten sind.

Es ist nicht zu verkennen, daß etwa die Geschäftsordnung der Europäischen Menschenrechtskommission z. B. die Möglichkeit zur Vornahme eines Augenscheins samt dessen Durchführung auf dem Territorium der Vertragsstaaten[21] vorsieht, ohne daß die Europäische Menschenrechtskonvention derartiges ausdrücklich vorsieht.

Dieses Phänomen ist befriedigend nur durch die Annahme zu erklären, daß die Vertragsstaaten der Europäischen Menschenrechtskonvention die weitergehenden Geschäftsordnungsnormen nachträglich durch stillschweigende Zustimmung in ihren Willen aufgenommen haben. Eine derartige Ex-post-Legitimierung ursprünglich kompetenzüberschreitender Verfahrensregelungen ist möglich, da es auf den Zeitpunkt der Legitimierung nicht ankommt.

Sollte die CERD-Kommission Verfahrensregeln beschließen, die den Ermächtigungsrahmen der Rassendiskriminierungskonvention überschreiten, so läuft sie rechtlich Gefahr, auf den Widerspruch der streitenden Vertragsstaaten zu stoßen. Ob ein solcher Widerspruch in casu tatsächlich erfolgt, ist eine praktisch-politische Frage. Von einem strikt juristischen Standpunkt aus kann jedoch nicht befürwortet werden, daß die Kommission ihren Ermächtigungsrahmen in Hoffnung auf eine mögliche nachträgliche Zustimmung der Streitparteien bewußt überschreitet.

---

[20] a. A. *Khol*, S. 470.

[21] Vgl. Art. 50 I, 51 I, 58 VO EuKMR.

3.3 Verpflichtung zum Erlaß einer förmlichen Geschäftsordnung?

Die Geschäftsordnungsautonomie internationaler Organe führt in der Praxis durchaus nicht immer zu Ausarbeitung und Erlaß schriftlich fixierter, formeller Geschäftsordnungen[22]. Gelegentlich wird eine Geschäftsordnung nicht formell erlassen, sondern man hält sich an traditionelle, ungeschriebene Regeln[23]. Teilweise wird über einzelne Verfahrensfragen durch Beschluß ad hoc entschieden. Auch kommt es vor, daß Teilbereiche des Verfahrens durch eine förmliche Teil-Verfahrensordnung vorab geregelt werden, andere dagegen nur durch Beschluß ad hoc[24].

Aus der Fassung des Art. 12 Abs. 3 CERD läßt sich nicht zwingend darauf schließen, daß das Verfahren der Kommission förmlich im voraus zu fixieren ist. Aus der deutschen Fassung „gibt sich eine Verfahrensordnung" könnte ein derartiges Erfordernis zwar grundsätzlich ableitbar sein, doch besagen die englische Fassung „... shall ... adopt its own rules of procedure" ebenso wie die französische Fassung „... adopte son règlement intérieur" nichts anderes, als daß die Kommission Herrin ihres eigenen Verfahrens ist. Demnach kann die Kommission ihr Verfahren ebensogut durch einzelne Verfahrensbeschlüsse festlegen. Dies hätte den Vorteil, daß die Kommission nicht a priori abstrakte Erwägungen über Verfahrensfragen anzustellen hätte, die später im Laufe des Vergleichsverfahrens womöglich keine Rolle spielen.

Andererseits bietet die vorherige Festlegung von Verfahrensregeln auch Vorteile. Denn grundlegende Prozeßnormen lassen sich unbefangener und daher schneller ausarbeiten, wenn das Gremium noch nicht in die Einzelheiten des Falles eingestiegen ist. Auch kann sich das Verfahren selbst um so zügiger gestalten, je ausführlicher und präziser die prozessualen Vorschriften gefaßt sind[25]. Diese Zeitersparnis und die Gewährleistung einer gewissen Kontinuität bei einer eventuellen personellen Änderung in der Besetzung der Kommission[26] sprechen für einen vorherigen Erlaß einer formellen Geschäftsordnung.

Diese Auffassung wird von den Erfahrungen der Praxis unterstützt. So ist es vorgekommen, daß die Diskussion um das Für und Wider einer formellen Geschäftsordnung die Arbeit einer Kommission wesentlich

---

[22] Vgl. *Shore*, Fact Finding, S. 113.

[23] z. B. der Expertenausschuß nach Art. 22 ILO-Satzung (vgl. *Khol*, S. 472, Fn. 272).

[24] Vgl. die förmlichen Zeugenordnungen in den Beschwerdeverfahren nach Art. 26 ILO-Satzung und in den Verfahren vor dem ILO-Ausschuß zum Schutz gewerkschaftlicher Rechte.

[25] So *Khol*, S. 509.

[26] Vgl. *Shore*, S. 114.

verzögerte[27]. Soweit auf eine formelle Geschäftsordnung verzichtet wurde, kam es gelegentlich während des laufenden Verfahrens zu Geschäftsordnungsauseinandersetzungen, die die Einsetzung einer besonderen Unterkommission erforderten und die Arbeit der Hauptkommission zeitweilig ganz blockierten[28].

Zur Vermeidung derartiger Verzögerungen erscheint ein frühzeitiger Erlaß einer Geschäftsordnung durch die CERD-Kommission zweckmäßig. Die Ausarbeitung der Geschäftsordnung sollte ihre erste Aufgabe nach erfolgter Konstituierung bilden.

3.4 Beteiligung der Parteien am Erlaß der Geschäftsordnung

Bei allen Streitbeilegungsverfahren ist fraglich, ob die Regelung des Verfahrensablaufs in der Hand des Gremiums oder der Parteien liegt[29]. Allgemein sind zwischen den beiden Extremfällen der Verfahrensnormierung durch Parteien und Spruchgremien zahlreiche Zwischenstufen denkbar. Im Laufe der historischen Entwicklung ist die Gestaltungsmöglichkeit durch die Parteien zunehmend in den Hintergrund getreten. Das Verfahren vor dem Haager Schiedshof aufgrund der Haager Streiterledigungsabkommen von 1899 und 1907 konnte nahezu ausschließlich von den Parteien bestimmt werden. Denn nach Art. 51 HA sollten die in diesem Abkommen vorgesehenen Verfahrensnormen nur Anwendung finden „en tant que les Parties ne sont pas convenues d'autres régles".

Dagegen räumen die Verfahrensordnungen des StIGH und des IGH den Parteien zwar umfangreiche Anhörungs- und Äußerungsrechte ein, entziehen die eigentliche Verfahrensgestaltung aber der Bestimmung durch den Parteiwillen. Diesem Vorbild sind spätere Gerichte im wesentlichen gefolgt.

Im Gegensatz dazu ist im Rahmen des Vergleichsverfahrens die Befugnis der Parteien zur Gestaltung des Verfahrensrechts im allgemeinen in weiterem Umfang erhalten geblieben. Ob diese Nachgiebigkeit des Vergleichsverfahrens auch auf dem Gebiet des internationalen Menschenrechtsschutzes bestehen bleiben kann, ist zu bezweifeln. Die Verfahrensgestaltungsbefugnis im Rahmen der allgemeinen Vergleichsverfahren beruht auf der Eigenart des jeweiligen Streitgegenstandes, jeweils nur oder doch vorwiegend die subjektiven Rechte und Interessen

---

[27] So bei der UN-Kommission für Eritrea, vgl. *Shore*, S. 113 f.

[28] So bei der UN-Kommission zur Untersuchung von Grenzzwischenfällen in Griechenland, vgl. *Shore*, S. 114.

[29] Zu den Gestaltungsmöglichkeiten durch Parteidisposition s. *Schwarzenberger*, International Law as Applied by International Courts and Tribunals, London 1945, S. 375.

der Parteien zu betreffen. Im Rahmen des menschenrechtsschützenden Vergleichsverfahrens steht aber, wie bereits dargelegt, die Wahrnehmung des objektiven Gemeinschaftsinteresses auf dem Spiel. Mit dieser Funktion des Verfahrens wäre eine Verfahrensgestaltung durch Parteidisposition nicht vereinbar.

Deshalb sind die Parteien vor der Vergleichskommission der Rassendiskriminierungskonvention zur Gestaltung von Verfahrensregeln nicht befugt. Die der Kommission nach Art. 12 Abs. 3 CERD eingeräumte Befugnis zum Erlaß ihrer Verfahrensordnung ist insoweit verpflichtender Natur, als sie die Verfahrensordnung nicht ganz oder teilweise der Parteidisposition unterwerfen darf. Eine Vorschrift nach dem Vorbild des Art. 51 HA wäre also unzulässig.

Viertes Kapitel

Die zum Vergleich herangezogenen Modellverfahrensordnungen

1. Die als Modelle heranziehbaren Verfahrensordnungen

Die von der CERD-Kommission zu erlassende Geschäftsordnung ist, wie bereits dargelegt, völkerrechtlicher Natur. Sie wird sich daher an den Gepflogenheiten des internationalen Verfahrensrechts orientieren. Deshalb werden im Rahmen dieser Arbeit ausschließlich völkerrechtliche Verfahrensordnungen zum Vergleich herangezogen. Innerstaatliche Prozeßordnungen[1] und Verfahrensregelungen aus dem Bereich der internationalen Handelsschiedsgerichtsbarkeit[2], deren Modellcharakter für völkerrechtliches Verfahrensrecht ohnedies zweifelhaft ist, bleiben daher von vornherein aus der Betrachtung ausgeschlossen.

Aber auch die schwer überschaubare Zahl völkerrechtlicher Verfahrensordnungen[3] bedarf im Interesse stofflicher Begrenzung dieser Arbeit einer gewissen a limine-Überprüfung hinsichtlich ihres potentiellen Modellcharakters für die Geschäftsordnung der CERD-Kommission. Ausgehend von der Doppelfunktion dieser Kommission als völkerrechtlichem Streitbeilegungs- und Menschenrechtssicherungsorgan erscheint eine Beschränkung der Untersuchung auf Verfahrensordnungen aus dem Bereich des internationalen Streitbeilegungsrechts und Menschenrechtsschutzes sinnvoll.

2. Verfahrensordnungen aus dem Bereich des internationalen Streitbeilegungsrechts

Als Verfahrensordnungen aus dem Bereich des internationalen Streitbeilegungsrechts im Sinne dieser Arbeit werden alle Verfahrensord-

---

[1] Völkerrechtliche Organe haben immer größte Zurückhaltung gegenüber Analogien zu innerstaatlichem Recht geübt.

[2] Dabei handelt es sich um Entscheidung privatrechtlicher Streitigkeiten durch eine private Gerichtsbarkeit, vgl. *Sanders*, Arbitration Law in Western Europe, S. 139; ausführlich auch *Domke*, International Trade Arbitration (1958).

[3] Vgl. die Zusammenstellung von Verfahrensregelungen aus dem Bereich der Internationalen Kontrolle bei *Peaslee*, International Governmental Organizations, Constitutional Documents, The Hague 1961.

nungen verstanden, die spezifisch zur Streitbeilegung erlassen wurden. Diese Definition impliziert zweierlei: Es werden alle Verfahrensordnungen von Organen ausgeschlossen, deren Funktion nicht ausschließlich streitbeilegenden Charakters ist; ferner bleiben die zahlreichen rein punktuellen Verfahrensregelungen in völkerrechtlichen Streitbeilegungsabkommen außer Betracht.

Im Bereich des internationalen Streitbeilegungsrechts erscheint darüber hinaus eine weitere Beschränkung sinnvoll, die sich auf das Verfahrensrecht gemischter Schiedsgerichte und Schadenskommissionen bezieht. Der systematische Vergleich dieser Verfahrensordnungen würde den Rahmen der vorliegenden Arbeit sprengen. Der Verzicht auf die Heranziehung dieses Vergleichsmaterials erscheint wegen der besonderen Eigenart der von diesen Organen zu behandelnden Rechtsmaterie[4] vertretbar, zumal dieser Bereich bereits im Schrifttum behandelt wurde[5]. An dieser Stelle ist daher eine Beschränkung auf vereinzelte Hinweise angebracht.

Eine weitere Beschränkung ist notwendig im Hinblick auf die Verfahrensordnungen internationaler Dienstgerichte[6]. Deren spezielle Funktion — die Beilegung von Streitigkeiten zwischen internationalen Organisationen und deren Bediensteten — ist von jener der CERD-Kommission zu weit entfernt, als daß deren Verfahren einen nennenswerten Modellcharakter erwarten ließe.

Folgende Verfahrensordnungen wurden zum Vergleich herangezogen[7]:

2.1 Gerichtliche und schiedsgerichtliche Verfahren[8]

1. Haager Abkommen zur friedlichen Beilegung internationaler Streitigkeiten vom 29. 7. 1899, Titel IV, insbesondere Kapitel III[9].

[4] Entscheidung über privatrechtliche Schadensersatzansprüche (Kriegs- und Tumultschäden); nach der wohl herrschenden Eigenrechtstheorie liegt zugleich eine Verletzung des sein diplomatisches Schutzrecht ausübenden Staates vor, so StIGH Sér. A No. 2; *Hudson*, International Tribunals, S. 192; nach anderer Auffassung ist der Heimatstaat lediglich Vertreter (so *Garcia Amador*, RdC 1958 II, S. 462) oder Prozeßstandschafter (so *Dahm*, Völkerrecht III, S. 256; Harvard Preliminary Draft No. 11 — 1960 —).

[5] Vgl. *Feller*, Mexican Claims Commissions, New York 1935; zu den Prozeßordnungen der Gemischten Schiedsgerichte aufgrund Art. 304 VV bzw. der übrigen Friedensverträge von 1919 *Schätzel*, DJZ 1921, S. 243; *ders.*, Internationales Recht Bd. II, S. 166 f.; Verfahrensordnungen aus diesem Bereich nach dem 2. Weltkrieg: s. UNRIAA XIV, S. 451; 465; 501.

[6] Zusammenstellung bei *Stuyt* F 1 - F 12.

[7] Vermittlung und Gute Dienste bleiben wegen ihres informellen Charakters außer Betracht.

[8] Mit Ausnahme menschenrechtsschützender Verfahren, die unter Ziff. 3.1 gesondert dargestellt werden; zur Abgrenzung zwischen gerichtlichen und schiedsgerichtlichen Verfahren s. eingehend *Hoffmann*, Grenzen rechtlicher Streiterledigung, S. 2, Fn. 1; S. 4, Fn. 6, jeweils mwN.

2. I. Haager Abkommen zur friedlichen Beilegung internationaler Streitigkeiten vom 18. 10. 1907, Titel IV, insbesondere Kapitel III[10].
3. Statut[11] und Verfahrensordnung[12] des Zentralamerikanischen Gerichtshofs aufgrund der Konvention zwischen den fünf zentralamerikanischen Republiken vom 20. 12. 1907[13].
4. Deutsch-schweizerischer Schiedsvertrag vom 3. 12. 1921[14].
5. Statut und Verfahrensordnung des Ständigen Internationalen Gerichtshofs von 1922[15].
6. Konvention über die Errichtung eines Internationalen Zentralamerikanischen Gerichtshofs vom 7. 2. 1923 und die als Annex hierzu erlassene Verfahrensordnung[16].
7. Genfer Generalakte vom 26. 9. 1928 und revidierte New Yorker Generalakte vom 28. 4. 1949, jeweils Kapitel II und III[17].
8. Statut und Verfahrensordnung des Internationalen Gerichtshofs vom 26. 6. 1945[18].
9. Amerikanischer Streitbeilegungsvertrag („Bogotá-Pakt“) von 1948, Kapitel IV und V[19].
10. Verfahrensordnung des Schiedsgerichtshofs und der Gemischten Kommission aufgrund des Londoner Abkommens zur Regelung deutscher Auslandsschulden vom 27. 2. 1953[20].
11. Statut und Verfahrensordnung des Gerichtshofs der Europäischen Gemeinschaften von 1957[21].

---

[9] Text: *Scott*, Les Conférences de la Paix de la Haye de 1899 et 1907, III, Paris 1927; in dieser Arbeit nur insoweit zitiert, als sachliche Abweichungen gegenüber dem HA 1907 bestehen.

[10] Text: *Berber* DokS, S. 1683; RGBl. 1910, S. 5; *Martens* NRG III 3, S. 360.

[11] Regulations of the Court, 2. 12. 1911, AJIL Off. Doc. 1914, S. 179.

[12] Ordinance of Procedure, 6. 11. 1912, AJIL Off. Doc. 1914, S. 194.

[13] Näheres zur Tätigkeit dieses Tribunals bei *Stuyt* G 1.

[14] Text: RGBl. 1922 I, S. 217; LNTS XII, S. 272.

[15] Text: RGBl. 1927 II, S. 250; *Strupp*, Documents, insbes. S. 623 ff.; 627 ff.; in dieser Arbeit nur insoweit zitiert, als sachliche Abweichungen gegenüber Statut und VO des IGH bestehen.

[16] Text: *Hudson*, International Legislation II, S. 908 ff., 924 ff.; näheres hierzu bei *Gessner*, S. 27 f.

[17] Text: *Berber* DokS, S. 1734; 1747; zitiert wird regelmäßig nur die revidierte Fassung von New York, soweit keine Abweichungen von der Genfer Fassung bestehen.

[18] Text: *Hallier*, Sammlung, S. 27 ff., 49 ff.; CIJ, Sér. D, No. 1, 2. Ausgabe 1947, S. 37, 54.

[19] Text: ArchVR 1948/49, S. 488; UNTS XXX, S. 56.

[20] Text: BGBl. 1953 II, S. 464, 468; ZaöRV Bd. 19 (1958), S. 728.

[21] Die prozessuale Grundlagenregelung findet sich im Ersten Protokoll über die Satzung des Gerichtshofs der EWG von 1957 (insbesondere Titel III), nachfolgend als Statut EuGH bezeichnet; s. auch: Protokoll über die Satzung des

12. Konvention über die Errichtung eines Rüstungskontrollgerichts der WEU vom 14. 12. 1957, insbesondere Kapitel II[22].
13. Konvention über die Errichtung eines Kernenergie-Kontrollgerichts der OEEC vom 20. 12. 1957, insbesondere Teil III[23].
14. Statut sowie Geschäfts- und Verfahrensordnung des Internationalen Gerichtshofs im Saarland der WEU vom 12. 12. 1955[24].
15. Satzung und Verfahrensordnung des deutsch-französischen Gemischten Gerichtshofs und Schiedsgerichts nach dem Saarvertrag vom 27. 10. 1957[25].
16. Verfahrensordnung der Schiedsstelle für die Liquidation des früheren deutsch-schweizerischen Verrechnungsverkehrs von 1958 aufgrund des Abkommens vom 16. 7. 1956[26].
17. Verfahrensordnung des deutsch-österreichischen Schiedsgerichts aufgrund des Vermögensvertrags vom 15. 6. 1957[27].
18. Europäisches Übereinkommen zur friedlichen Beilegung von Streitigkeiten vom 29. 4. 1957, Kapitel III[28].
19. Schiedsgerichts- und Vergleichsordnung des Ständigen Schiedshofs für Streitigkeiten zwischen einem Staat und einer nichtstaatlichen Partei vom Februar 1962, Section I[29].

2.2 Untersuchungsverfahren[30]

1. Haager Streitbeilegungsabkommen von 1899, Titel III.
2. Haager Streitbeilegungsabkommen von 1907, Titel III.
3. Amerikanische Konvention zur Errichtung Internationaler Untersuchungskommissionen vom 7. 2. 1923[31].
4. Bogotá-Pakt, Kap. III.

Gerichtshofs der EGKS von 1951 (insbes. Titel III) und Drittes Protokoll über die Satzung des Gerichtshofs der EURATOM von 1957; zum Verhältnis dieser Normen zueinander s. *Hallier*, Sammlung, S. 175 f. (mwN.); sämtliche Texte, einschl. der VO EuGH, sind abgedruckt bei *Hallier*, ebd., S. 175 ff.

[22] Text: BGBl. 1961 II, S. 386.

[23] Text: BGBl. 1959 II, S. 989.

[24] Text: *Hallier*, Sammlung, S. 467 mwN.; s. auch *Stuyt* G 4.

[25] Text: BGBl. 1956 II, S. 1587; s. auch *Stuyt* G 5.

[26] Text: BGBl. 1958 II, S. 331.

[27] Text: BGBl. 1960 II, S. 1322.

[28] Text: BGBl. 1961 II, S. 82; ArchVR Bd. 10 (1962/63), S. 79.

[29] Text: ArchVR Bd. 12 (1964/65), S. 187.

[30] Zu Ad-hoc-Untersuchungsverfahren in bilateralem Rahmen s. *Stuyt* C 1 - 5.

[31] Text: *Hudson*, International Legislation II, S. 908.

5. Verfahrensordnungen von Ad-hoc-Untersuchungskommissionen, die durch den UN-Sicherheitsrat oder die UN-Generalversammlung eingesetzt wurden[32].

2.3 Vergleichsverfahren[33]

1. Deutsch-schweizerischer Schiedsvertrag vom 3. 12. 1921.
2. Schiedsabkommen zwischen Deutschland und Belgien, Frankreich, Polen und der Tschechoslowakei vom 16. 10. 1925; Anlagen B - E des Locarno-Pakts gleichen Datums (Art. 4 - 18)[34].
3. Generalakte von Genf, 1928, und revidierte New Yorker Generalakte von 1949, jeweils Kapitel I.
4. Bogotá-Pakt, Kap. III.
5. Europäisches Streitbeilegungsabkommen von 1957, Kap. II.
6. Protokoll zur OAU-Charta vom 21. 7. 1964, Teil IV[35].
7. Schiedsgerichts- und Vergleichsordnung des Ständigen Schiedshofs für Streitigkeiten zwischen einem Staat und einer nichtstaatlichen Partei vom Februar 1962, Section II.

3. Verfahrensordnungen aus dem Bereich des internationalen Menschenrechtsschutzes

3.1 Gerichtliche Verfahren[36]

1. Verfahrensordnung des Europäischen Gerichtshofs für Menschenrechte[37] in Verbindung mit dem 4. Abschnitt der Europäischen Konvention zum Schutz der Menschenrechte und Grundfreiheiten vom 4. 11. 1950[38].
2. Amerikanische Menschenrechtskonvention vom 22. 11. 1969, Kapitel 8[39].

---

[32] Als Grundlage diente vor allem die Zusammenstellung der Verfahrensregelungen aus der Anfangszeit der UN, an denen sich spätere UN-Untersuchungskommissionen orientierten; Einzelheiten in: UN, Organization and Procedure.

[33] Zur Praxis bilateraler Ad-hoc-Vergleichsverfahren s. *Stuyt* B 1 - 17; ferner *Wehberg*, Vergleichskommissionen.

[34] Text: *Berber* DokS S. 1667.

[35] Text: ILM Bd. 3 (1964), S. 1116.

[36] Schiedsgerichtliche Verfahrensordnungen bestehen auf dem Gebiet des internationalen Menschenrechtsschutzes nicht.

[37] Text: BGBl. 1963 II, S. 332; später mehrfach geändert; derzeit geltende Fassung bei *Bertram*, S. 78.

[38] Text: BGBl. 1952 II, S. 686; mehrfach geändert; neueste Fassung bei *Bertram*, S. 49.

[39] Text: OAS Treaty Series No. 36, 1 - 21 (= OAS Off. Rec., OEA/SER.A/16); *Sohn/Buergenthal*, Documents, S. 209 (227).

3.2 Untersuchungsverfahren

Soweit bisher Untersuchungsverfahren spezifisch menschenrechtliche Fragen betrafen, haben sie — wie bei verschiedenen Verfahren der ILO — nicht zur Ausarbeitung von Verfahrensordnungen geführt oder verblieben im nationalen Rahmen[40]. Während auf die erstgenannten Verfahren noch einzugehen sein wird[41], können menschenrechtsschützende Verfahrensnormen innerstaatlichen Rechts hier nicht erörtert werden.

3.3 Vergleichsverfahren

1. Verfahrensordnung der Europäischen Kommission für Menschenrechte[42] in Verbindung mit Abschnitt II und III der Europäischen Menschenrechtskonvention.
2. Regeln des Ministerkomitees für die Anwendung des Artikels 32 der Europäischen Menschenrechtskonvention[43].
3. Protokoll der UNESCO vom 10. 12. 1962 über die Errichtung einer „Commission de conciliation et des bons offices" zur Beilegung von Meinungsverschiedenheiten zwischen den Vertragsstaaten der UNESCO-Konvention gegen die Diskriminierung im Erziehungswesen[44].

3.4 Verfahrensordnungen völkerrechtlicher Menschenrechtssicherungsorgane mit sonstiger Zuständigkeit

1. Interamerikanische Menschenrechtskommission: Statut vom 25. 5. und 8. 6. 1960[45] und Verfahrensordnung vom 24. 10. 1960[46].
2. Interamerikanische Menschenrechtskommission: Verfahren aufgrund Kapitel VII der Amerikanischen Menschenrechtskonvention vom 22. 11. 1969[47].
3. Verfahrensordnung des Ausschusses für die Beseitigung der Rassendiskriminierung[48] in Verbindung mit Teil II der Rassendiskriminierungskonvention vom 7. 3. 1966.

---

[40] Vgl. dazu *Ermacora*, Enquiry Commissions.

[41] s. unter A., 4. Kap., Ziff. 3.5.

[42] Text: BGBl. 1963 II, S. 332; mehrfach geändert; neueste Fassung bei *Bertram*, S. 63.

[43] Text: Europarats-Drucksache, hrsg. Straßburg 1973, unter Berücksichtigung späterer Änderungen abgedruckt bei *Bertram*, S. 88; dieses Gremium wird in dieser Funktion als Vergleichsorgan tätig.

[44] Text: AFDI 1962, S. 670.

[45] Text: *Sohn/Buergenthal*, Documents, S. 194.

[46] Text: ebd., S. 199.

[47] Text: ebd., S. 209 (221).

[48] Text: ebd., S. 92 (englisch); *Partsch*, Rassendiskriminierung, S. 34 (deutsch).

3.5 Sonstige Verfahrensregelungen aus dem Bereich des internationalen Menschenrechtsschutzes

1. Beschwerdeverfahren nach Art. 24, 25 ILO-Satzung[49]. Das Verfahren des ILO-Verwaltungsrates und des im Rahmen dieses Verfahrens eingerichteten Dreierausschusses bestimmt sich nach einer besonderen Geschäftsordnung[50].

2. Beschwerdeverfahren nach Art. 26 der ILO-Satzung zur Durchführungskontrolle ratifizierter Übereinkommen[51]. Das Verfahren, das sowohl in Form einer Individualbeschwerde als auch einer Staatenbeschwerde geführt werden kann, beruht auf Art. 26 - 29 und 31 - 34 der ILO-Satzung. Da dieses Verfahren bisher erst in zwei Fällen praktiziert wurde, haben sich keine eigenen, generellen Verfahrensordnungen herausgebildet. Insbesondere enthält die Geschäftsordnung des ILO-Verwaltungsrats[52] keine Spezialbestimmungen für diese Beschwerdeart. Dieser Mangel ist bei der vergleichenden Untersuchung von Geschäftsordnungen im Hinblick auf die Problematik des CERD-Staatenbeschwerdeverfahrens besonders bedauerlich, da letzteres der ILO-Staatenbeschwerde ersichtlich nachgebildet ist und Verfahrensordnungen aus dem Bereich der ILO-Staatenbeschwerde daher herausragenden Modellcharakter haben würden.

   Eine gewisse Abhilfe schafft hier der Umstand, daß die beiden nach Art. 26 tätig gewordenen Kommissionen nach gleichen prozessualen Grundsätzen vorgingen, die in den jeweiligen Kommissionsberichten[53] niedergelegt sind. Da es sich zudem in beiden Fällen um Staatenbeschwerden handelte, erscheint es wegen der Sachnähe zum Thema dieser Arbeit gerechtfertigt und notwendig, diese Verfahrensweise zu berücksichtigen, obwohl sie nicht in einer eigentlichen Modellverfahrensordnung ihren Niederschlag gefunden hat[54].

3. Beschwerdeverfahren der ILO zum Schutz gewerkschaftlicher Rechte[55].

---

[49] Zu diesem nach dem 2. Weltkrieg nicht mehr angewandten Verfahren vgl. *Khol*, S. 131 - 134.

[50] Angenommen vom ILO-Verwaltungsrat am 8. 4. 1932, geändert am 5. 2. 1938; s. *Zarras*, Le contrôle d'application des conventions internationales de travail, Paris 1937, S. 231 f.

[51] Dazu eingehend *Khol*, S. 191 - 200; es handelt sich um das einzige Sicherungsverfahren, das auch von Amts wegen eingeleitet werden kann.

[52] s. dazu eingehend *Khol*, S. 181 - 191 mwN.

[53] Ghana v. Portugal in: ILO Off. Bull. Vol. XLV, April 1962, No. 2, suppl. II; Portugal v. Liberia in: ILO Off. Bull. Vol. XLVI, April 1963, No. 2, suppl. II.

[54] Vgl. aber z. B. die Zeugenordnung im Fall Ghanas vs. Portugal, ebd., S. 17 f.

[55] Dazu eingehend *Jenks*, The International Protection of Trade Union Freedom, 1957; *Haas*, Beyond the Nation State, Stanford 1964, S. 352 ff., 381 ff.;

Dieses Verfahren entwickelte sich ohne ausdrückliche normative Grundlage in der ILO-Satzung lediglich aufgrund verschiedener Beschlüsse des ILO-Verwaltungsrats[56]. Die ursprünglich als Hauptorgan vorgesehene Fact-Finding and Conciliation Commission on Freedom of Association wurde bisher nur in zwei Fällen tätig; ihr Verfahren ergibt sich aus den jeweiligen Kommissionsberichten[57]. Von wesentlich größerer Bedeutung ist die Arbeit des ursprünglich als reines Vorprüfungsorgan konzipierten Committee on Freedom of Association des ILO-Verwaltungsrats, bei dem heute der praktische Schwerpunkt des Beschwerdeverfahrens liegt[58]. Das Verfahren dieses Ausschusses ergibt sich aus verschiedenen Ausschußberichten[59]. Obwohl also eine Geschäftsordnung im formellen Sinn nicht besteht, sollen diese Verfahrensregeln berücksichtigt werden, da sich die CERD-Staatenbeschwerde u. a. an dem Vorbild dieses ILO-Verfahrens orientiert[60].

4. Verfahren vor dem Menschenrechtsausschuß gem. Art. 41 des Internationalen Pakts über bürgerliche und politische Rechte vom 19. 12. 1966.
5. Verfahren vor der Ad-hoc-Vergleichskommission gem. Art. 42 des Internationalen Pakts über bürgerliche und politische Rechte.

4. Verfahrensrechtsentwürfe

4.1 Ältere Entwürfe

Obwohl das Schiedsverfahren als Mittel der völkerrechtlichen Streitschlichtung seit der Antike bekannt ist[61], haben sich Bestrebungen nach einer Kodifizierung des Schiedsverfahrensrecht erst Ende des 19. Jahrhunderts bemerkbar gemacht. Als Folge der nach dem Jay-Vertrag von

Khol, S. 200 - 217; diese Beschwerden sind in Form von Einzel- und Staatenbeschwerde möglich.

56 s. 4. Bericht der ILO an die UN, Annex VI, S. 322 f., Genf 1950 (zur Kommission); 6. Bericht der ILO an die UN, Annex V, S. 169 f., Genf 1952 (zum Ausschuß).

57 Fall Japan: ILO Off. Bull. Vol. XLIX, Jan. 1966, No. 1 spec. suppl.; Fall Griechenland: ibid., Juli 1966, No. 3, spec. suppl.

58 Über 400 behandelte Fälle bis 1967, vgl. *Khol*, S. 202, Fn. 100.

59 6. Bericht der ILO an die UN, Annex V, S. 169 - 196, 225 - 237 (Genf 1952); 8. Bericht der ILO an die UN, Annex II, S. 166 - 173 (Genf 1954); übersichtliche Zusammenfassung in: Minutes of the 161st Session of the Governing Body, Geneva, 1 - 5 March 1965, S. 119 - 122.

60 *Khol*, S. 228 ff.; S. 218.

61 s. dazu *Ténékidès*, Droit international et communatés fédérales dans la Grèce des cités, RdC Bd. 90 (1956 II) S. 469 - 652; *Dickmann*, Der Krieg als Rechtsproblem in Antike und Mittelalter, in: *ders.*, Friedensrecht und Friedenssicherung, Göttingen 1971, S. 94.

1794 zwischen Großbritannien und den USA neubelebten und in großem Umfang betriebenen internationalen Schiedspraxis[62] wurde der Wunsch nach einer Festlegung des Verfahrens allgemein deutlich. Dieser Wunsch spiegelt sich in den Verfahrensentwürfen zahlreicher mit völkerrechtlichen Fragen befaßten Institutionen wider. Genannt seien hier:

1. das Règlement des Institut de Droit International über Schiedsverfahren von 1875[63],
2. das Règlement des 6. Friedenskongresses in Antwerpen von 1894[64],
3. das Règlement der International Law Association von 1895[65],
4. das Règlement der Interparlamentarischen Union von 1895[66].

Es handelt sich um rein theoretische Konstruktionen und Ableitungen aus nationalen Prozeßrechten, die nurmehr von historischem Interesse sind. Als gedankliche Vorarbeiten zu der ersten, völkerrechtlich verbindlichen Kodifizierung des internationalen Schiedsverfahrensrechts, der Haager Konvention zur friedlichen Beilegung internationaler Streitigkeiten von 1899, haben sie jedoch eine wichtige Rolle gespielt[67].

Weiter sei hier der Entwurf zum Verfahren eines internationalen Schiedsgerichtshofs erwähnt, der auf der 2. Haager Friedenskonferenz ausgearbeitet wurde[68]. Dieser Konventionsentwurf behandelt in Art. 1 - 16 die Organisation und in Art. 17 - 33 das Verfahren recht ausführlich.

Der erste Entwurf, der das Vergleichsverfahren betraf, war die Resolution des Völkerbundrates vom 22. 9. 1929[69]. Sie sah in 9 Artikeln eine Regelung der grundsätzlichen Verfahrensfragen vor und sollte die Mitglieder des Völkerbundes ermuntern, ihre Auseinandersetzungen vor

---

[62] Im 19. Jh. wurden 471 Fälle entschieden, auch unter Beteiligung asiatischer und afrikanischer Staaten; vgl. *Darby*, International Tribunals, London 1904, S. 796 ff.; diese Zahl dürfte allerdings zu hoch veranschlagt sein, da es sich nicht in allen Fällen um Schiedsverfahren im heutigen Sinn handelt; auch ist die Souveränität einiger der aufgeführten Staaten zweifelhaft, vgl. *Quincy Wright*, Arbitration as a Symbol of Internationalism, S. 4.

[63] Entwürfe und Verhandlungen: RDI Bd. 6, S. 419 ff.; AnnIDI Bd. 1, S. 126 ff.

[64] Text: *Darby*, Arbitration, S. 240.

[65] Text: *Darby*, S. 364.

[66] Text: *Darby*, S. 296; s. auch *Corsi*, Rapport sur les conclusions du comité spécial nommé par l'Association de Droit International dans sa XVIe conférence (Londres) et projet de Règlement pour les arbitrages internationaux, 1895.

[67] Die gleiche Bedeutung hatte das Werk von *Mérignhac*, Traité théorique et pratique de l'arbitrage international, 1895.

[68] Text: *Nippold*, Die zweite Haager Friedenskonferenz, Teil I, S. 84.

[69] Text: *de Visscher*, RDILC Bd. 50 (1923), S. 21 - 23, Fn. 1.

bilaterale Vergleichskommissionen zu tragen. Dieser Entwurf fußte auf der — allerdings teilweise abweichenden — Regelung des Vergleichsverfahrens in der Genfer Generalakte vom 26. 9. 1928.

Das Vergleichsverfahren war auch Gegenstand eines Entwurfs des Institut de Droit International von 1959[70], der den Staaten die besonderen Vorzüge des Vergleichsverfahrens, „sa simplicité et sa souplesse"[71], in Erinnerung rufen sollte.

4.2 Die Model Rules on Arbitral Procedure der International Law Commission[72]

Ein weiteres, besonders ausführliches und aufgrund langjähriger Erfahrungen auf dem Gebiet des internationalen Schiedsrechts erarbeitetes Muster stellen die Model Rules dar. Ihnen kommt insofern besondere Bedeutung zu, als sie die jüngste Verlautbarung einer überregional bedeutsamen internationalen Organisation zu Fragen des internationalen Prozeßrechts darstellen.

Die Model Rules beruhen auf der Erwägung, daß „a set of rules on arbitral procedure will inspire States in the drawing up of provisions for inclusion in international treaties and special arbitration agreements"[73]. Die Model Rules sollen demnach möglichst Eingang in allgemeine, bilaterale oder multilaterale Schiedsabkommen, wie auch in Ad-hoc-Schiedsverträge finden. Sie sind nur als Leitlinie gedacht, nicht als allgemeingültige Ausarbeitung eines Schiedsvertrags. Sie sollen zur automatischen Lückenausfüllung dienen, die Nichterfüllung des Schiedsvertrags verhindern und eine endgültige, die Parteien bindende Entscheidung herbeiführen[74]. Die Freiheit der Parteien zu abweichenden Vereinbarungen wird dadurch nicht berührt.

---

[70] Text: AnnIDI Bd. 48 I (1959), S. 11 - 23; die vorhergehenden Beratungen sind abgedruckt: ibid., sowie in AnnIDI Bd. 49 II (1961), S. 193 ff.

[71] So *Rolin* (Rapporteur), AnnIDI Bd. 48 I (1959), S. 6.

[72] Text: AJIL Bd. 53 (1959), S. 239.

[73] UN GA Res. 989 (X) vom 14. 12. 1955.

[74] Report der International Law Commission, AJIL Bd. 53 (1959), S. 235 ff.

TEIL B

Einzeldiskussion

Erster Abschnitt

Organisationsrecht

Erstes Kapitel

Die Kommission

Die Kommission, d. h. die Gesamtheit ihrer Mitglieder, ist Trägerin der Aufgabe, zwischen den streitenden Vertragsstaaten eine gütliche Einigung herbeizuführen (Art. 12 Abs. 1 lit. a CERD). Sämtliche von der Kommission in Wahrnehmung dieser Aufgabe zu ergreifenden Verfahrensmaßnahmen werden daher durch das Gesamtgremium vorgenommen, soweit nicht eine Aufgabendelegierung auf einzelne oder mehrere Kommissionsmitglieder stattfindet. Ob und in welchem Umfang eine derartige Aufgabendelegierung bei der CERD-Vergleichskommission stattfinden sollte, erscheint wegen ihrer Ad-hoc-Eigenschaft und ihrer relativ geringen Mitgliederzahl problematisch.

1. Ausschüsse

Die untersuchten Modellverfahrensordnungen sehen häufig vor, daß das betreffende Organ eines oder mehrere seiner Mitglieder mit der Vornahme bestimmter Verfahrensmaßnahmen, insbesondere im Rahmen einer Beweiserhebung, beauftragen kann[1].

Gelegentlich hat eine derartige Aufgabendelegierung auch ohne ausdrückliche Verankerung in der jeweiligen Geschäftsordnung stattgefunden. So hat die Unterkommission der Europäischen Kommission für Menschenrechte bei ihrer Tätigkeit auf Zypern einen Dreierausschuß zur Vornahme einer Untersuchung gebildet, der eine umfangreiche Un-

---

[1] Vgl. Art. 16 II deutsch-schweiz. Schiedsvertrag (Vergleichsverfahren); Art. 29 EuMRK a. F. iVm. Art. 15 - 21 VO EuKMR a. F.; Art. 51 VO EuKMR (Vorprüfungsgruppen); besonders häufig bei UN-Untersuchungskommissionen, vgl. Regel 47 UNTCOK und UNCIP; Regel 29 UNSCOP; Regel 36 UNSCOB; s. auch Kap. IV und V der GO des Indonesian Committee of Good Offices.

tersuchungstätigkeit entfaltete[2]. Die Zulässigkeit dieses Vorgehens wurde teilweise bezweifelt, da die Vertragsstaaten der Europäischen Menschenrechtskonvention eine Delegierung der der Unterkommission obliegenden Funktionen nicht ausdrücklich vorgesehen hatten[3]. Es ist sogar vorgekommen, daß ein Unterausschuß eines Unterausschusses die eigentlichen Vergleichsverhandlungen mit den Parteien führte[4] und anschließend einen Bericht erstattete, obwohl eine derartige Aufgabendelegierung in der Verfahrensordnung nicht vorgesehen war. Ein derartiges Verfahren degradiert die Vollkommission zu einem bloßen Bestätigungsorgan ohne eigene konziliatorische Funktion.

Bei der Prüfung der Übertragbarkeit dieser Verfahrensweise auf die Tätigkeit der CERD-Kommission ist die heftige Kritik zu berücksichtigen, die die Einrichtung von Unterausschüssen im Rahmen menschenrechtssichernder Vergleichsverfahren hervorgerufen hat[5]. Die auftretenden Schwierigkeiten bei der Bildung des Unterausschusses und der Kompetenzaufteilung im Verhältnis des Unterausschusses zur Vollkommission führten insbesondere zu Verfahrensverzögerungen und administrativen Schwierigkeiten[6]. Deshalb wurden im Rahmen der Europäischen Menschenrechtskonvention Maßnahmen zur Konzentration der Kommissionsaufgaben bei der Vollkommission ergriffen[7].

Wollte die CERD-Kommission einen Unterausschuß mit der Wahrnehmung einzelner Funktionen innerhalb der Beweisaufnahme betrauen, so wäre zeitraubend, daß sich die Unterausschußmitglieder zweimal mit denselben Problemen zu befassen hätten: in der Beweisaufnahme selbst und in der Berichterstattung vor der Vollkommission. Schwerer wiegt, daß die Beweiswürdigung für die Kommissare, die der

---

[2] Im Fall der griech.-brit. Beschwerde 176/56 wurden in der Zeit vom 31. 1. bis 28. 1. 1958 etwa 70 Zeugen vernommen und ein Straflager besichtigt, s. Annuaire de la convention européenne des droits de l'homme I (1955 - 1957), S. 131.

[3] So *Carstens*, Das Recht des Europarats, Berlin 1956, 206; nach anderer Auffassung handelt es sich nicht um eine Delegierung der eigentlichen Kommissionsaufgabe, sondern um eine zulässige Vorprüfung (zweifelhaft); so z. B. *Schniewindt*, S. 89.

[4] So die Dreiergruppe der Unterkommission der Europäischen Menschenrechtskommission im Zypernkonflikt, s. Europarat-Presseinformation 1037 v. 21. 12. 1956 und 1046 v. 21. 1. 1957.

[5] s. dazu *Robertson*, Human Rights, S. 56.

[6] So z. B. bei der Unterkommission nach Art. 29 EuMRK a. F.; die Aufteilung in Kommission und Unterkommission „tends to delay and to empede the smooth and effective handling of the case as well as having other disadvantages", so *Waldock*, BYIL 1958, S. 356 (362).

[7] Vgl. das Protokoll Nr. 3 zur EuMRK v. 6. 5. 1963, das unter Abänderung der Art. 29, 30, 34 EuMRK die Verpflichtung der Kommission zur Einsetzung der Unterkommission aufhebt; Text: BGBl. 1968 II 1116; in Kraft seit 21. 9. 1970, s. Bekanntmachung v. 20. 11. 1970, BGBl. 1970 II 1315.

Beweisaufnahme nicht unmittelbar beigewohnt haben, erschwert ist. Es besteht die Gefahr, daß der Einfluß der Unterausschußmitglieder bei den Beratungen überproportional hervortritt[8].

Nach alledem sollte sich die CERD-Kommission die im Rahmen der Europäischen Menschenrechtskonvention gesammelten negativen Erfahrungen zunutze machen und von der Einsetzung von Unterkommissionen absehen. Dies gilt um so mehr, als die CERD-Kommission in ihrer fünfköpfigen Besetzung beweglich genug sein dürfte, die anfallenden Aufgaben selbst wahrzunehmen.

2. Berichterstatter

Die Delegation bestimmter Aufgaben an Berichterstatter findet sich insbesondere in gerichtlichen Verfahren[9]. In Verfahren zur Sicherung der Menschenrechte wurden Berichterstatter bereits im Völkerbund-Minderheitenbeschwerdeverfahren und im Mandatsbeschwerdeverfahren eingesetzt. Auch die Europäische Kommission für Menschenrechte kann eines ihrer Mitglieder zum Berichterstatter bestellen[10].

Die Einsetzung von Berichterstattern gründet sich im wesentlichen auf Erwägungen der Verfahrensökonomie und hat ihre Berechtigung insbesondere in Verfahren, die vor einem mitgliederstarken Gremium stattfinden[11]. Bei einer überschaubaren Mitgliederzahl, wie sie die CERD-Kommission aufweist, erscheint die Einsetzung eines Berichterstatters wenig zweckmäßig, wenngleich grundsätzlich möglich.

3. Status der Kommissare

Gem. Art. 12 Abs. 2 CERD sind die Mitglieder der Ad-hoc-Vergleichskommission in persönlicher Eigenschaft („in their personal capacity" bzw. „à titre individuel") tätig. Diese Formulierung, die in den neueren Instrumenten des internationalen Menschenrechtsschutzes häufig verwandt wird[12], bedeutet, daß die Kommissare bei der Ausübung ihres Amtes unabhängig sind. Dies gilt auch für solche Kommissare, die zugleich Träger innerstaatlicher Funktionen, insbesondere staatliche Be-

---

[8] So zutreffend *Schniewindt*, S. 98.

[9] Vgl. besonders die Verwendung von Berichterstattern und Hilfsberichterstattern vor dem EuGH, s. Art. 12 Statut iVm. Art. 23 VO sowie Art. 24 § 2, 42 § 2, 44 § 1, 45 § 3, 49 § 2 VO.

[10] Art. 51 II VO.

[11] Deshalb auch in den UN-Untersuchungskommissionen, vgl. Regel 1 UNSCOP; Regel 9 UNCIP und UNTCOK; Regel 1 VIII UNSCOB.

[12] Art. 23 EuMRK; Art. 8 I CERD; Art. 28 III, Art. 42 II Pakt über bürgerl. und polit. Rechte; Art. 2 II UNESCO-Protokoll.

amte sind. Möglichen Loyalitätskonflikten versucht die Rassendiskriminierungskonvention durch die Bestimmung zu begegnen, daß die Kommissare nicht Staatsangehörige der am Streit beteiligten Staaten sein dürfen (Art. 12 Abs. 2 S. 2 CERD).

Ein Tätigwerden in persönlicher Eigenschaft bedeutet zugleich, daß die Kommissare keine internationalen Beamten sind.

Abgesehen davon, daß die Kommissare nur Staatsangehörige der Vertragsstaaten sein dürfen, trifft die Rassendiskriminierungskonvention keine weitere Regelung der Statusfrage. Insbesondere bleibt offen, ob die Mitglieder der CERD-Vergleichskommission diplomatische Privilegien und Immunitäten genießen und inwieweit Inkompatibilitäten und sonstige Betätigungsverbote bestehen.

4. Privilegien und Immunitäten

Wesentliche Voraussetzung für die Durchführung internationaler Vergleichsverfahren ist, daß die Mitglieder des jeweiligen Organs hinsichtlich ihrer in amtlicher Eigenschaft vorgenommenen Handlungen, einschließlich ihrer mündlichen und schriftlichen Äußerungen, innerstaatlich nicht zur Verantwortung gezogen werden können und daß ihre Tätigkeit auch nicht in sonstiger Weise behindert wird. Die hierzu erforderliche Zubilligung von Vorrechten und Befreiungen erfolgt regelmäßig durch völkerrechtlichen Vertrag[13].

Für die Mitglieder der CERD-Kommission ist die Frage der Privilegien und Immunitäten besonders problematisch, da die Rassendiskriminierungskonvention diesen Fragenkreis im Gegensatz zu dem Pakt über bürgerliche und politische Rechte[14] nicht geregelt hat und die Kommission auch kein Organ der Vereinten Nationen ist[15]. Die einschlägigen Konventionen, wie etwa diejenige über Privilegien und Immunitäten der Vereinten Nationen von 1946, das Vorläufige Übereinkommen über Privilegien und Immunitäten mit dem Schweizer Bundesrat von 1946 und das Headquarters Agreement mit den Vereinigten Staaten von 1947, sind daher nicht anwendbar. Auf denselben Standpunkt stellte sich auch der Vertreter Großbritanniens im Menschenrechtsausschuß der UN. Er schlug vor, diesen Fragenkreis durch ein besonderes Abkommen zu regeln[16].

---

[13] Art. 33 Reg. CACJ; Art. 19 Statut IGH; Art. 3 Statut EuGH; Art. 59 EuMRK iVm. Art. 40 der Satzung des Europarats; Art. 43 Pakt über bürgerl. und polit. Rechte.

[14] Art. 43.

[15] Vgl. unter A., 2. Kap., Ziff. 2.

[16] UN Doc. A/C.3/SR. 1354.

Zutreffend wurde darauf hingewiesen, daß bis zur Regelung der Privilegien und Immunitäten die Mitglieder der Kommission keinen Zutritt zum Hauptquartier der UN haben würden, wenngleich dieser ihnen aus Gründen des bloßen Entgegenkommens wahrscheinlich nicht verwehrt werden würde[17]. Dasselbe würde übrigens für Regierungsvertreter der Streitparteien sowie etwaige Beweispersonen gelten.

Diese Konsequenzen sind für die Tätigkeit der Kommission ausgesprochen mißlich. Das Fehlen einer Regelung über die Privilegien und Immunitäten ist im äußersten Fall sogar geeignet, die Funktionsfähigkeit des Verfahrens insgesamt in Frage zu stellen.

Die Kommission kann sich jedenfalls nicht allein durch ihre Geschäftsordnung die zur sachgemäßen Ausübung ihres Amtes erforderlichen Vorrechte und Befreiungen zusprechen. Die Zubilligung solcher innerstaatlichen Privilegien und Immunitäten ist die ureigene Domäne der Vertragsstaaten. Nur diese können insoweit mit Rechtswirkung entscheiden.

Dabei kann an dieser Stelle dahingestellt bleiben, ob eine solche Entscheidung in Form eines multilateralen Abkommens oder durch die — in erster Linie betroffenen — Streitparteien ad hoc erfolgen sollte. Die Kommission würde jedenfalls bei einer Entscheidung über Privilegien und Immunitäten die Grenze ihrer Geschäftsordnungsautonomie überschreiten.

5. Inkompatibilitäten

In den untersuchten Modellverfahrensordnungen werden Inkompatibilitäten nur im Verfahrensrecht internationaler Gerichtshöfe normiert. Danach ist inkompatibel mit der Ausübung der richterlichen Funktionen:

a) die Ausübung politischer Ämter[18],
b) die Ausübung von Ämtern in der Verwaltung[19],
c) die Ausübung jeglicher entgeltlicher oder unentgeltlicher Berufstätigkeit[20], insbesondere die Ausübung jedweder rechtsanwaltlicher Tätigkeit[21],
d) die Teilnahme als Mitglied an speziellen Schiedsgerichten oder Untersuchungskommissionen zwischen den Vertragsstaaten[22].

---

[17] So *Schwelb* ICLQ Bd. 15 (1966), S. 996 (1053).
[18] Art. 36 Reg. CACJ; Art. 4 Statut EuGH.
[19] Ebd.
[20] Art. 4 Statut EuGH.
[21] Art. 35 Reg. CACJ; Art. 17 I Statut IGH.
[22] Art. 38 Reg. CACJ.

Am prägnantesten formuliert Art. 4 der Verfahrensordnung des Europäischen Gerichtshofs für Menschenrechte, daß ein Richter sein Amt nicht ausüben kann, „solange er Mitglied einer Regierung ist oder eine Stelle bekleidet oder ein Amt ausübt, die geeignet sind, das Vertrauen in seine Unabhängigkeit zu beeinträchtigen".

Obwohl auch im Vergleichsverfahren die Unabhängigkeit der Kommissionsmitglieder, ihr „Tätigwerden in persönlicher Eigenschaft", eine wesentliche Rolle spielt, so hat sie hier doch nicht zur Herausbildung eigener Inkompatibilitätsregelungen geführt. Verbote der Ausübung jedes Amtes, „which implies the possession of political, internal or international authority, jurisdiction or representation"[23] werden im Vergleichsverfahren offenbar als zu weitgehend empfunden. Sie entspringen dem Postulat der allseitigen Unabhängigkeit richterlicher Organe und dienen der Stärkung der Autorität des verbindlichen Richterspruchs. Im Bereich des Vergleichsverfahrens würden ähnlich weitgehende Inkompatibilitätsregelungen fehlgehen, da Bericht und Empfehlungen der Vergleichskommissionen rein unverbindlichen Charakter haben. In der Praxis hat sich gezeigt, daß Vergleichskommissare häufig zugleich staatliche oder internationale Funktionsträger waren, ohne daß dies als eine Belastung des Verfahrens empfunden worden wäre.

Dies gilt auch für die Mitglieder der CERD-Kommission. Nach Art. 12 Abs. 1 der Konvention ergibt sich z. B. klar, daß die Vergleichskommissare gleichzeitig Mitglieder des CERD-Ausschusses sein können. Unabhängigkeit der Vergleichskommissare ist daher nicht gleichzusetzen mit dem Verbot jeder anderen Tätigkeit, die mit politischem oder sonstigem tatsächlichen oder rechtlichen Einfluß verbunden ist; sie bedeutet vielmehr mangelnde Gebundenheit an Weisungen Dritter.

Gleichwohl dürfte selbstverständlich sein, daß die Mitglieder der CERD-Kommission nicht zugleich Vertreter oder Berater der Streitparteien im Vergleichsverfahren sein dürfen.

6. Sonstige Betätigungsverbote

Die Normierung sonstiger Betätigungsverbote für Mitglieder internationaler Streitbeilegungsgremien ist selten. Zu erwähnen ist hier das Verbot öffentlicher Parteinahme, das seinen Niederschlag in Art. 38 der Regulations des Zentralamerikanischen Gerichtshofs dahingehend gefunden hat, daß es untersagt ist, „to provoke or to carry on any controversy in the press ... or to take part in manifestations of applause or criticism ...". Diese für internationale Richter elementare Regel sollte Anlaß zu der Empfehlung geben, daß sich die Mitglieder der CERD-

[23] So Art. 36 Reg. CACJ.

Vergleichskommission — abgesehen von ihrer Verschwiegenheitspflicht, die aus der Nichtöffentlichkeit des Verfahrens resultiert[24] — in der Öffentlichkeit mit allgemeinen Äußerungen über den Streitfall tunlichst Zurückhaltung auferlegen, um den Erfolg des Verfahrens nicht zu gefährden.

7. Vakanzen

Als Gründe für die Entstehung von Vakanzen, d. h. die dauernde Verhinderung an der Ausübung des Amtes, werden in den untersuchten Modellverfahrensordnungen genannt: Tod[25], Rücktritt[26], subjektives Unvermögen[27] und sonstige Gründe[28]. Soweit den Streitparteien die Befugnis zur Ernennung nationaler Gremienmitglieder eingeräumt ist, spielt deren Abberufung eine wichtige Rolle[29].

Bei der Neubesetzung des freigewordenen Sitzes wird im Anschluß an Art. 13, Art. 44 Abs. 7, Art. 59 des Haager Abkommens regelmäßig so verfahren, daß die Ersetzung in derselben Weise erfolgt, die für die ursprüngliche Ernennung vorgesehen war[30].

Dies gilt auch im internationalen Vergleichsverfahren[31].

Die Rassendiskriminierungskonvention sieht keine ausdrückliche Regelung über die Ersetzung von Vakanzen in der Ad-hoc-Vergleichskommission vor. Jedoch hat der CERD-Ausschuß in Regel 75 seiner vorläufigen Verfahrensordnung diesen Fragenkreis geregelt. Danach wird der freigewordene Sitz „sobald wie möglich" von dem Vorsitzenden des

---

[24] s. hierzu unter B., 2. Abschn., 1. Kap., Ziff. 6.

[25] Art. 13, 44, 59 HA; Art. 3 Regulations CACJ; Art. 24 GA; Art. 22 ESK; Art. 5 Statut EuGH; Art. 5 MR; im Vergleichsverfahren: Art. 4 III, Art. 5 GA; Art. 8 ESK; Art. 6 I UNESCO-Protokoll.

[26] Art. 13, 59 HA; Art. 3 Regulations CACJ; Art. 13 IV Statut IGH; Art. 24 GA; Art. 22 ESK; Art. 5 Statut EuGH; Art. 6 VO EuGHMR; im Vergleichsverfahren: Art. 4 III, Art. 5 GA; Art. 8 ESK; Art. 4 VO EuKMR; Art. 6 I UNESCO-Protokoll.

[27] Art. 3 Regulations CACJ; Art. 18 Statut IGH iVm. Art. 6 VO IGH; Art. 6 Statut EuGH iVm. Art. 5 VO EuGH; Art. 5 MR; im Vergleichsverfahren: Art. 6 II UNESCO-Protokoll.

[28] Art. 13, 44, 59 HA; Art. 24 GA; Art. 22 ESK; im Vergleichsverfahren: Art. 4 III, Art. 5 GA; Art. 8 ESK.

[29] So ist praktisch eine Obstruktion möglich, insbesondere im bilateralen Schiedsverfahren; vgl. hierzu auch Art. 4 MR; dasselbe gilt für das bilaterale Vergleichsverfahren, wenngleich „il est devenue, à juste titre, un axiome du système juridique de la conciliation qu'un remplacement de commissaires ne peut avoir lieu en cours de procédure", so *Ruegger*, RDILC 56 (1929), S. 91 (96); gem. Art. 17 II BP, Art. 4 II GA ist aber eine Auswechslung auch im Verlauf des Verfahrens möglich.

[30] Art. 14 Statut IGH; Art. 24 GA; Art. 22 ESK; Art. 5 MR.

[31] Art. 4 III, Art. 5 GA; Art. 8 ESK; Art. 21 EuMRK; wohl auch nach Art. 6 IV UNESCO-Protokoll.

CERD-Ausschusses neu besetzt. Es kommt hier ebenfalls das gleiche Verfahren wie bei der Erstbesetzung zur Anwendung (Regel 75 iVm. Regeln 71 - 73 der Ausschuß-Verfahrensordnung.

Da Gründe für das Freiwerden eines Sitzes nicht genannt werden, ist anzunehmen, daß das Ersetzungsverfahren in allen Fällen dauernder Verhinderung, gleich aus welchem Grunde, stattfinden soll.

Das Ersetzungsverfahren wird gem. Regel 75 der Ausschuß-Verfahrensordnung durch einen Bericht der Kommission oder nach Unterrichtung durch den Generalsekretär eingeleitet. Diese Vorschrift ist in mehrfacher Hinsicht unklar.

Zunächst erscheint fraglich, ob der CERD-Ausschuß in seiner eigenen Geschäftsordnung mit einer die CERD-Vergleichskommission bindenden Wirkung regeln kann, in welcher Weise diese die Vakanz eines Sitzes in der Kommission bekanntzumachen hat. Letztere ist ein gegenüber dem Ausschuß selbständiges völkerrechtliches, mit eigener Geschäftsordnungsautonomie ausgestattetes Organ, nicht etwa ein bloßer Unterausschuß. Regel 75 der Ausschuß-VO bindet daher die Kommission hinsichtlich der Form der Mitteilung über das Freiwerden eines Sitzes nicht. Deshalb reicht die bloße Notifikation über die Tatsache einer Vakanz, wie dies auch Art. 6 Abs. 2 des UNESCO-Protokolls vorsieht. Der richtige Adressat dieser Mitteilung dürfte der Vorsitzende des CERD-Ausschusses sein, da diesem die Ernennungskompetenz zufällt (Art. 12 Abs. 1 lit. a CERD iVm. Regel 72 der Ausschuß-VO).

Im übrigen kann mit dem Bericht der Kommission iSd. Regel 75 der Ausschuß-VO nicht etwa der Bericht gem. Art. 13 Abs. 1 CERD gemeint sein, sondern nur ein spezieller Bericht über das Freiwerden eines Kommissionssitzes unter Erläuterung der Umstände, die zu der Vakanz führten.

Nach einer Neubesetzung der Vakanz ist fraglich, inwieweit eine Neuverhandlung stattzufinden hat. Ein Anklang an den aus dem innerstaatlichen Verfahrensrecht bekannten Grundsatz der Verfahrenseinheit[32] findet sich in den untersuchten Modellverfahrensordnungen in Art. 7 MR[33]:

> „where a vacancy has been filled after the proceedings have begun, the proceedings shall continue from the point they had reached at the time the vacancy occurred. The newly appointed arbitrator may, however, require that the oral proceedings shall be recommenced from the beginning, if these have already been started."

Ein derartiger Anspruch des neu eingetretenen Mitglieds auf volle Information hat in Verfahrensarten, die mit einer juristisch verbind-

---

[32] Vgl. etwa § 229 StPO.

[33] Entsprechend auch Art. 14 VO StSchH.

lichen Entscheidung enden, sicherlich seine Berechtigung und liegt auch im Interesse der Parteien. Das Fehlen einer derartigen Regelung in Verfahrensordnungen, die im Gegensatz zu den Model Rules rechtliche Verbindlichkeit erlangt haben, zeigt aber, daß in der legislativen Praxis dem Prinzip der Verfahrensbeschleunigung der Vorrang vor dem Informationsinteresse des neu eintretenden Mitglieds eingeräumt wurde.

Die Geschäftsordnung der CERD-Kommission sollte auf eine dem Art. 7 MR entsprechende Regel verzichten. Wenn man auch nicht generell wird sagen können, daß das Informationsinteresse des neuen Kommissars gegenüber der beschleunigten Verfahrensabwicklung zurückzutreten habe, so wird doch zu berücksichtigen sein, daß die Auswechselung von Mitgliedern einer Ad-hoc-Kommission wegen der relativ kurzen Tätigkeitsdauer in der Praxis nur selten vorkommen wird. Die Auswechslung nationaler Kommissare entfällt bei der CERD-Kommission völlig (Art. 12 Abs. 2 CERD). Es erscheint wenig zweckmäßig, die Geschäftsordnung mit Regelungen zu belasten, die voraussichtlich nicht praktisch benötigt werden. Sollte eine Vakanz tatsächlich einmal eintreten, könnte über die Frage der Neuverhandlung je nach Lage des Falles nach Opportunitätsgesichtspunkten ad hoc entschieden werden.

8. Vorübergehende tatsächliche Verhinderung

Im Fall einer vorübergehenden Verhinderung durch Krankheit oder sonstige schwerwiegende Umstände[34] hat sich der Betroffene an den Präsidenten[35] oder den Sekretär[36] des Gremiums zu wenden. Die vorübergehende Verhinderung führt teils zu einer Vertagung[37] bis zur Beseitigung der Verhinderung, teils berührt sie den Fortgang des Verfahrens nicht[38]. Der letztere Fall führt zu Problemen, wenn während der Verhinderung die Parteien mündliche Stellungnahmen abgegeben haben oder Zeugen und Sachverständige gehört wurden. Art. 31 Abs. 2 VO der Europäischen Menschenrechtskommission sieht vor, daß sich das betreffende Mitglied und der Präsident über die weitere Teilnahme an den folgenden Beratungen und Entscheidungen der Kommission zu verständigen haben. Bei Mißlingen einer Einigung legt der Präsident die Frage der Kommission zur Entscheidung vor.

---

[34] So Art. 23 III Statut IGH iVm. Art. 27 VO IGH; Art. 31 I VO EuKMR; ähnlich: Art. 7 Regulations CACJ; zu Beurlaubungen s. Art. 6 - 11 Regulations CACJ; Art. 23 II Statut IGH iVm. Art. 26 VO IGH; Art. 28 § 4 VO EuGH.

[35] Art. 23 II Statut IGH iVm. Art. 27 VO IGH.

[36] Art. 31 I VO EuKMR.

[37] Sofern die zur Beschlußfähigkeit erforderliche Zahl nicht erreicht wird: Art. 17 II VO EuGHMR.

[38] So vor dem IGH.

Die CERD-Kommission ist bei Verhinderung eines Mitglieds nicht funktionsfähig. Daher führt hier die Verhinderung zu einer Vertagung[39]. Bei längerdauernder Verhinderung besteht daher die Gefahr einer ungebührlichen Verfahrensverzögerung. In diesen Fällen empfiehlt es sich, die Regeln über Vakanzen entsprechend anzuwenden.

9. Rechtliche Verhinderung

Die rechtliche Verhinderung betrifft Fälle, mit denen ein Mitglied bereits vorher als Bevollmächtigter, Beistand oder Anwalt einer Partei[40] oder einer anderen an der Sache interessierten Person[41] oder als Mitglied eines Gerichts[42], Schiedsgerichts[43], einer Untersuchungskommission[44] oder in irgendeiner anderen Eigenschaft[45] mitgewirkt hat. Dasselbe gilt, wenn das Mitglied ein persönliches Interesse an dem Streitfall hat[46]. In diesen Fällen ist das Mitglied von der Prüfung des Falles zwingend ausgeschlossen[47].

Die absoluten Ausschlußgründe werden durch relative Ausschlußgründe ergänzt. Diese liegen vor, wenn sich aus den Umständen des Einzelfalles besondere Gründe ergeben, die dafür sprechen, daß das betroffene Mitglied an der Behandlung der Angelegenheit nicht mitwirken sollte[48].

Die Geltendmachung der rechtlichen Verhinderung kann durch Befangenheitserklärung seitens des betroffenen Mitglieds[49] oder einer Partei[50] erfolgen. Hält der Präsident eine Ablehnung für angebracht, so

---

[39] Die in Art. 31 II VO EuKMR geregelte Problematik tritt daher nicht auf.

[40] Art. 17 II Statut IGH; Art. 16 I Statut EuGH; Art. 24 II VO EuGHMR; dies ist nur ein relativer Ausschließungsgrund nach Art. 25 Nr. 2, Art. 27 VO CACJ.

[41] Art. 24 II VO EuGHMR.

[42] Art. 24 Reg. CACJ (auch nationale Gerichte); ebenso Art. 17 II Statut IGH; ohne diese Unterscheidung: Art. 16 I Statut EuGH; Art. 24 II VO EuGHMR.

[43] Art. 24 Reg. CACJ.

[44] Art. 24 Reg. CACJ; Art. 17 II Statut IGH; Art. 16 I Statut EuGH; Art. 24 II VO EuGHMR.

[45] Art. 17 II Statut IGH; Art. 16 I Statut EuGH; Art. 24 II EuGHMR.

[46] Besonders eingehend: Art. 24 Reg. CACJ: „... to have, either personally or through their spouses, or ancestors, or descendants, or brothers and sisters by consanguinity or by affinity, a direct and personal interest in the controversy".

[47] Die wohl eingehendste Regelung im internat. Verfahrensrecht findet sich in Art. 13 - 34 VO CACJ; absolute Ausschlußwirkung ergibt sich aus: Art. 24, 26 Reg. CACJ; Art. 17 II Statut IGH; Art. 16 I Statut EuGH.

[48] Vgl. Art. 27 Reg. CACJ.

[49] Art. 24 I Statut IGH; Art. 16 I Statut EuGH; Art. 24 III VO EuGHMR.

[50] Arg. Art. 16 IV Statut EuGH; ausführlich: Art. 25 Reg. CACJ iVm. Art. 13 ff. VO CACJ; Art. 6 I MR.

tauscht er seine Ansicht mit dem betreffenden Mitglied aus[51]. Wird hierbei keine Übereinstimmung erzielt, so entscheidet das Gremium über das Vorliegen einer rechtlichen Verhinderung[52].

Während bei den absoluten Ausschlußgründen sich die Prüfung nur auf das Vorliegen der die Ausschließung begründenden Tatsachen erstrecken kann, weil sich bei ihrem Vorliegen die Ausschlußwirkung zwingend ergibt, so ist bei den relativen Ausschlußgründen weiter zu prüfen, ob sich aus den festgestellten Tatsachen eine Befangenheit des betreffenden Mitglieds ergibt.

Diese aus dem gerichtlichen Verfahrensrecht stammenden Regelungen haben in das Verfahren vor Vergleichskommissionen nur zögernd Aufnahme gefunden. Die Generalakte und die Europäische Schiedskonvention verwenden in offensichtlicher Anlehnung an Art. 13, 59 HA den Terminus der Vakanz im Falle der „sonstigen Verhinderung“[53]. Aus dem Zusammenhang der Vorschriften ergibt sich, daß damit zunächst nur eine tatsächliche Verhinderung gemeint war. Ob darüber hinaus im Wege erweiternder Interpretation auch die rechtliche Verhinderung unter diese Vorschriften zu subsumieren ist, erscheint zunächst nicht zweifelsfrei.

Erst im Verfahren vor der Europäischen Menschenrechtskommission wurde eine Regelung getroffen, die den gerichtlichen Verfahrensnormen weitgehend entspricht. Gemäß Art. 32 ihrer Verfahrensordnung wendet sich der Kommissar, der aus einem besonderen Grund an der Prüfung einer bestimmten Rechtssache nicht teilnehmen zu können glaubt, an den Präsidenten der Kommission. Wird in dem anschließenden Meinungsaustausch keine Übereinstimmung erzielt, so entscheidet die Kommission. Glaubt der Präsident seinerseits, daß ein Mitglied aus einem besonderen Grund an der Prüfung einer bestimmten Rechtssache nicht teilnehmen sollte, so teilt er dies dem betreffenden Mitglied mit und legt die Frage der Kommission zur Entscheidung vor. Als absolute Ausschließungsgründe nennt Art. 33 der Verfahrensordnung die vorherige Mitwirkung als Bevollmächtigter, Beistand oder Anwalt einer der Parteien oder eine vorherige Befassung mit derselben Sache als Mitglied eines Gerichts, einer Untersuchungskommission oder irgendeiner anderen Eigenschaft, die mit der Funktion „to state an opinion“ verbunden war. Auch hier entscheidet im Zweifels- oder Konfliktsfall die Kommission.

---

51 Art. 24 II Statut IGH; Art. 16 II Statut EuGH; Art. 24 III VO EuGHMR.

52 Art. 17 III, Art. 24 III Statut IGH; Art. 16 III Statut EuGH; Art. 24 III VO EuGHMR; s. auch Art. 6 I MR.

53 Art. 4 III GA; Art. 8 ESK; s. auch Art. 6 II UNESCO-Protokoll („incapacité de continuer à les — i. e. les fonctions — remplir“).

Auch im Verfahren vor der CERD-Vergleichskommission erscheint eine entsprechende Regelung zweckmäßig, um den Parteien nicht einen möglicherweise willkommenen Anlaß zur Ablehnung des Kommissionsberichts unter Berufung auf dessen angeblich mangelnde Objektivität zu geben.

Die absoluten Ausschlußgründe werden bei der CERD-Kommission eine praktisch geringe Rolle spielen, denn aus dem Ad-hoc-Charakter der Kommission folgt, daß die den Ausschluß begründenden Umstände in den meisten Fällen schon bei der Bildung der Kommission bekannt sein werden. In diesen Fällen wird der Vorsitzende des CERD-Ausschusses gehalten sein, von einer Ernennung des betreffenden Kandidaten abzusehen. Denn anderenfalls wird die Kommission von Anfang an in ihrer Tätigkeit durch die rechtliche Verhinderung des betreffenden Kommissars blockiert.

Gleichwohl sollten auch die absoluten Ausschlußgründe in die Geschäftsordnung der Kommission aufgenommen werden, da das nachträgliche Bekanntwerden von Tatsachen, die zwingend zu einer rechtlichen Verhinderung führen, nicht völlig auszuschließen ist.

Bei den untersuchten Modellverfahrensordnungen fällt auf, daß den Parteien nur selten die Befugnis eingeräumt wird, einen Befangenheitsantrag unmittelbar an das Gremium zu richten[54]. Im Vergleichsverfahren findet sich diese Befugnis nirgends. Offenbar sollte der mit solchen Anträgen erreichbare Verzögerungseffekt vermieden werden. Den Parteien ist es aber jederzeit möglich, die Aufmerksamkeit des Präsidenten auf die die Befangenheit möglicherweise begründenden Tatsachen zu richten. Dieser prüft dann in eigener Zuständigkeit, ob das Parteivorbringen Anlaß zur Besorgnis der Befangenheit eines Mitglieds bietet und wird gegebenenfalls das Konsultations- und Entscheidungsverfahren herbeiführen. Diese Möglichkeit ist auch nach Art. 32 Abs. 2 der VO der Europäischen Menschenrechtskommission eröffnet.

Insgesamt können die Art. 32, 33 dieser Verfahrensordnung als Muster für die Geschäftsordnung der CERD-Kommission dienen.

[54] So nur: Art. 25 Reg. CACJ; Art. 6 I MR; s. auch Art. 16 IV Statut EuGH.

Zweites Kapitel

Der Vorsitz der Kommission

1. Allgemeines

In Übereinstimmung mit der allgemeinen Übung in internationalen Streitbeilegungsorganen wird auch die Arbeit der CERD-Vergleichskommission durch einen Vorsitzenden geleitet (Art. 12 Abs. 3 CERD). Die Konvention regelt nicht, ob ein ständiger Vorsitzender bestimmt werden oder ob ein Wechsel im Vorsitz stattfinden soll.

Während die Untersuchungskommissionen des Völkerbundes einen ständigen Vorsitzenden für jede Kommission wählten[1] — ein Verfahren, das auch die Untersuchungskommissionen der Organisation der Amerikanischen Staaten einschlagen —, sind die Untersuchungskommissionen der Vereinten Nationen häufig einen anderen Weg gegangen[2], indem sie das Prinzip des periodisch wechselnden Vorsitzes anwandten. Es handelt sich dabei um eine Nachbildung der Praxis des UN-Sicherheitsrates, allerdings unter Anwendung einer kürzeren Periodendauer. Diese betrug in den meisten Fällen eine Woche[3], seltener einen Monat[4].

Der periodische Wechsel des Vorsitzes bei Untersuchungskommissionen beruht weniger auf Erwägungen der Verfahrenspraktikabilität als vielmehr auf rein politischen Erwägungen einer ausgewogenen Repräsentanz sämtlicher Kommissare, die an Verfahren der UN-Kommissionen ja nicht in persönlicher Eigenschaft, sondern als weisungsgebundene Regierungsvertreter teilnehmen. Das Rotationsverfahren ist geeignet, die Effizienz der Kommissionsarbeit zu beeinträchtigen. In der

---

[1] Vgl. *Shore*, Fact Finding, S. 114; anders die Geschäftsordnung des Völkerbundrats, die einen periodischen Wechsel des Vorsitzes vorsah, s. SdN Doc. C 93. 1933 V, S. 900; dies galt auch für die Behandlung von Minderheitenbeschwerden.

[2] Die Wahl eines ständigen Vorsitzenden bildet die Ausnahme; so bei dem Special Committee for Palestine; die Kommission der UN-Generalversammlung für Eritrea wählte zunächst auf ihrer 3. Sitzung einen ständigen Vorsitzenden, ging aber ab ihrer 36. Sitzung zu einem wöchentlichen Wechsel über, s. *Shore*, S. 114 f.

[3] So z. B. bei UNGFIC und deren Subsidiary Group sowie UNICGO.

[4] So die Kommission zur Untersuchung der Bedingungen für freie Wahlen in Deutschland; die Kommission für Indien und Pakistan wechselte in dreiwöchigem Turnus.

Praxis der UN-Untersuchungskommissionen hat sich gezeigt, daß die Befugnisse des Vorsitzenden in großem Umfang die Tätigkeit der Kommission bestimmen[5]. Dies gilt insbesondere für die Zusammenarbeit innerhalb des Gremiums, aber auch für dessen Verhältnis zu Zeugen und Behörden.

Angesichts der Schwierigkeiten, die bei dem Wechsel des Vorsitzes auftreten, wurden daher in den Reihen der Kommissionsmitglieder Stimmen laut, die die Einsetzung eines ständigen Vorsitzenden durch das konstituierende Organ oder eine Wahl durch die Untersuchungskommission selbst forderten[6].

Diese Schwierigkeiten vermeidet die Rassendiskriminierungskonvention durch die Bestimmung, daß die Vergleichskommission „shall elect its own Chairman". Damit ist klargestellt, daß das Prinzip des rotierenden Vorsitzes nicht angewandt werden soll. Die Gefahr einer einseitig wirkenden politischen Präponderanz des Vorsitzenden ist bei der CERD-Vergleichskommission gering, weil er sein Amt als weisungsfreie Einzelpersönlichkeit (vgl. Art. 12 Abs. 2 CERD) ausübt. Die Einrichtung eines ständigen Vorsitzenden der CERD-Kommission ist im Interesse der Arbeitsökonomie und -kontinuität zu begrüßen. Sie stellt überdies bei Vergleichskommissionen den Regelfall dar[7].

2. Wahl des Vorsitzenden

Gemäß Art. 12 Abs. 3 CERD „wählt (die Kommission) ihren Vorsitzenden und gibt sich eine Verfahrensordnung". Angesichts der Formulierung dieser Vorschrift scheint fraglich, ob sie eine verbindliche Reihenfolge der von der Kommission zu ergreifenden Maßnahmen normieren will. Dies hätte zur Folge, daß die Modalitäten der Wahl nicht zu den durch die Geschäftsordnung zu regelnden Fragen gehören würden.

Die genannte Reihenfolge ist kein Einzelfall. Sie findet sich gleichlautend bei der Ad-hoc-Vergleichskommission des Paktes über bürgerliche und politische Rechte[8]. Auch bei Ad-hoc-Vergleichskommissionen aufgrund bilateraler oder multilateraler Vergleichsverträge geht die Bestimmung des Vorsitzenden — sei es durch Ernennung durch die Streit-

---

[5] *Shore*, S. 115.

[6] So *Shore*, ebd., S. 115.

[7] Vgl. Art. 4 I GA; Art. 17 I BP; Art. 6 ESK; Art. 5 VO EuKMR; Art. 42 III Pakt über bürgerl. und polit. Rechte; Art. 14 deutsch-schweiz. Schiedsvertrag; Art. 4 I Locarno-Verträge; ebenso die überwiegende Praxis: zu bilateralen Vergleichsverfahren s. *Wehberg*, Vergleichskommissionen, S. 567 - 585, zu den Verfahren der ILO s. z. B. Fall Ghana vs. Portugal, Bericht S. 6.

[8] Art. 42 III.

parteien[9], sei es durch Wahl seitens des Gremiums[10] — regelmäßig der Festlegung des modus procedendi voraus. In Vergleichsverfahren im Rahmen internationaler Organisationen gilt nichts grundsätzlich anderes[11].

Ausschlaggebend für die Priorität der Wahl des Vorsitzenden vor der Festlegung der Geschäftsordnung dürfte das Bestreben gewesen sein, die Geschäftsordnung durch das Gremium in derselben Besetzung ausarbeiten zu lassen, wie es später über den materiellen Gehalt des Streits zu verhandeln hat. Die Erarbeitung der Geschäftsordnung unter der Ägide eines Vorsitzenden dürfte auch der Straffung des Verfahrens dienen.

Deshalb bedarf nach Wortlaut und Sinn des Art. 12 Abs. 3 CERD in Übereinstimmung mit der überwiegenden Zahl der Modellnormen die Wahl des Vorsitzenden der CERD-Kommission wegen ihrer zeitlichen Priorität vor dem Erlaß der Geschäftsordnung in dieser keiner besonderen Regelung.

3. Stellung des Vorsitzenden

Im Außenverhältnis zu den streitenden Vertragsstaaten der Rassendiskriminierungskonvention und zu Dritten repräsentiert der Vorsitzende die Ad-hoc-Vergleichskommission.

Das Innenverhältnis zu den übrigen Kommissaren ist kollegialer Natur; der Vorsitzende ist primus inter pares. Soweit in Verfahrensordnungen aus dem Bereich der internationalen Gerichtsbarkeit eine bestimmte Rangfolge unter den Mitgliedern des Gremiums[12] mit einer Vorrangstellung des Vorsitzenden vorgesehen ist, sind solche Regelungen eher auf das Verfahren festgefügter und starr organisierter Organe zugeschnitten.

Vergleichskommissionen — insbesondere solche mit Ad-hoc-Charakter — sind dagegen organisatorisch weniger fest gebunden. Deshalb sollte auch die Geschäftsordnung der CERD-Kommission von der Normierung einer irgendwie gearteten Vorrangstellung des Vorsitzenden Abstand nehmen[13]. Grundsätzlich sollten alle verfahrensrechtlich rele-

[9] Art. 4 I GA; Art. 6 ESK; Art. 14 deutsch-schweiz. Schiedsvertrag; Art. 4 I Locarno-Verträge.

[10] Art. 17 I BP; vgl. auch Art. 5 VO EuKMR.

[11] Vgl. z. B. das Verfahren bei den ILO-Kommissionen gem. Art. 26 ILO-Satzung, z. B. im Fall Ghana vs. Portugal, Bericht S. 6 ff.; soweit einige UN-Untersuchungskommissionen Wahlvorschriften in ihre Geschäftsordnungen aufnahmen, beruhte dies auf dem dort angewandten Prinzip des rotierenden Vorsitzes, vgl. UN Organization and Procedure, S. 12 f.; diese Fälle können hier als atypisch außer Betracht bleiben.

[12] Vgl. etwa Art. 5 VO EuGHMR.

[13] Vgl. aber etwa Art. 3 VO EuKMR; Art. 11 II lit. b UNESCO-Protokoll.

vanten Maßnahmen von der Gesamtkommission ausgehen. Die Übertragung von Befugnissen auf den Vorsitzenden sollte nur dort stattfinden, wo sie durch Erwägungen der Verfahrensökonomie zwingend geboten erscheint.

4. Aufgaben des Vorsitzenden

Die Formulierung der Aufgaben des Vorsitzenden geht in den untersuchten Modellverfahrensordnungen regelmäßig dahin, daß ihm die allgemeine Leitung der rechtsprechenden Tätigkeit bzw. Arbeit des Gremiums[14] und die Überwachung der Verwaltungsarbeit[15] obliegen.

Die allgemeine Leitung der Arbeit des Gremiums umfaßt verfahrensvorbereitende[16], verfahrensdurchführende und verfahrensabschließende Maßnahmen. Die diesbezüglichen Befugnisse des Vorsitzenden werden gelegentlich durch die Generalklausel der Befugnis zur Anordnung aller verfahrensfördernden Maßnahmen[17] verdeutlicht.

Neben den generalklauselartigen Aufgabendefinitionen findet sich eine Fülle von punktuellen, ausfüllenden Zuständigkeitsnormen, die sich auf alle Stadien des Verfahrens beziehen.

Danach ordnet der Vorsitzende das Zusammentreten des Gremiums an[18], bestimmt Termin[19] und Tagungsort[20], ernennt Berichterstatter[21] und Protokollführer[22] und setzt Ausschüsse ein[23]. Er holt die Wünsche der Parteien über Fristen und den Gang des Verfahrens ein[24]. Er setzt den Parteien Fristen zur Einreichung ihrer Schriftsätze[25]. Er führt den Vorsitz in den Sitzungen[26] und übt die Sitzungspolizei aus[27]. Er eröff-

---

14 Art. 10 VO IGH; Art. 3 VO der Organe des LSchA; Art. 6 VO EuKMR; Art. 8 VO EuGHMR.

15 Art. 54 Regulations CACJ; Art. 10 VO IGH; Art. 7 § 1 VO EuGH; Art. 8 VO EuGHMR.

16 Vgl. Art. 37 VO IGH.

17 Art. 13 I VO des SchG des dt.-österr. Vermögensvertrags; Art. 16 II Satzung des SchG des Deutschlandvertrags.

18 Art. 23 VO EuKMR.

19 Art. 28, 47 VO IGH; Art. 31 Statut EuGH iVm. Art. 25 § 1, 44 § 2, 54 VO EuGH; Art. 24 VO EuKMR; Art. 36 VO EuGHMR; auch Vertagung, s. z. B. Art. 47 VO IGH.

20 Art. 9 I GA (Vergleichsverfahren); s. auch Art. 28 III VO IGH.

21 Art. 10 VO SchG des dt.-österr. Vermögensvertrages; Art. 45 VO EuKMR.

22 Art. 66 III HA.

23 Art. 54 Nr. 7 Regulations CACJ.

24 Art. 16 I Satzung SchG des Deutschlandvertrags; Art. 35 VO EuGHMR.

25 Art. 16 II Satzung SchG des Deutschlandvertrags; Art. 41 § 2, 42 § 2, 67 VO EuGH; Art. 47 VO EuKMR.

26 Art. 54 Nr. 1 Regulations CACJ; Art. 10 VO IGH; Art. 3 VO der Organe des LSchA; Art. 4 I Satzung des SchG des Deutschlandvertrags; Art. 7 § 1 VO EuGH; Art. 6 VO EuKMR; Art. 8 VO EuGHMR.

27 Art. 3 VO der Organe des LSchA; Art. 56 § 1 VO EuGH.

net[28], leitet[29] und schließt[30] die Verhandlung mit den Parteien. Er bestimmt die Reihenfolge der Worterteilung[31]. Im Rahmen der Beweisaufnahme vernimmt er Beweispersonen[32] und kann deren auswärtige Vernehmung anordnen[33].

Er unterzeichnet die Korrespondenz[34] und die Sitzungsprotokolle[35].

Gelegentlich besitzt der Vorsitzende auch die Befugnis zum Erlaß einstweiliger Anordnungen[36].

In der Schlußphase des Verfahrens erarbeitet er gelegentlich Entscheidungsfragebögen[37]; er leitet die Beratung[38], entwirft die Entscheidung[39], unterschreibt deren endgültige Fassung[40] und verkündet sie[41].

Zur Regelung der Befugnisse des Vorsitzenden der CERD-Kommission empfiehlt es sich in Anlehnung an die weitverbreitete Übung internationaler Streitbeilegungsorgane, daß deren Geschäftsordnung ebenfalls eine Generalklausel vorsieht. Diese könnte dahin gefaßt werden, daß dem Vorsitzenden die allgemeine Leitung der Kommissionsarbeit, die Sitzungsleitung und -polizei sowie die Überwachung der Verwaltungsarbeit in technischer Hinsicht[42] obliegen.

Um zu vermeiden, daß in bestimmten verfahrensrechtlichen Einzelfragen Kompetenzabgrenzungsschwierigkeiten zwischen dem Vorsitzenden und der Gesamtkommission entstehen, empfiehlt sich über die Generalklausel hinaus eine ausdrückliche Regelung bestimmter Verfahrensfragen[43]. Die Frage nach der Regelungsbedürftigkeit derartiger Einzelfragen und ihrer zweckmäßigen Lösung würde an dieser Stelle

[28] Regel 4 UNSCOP; Regel 2 UNSCOB; Regel 5 UNPC; Regel 10 UNTCOK und UNCIP.

[29] Art. 66 I HA; Art. 45 Statut IGH; Art. 56 § 1 VO EuGH; Art. 37 VO EuGHMR; Art. 16 I MR.

[30] Art. 32, 77 HA; Art. 59 § 2 VO EuGH; Art. 54 I Statut IGH.

[31] Art. 37 VO EuGHMR; ferner die in Fn. 28 genannten Regeln.

[32] Art. 26 I HA.

[33] Art. 56 VO IGH.

[34] Art. 54 Nr. 3 Regulations CACJ.

[35] Art. 66 III HA; Art. 59 VO EuKMR; Art. 44 I VO EuGHMR.

[36] Art. 84 - 87 VO EuGH; vgl. auch Art. 61 III VO IGH.

[37] Art. 81 I VO CACJ.

[38] Art. 7 § 1 VO EuGH.

[39] Art. 82 VO CACJ.

[40] Art. 79 HA; Art. 61 VO EuKMR; Art. 51 I VO EuGHMR.

[41] Art. 51 II VO EuGHMR.

[42] Die Disziplinaraufsicht über die Mitglieder des Sekretariats verbleibt dagegen beim UN-Generalsekretär, der das Sekretariat gem. Art. 12 V, 10 III CERD stellt.

[43] s. insbes. Regel 36 VO CERD-Ausschuß mit vorbildlicher Regelung.

den weiteren Ausführungen dieser Arbeit vorgreifen. Deshalb sei insoweit auf die folgenden Untersuchungen organisations- und verfahrensrechtlicher Einzelprobleme verwiesen.

5. Vertretung des Vorsitzenden

Im Fall der Verhinderung an der Ausübung seines Amtes wird der Vorsitzende häufig durch einen gemäß der Verfahrensordnung bestimmten Stellvertreter vertreten[44], der dieselben Befugnisse wie jener hat[45].

Da die Verhinderung des Vorsitzenden an der Ausübung des Vorsitzes wohl immer zugleich seine Verhinderung an der Teilnahme an der Kommissionsarbeit bedeutet, ist die Frage seiner Vertretungsfähigkeit eng mit der Frage verknüpft, ob die Kommission auch in unvollständiger Besetzung funktionsfähig ist.

Insoweit bestehen bei internationalen Tribunalen regelmäßig keine Probleme, da Ersatzrichter[46] nachrücken. Bei den Untersuchungskommissionen der Vereinten Nationen traten ebenfalls keine nennenswerten Schwierigkeiten auf, da die Verhinderung eines Mitglieds bei diesen zahlenmäßig stark besetzten Kommissionen weniger ins Gewicht fiel[47].

Abweichend dürfte die Sachlage bei den fünfköpfigen Vergleichskommissionen, zu denen auch die CERD-Kommission gehört, sein. Hier kann die zeitweilige Verhinderung des Vorsitzenden jedenfalls bei Sitzungen zu einer erheblichen, unerwünschten Verschiebung der Gewichte führen. Gerade bei Vergleichskommissionen ist die Überzeugungskraft des Berichts und der Empfehlungen, auf die diese mangels ihrer Rechtsverbindlichkeit in besonderem Maße angewiesen sind, davon abhängig, daß sie sich auf die Autorität sämtlicher Kommissare stützen.

Andererseits übt der Vorsitzende teilweise auch rein technische Funktionen aus, die ebensogut von einem Stellvertreter wahrgenommen werden können.

Dementsprechend könnte die Geschäftsordnung der CERD-Kommission eine Vertretung des Vorsitzenden lediglich insoweit vorsehen, als es sich um Wahrnehmung solcher rein technischer Funktionen außerhalb von Kommissionssitzungen handelt.

---

[44] Vgl. etwa Art. 21 I Statut IGH iVm. Art. 11 VO IGH; Art. 7 § 2 VO EuGH; Art. 7 VO EuKMR; Art. 9 VO EuGHMR; Regel 1 UNSCOP; Regel 9 UNCIP; Regel 5 UNPC; das Haager Streitbeilegungsabkommen von 1907 sieht keine Stellvertretung, sondern eine Ersetzung vor, vgl. Art. 13, 59 HA.

[45] So ausdrücklich: Regel 3 UNSCOP; Regel 6 UNPC.

[46] Vgl. etwa Art. 24 III VO IGH; Art. 15 Statut EuGH; Art. 21 IV, V, 22 VO EuGHMR.

[47] Dasselbe gilt für die Europäische Menschenrechtskommission, vgl. Art. 20 EuMRK.

Drittes Kapitel

Sekretariat

Im Rahmen eines jeden Streitbeilegungsverfahrens fallen zahlreiche rein technische Büroarbeiten an, mit denen sich das jeweilige Organ ohne Vernachlässigung seiner zentralen Aufgabe nicht befassen kann. Diese Verwaltungsaufgaben werden daher seit jeher einem besonderen Sekretariat (Büro,Kanzlei) anvertraut[1], das ständigen oder Ad-hoc-Charakter haben kann. Die Tätigkeit der Streitbeilegungsorgane wäre ohne diese Hilfseinrichtung kaum möglich[2].

In gleicher Weise gilt auch für völkerrechtliche Vergleichsverfahren, daß ein gutes Sekretariat von besonderer Bedeutung für den reibungslosen Ablauf des Verfahrens ist[3]. Jedoch erkannte man bereits sehr bald, daß gerade die „souplesse" dieser Verfahrensart und der damit verbundene geringe Organisationsgrad die Anwendung des Vergleichsverfahrens in technischer Hinsicht erschweren könne[4]. Als besonders störend wurde empfunden, daß den Vergleichskommissionen in der Regel kein ständiges Sekretariat zur Verfügung stand, das den Kontakt mit den Mitgliedern der Kommission halten, sie zur ersten Sitzung einberufen und den Schriftverkehr vor Zusammentritt der Kommission führen konnte.

Die Bildung des Sekretariats ist in den Modellverfahrensordnungen aus dem Bereich des internationalen Vergleichsverfahrens nicht einheitlich geregelt.

Nach Art. 14 Abs. 6 des deutsch-schweizerischen Schieds- und Vergleichsvertrages von 1921 kann der Ständige Vergleichsrat nötigenfalls selbst eine Kanzlei bilden.

Häufig werden jedoch andere Institutionen mit der Wahrnehmung der Sekretariatsgeschäfte betraut. Bereits der Verfahrensentwurf, den die Völkerbundversammlung in ihrer Resolution vom 22. 9. 1922 an-

---

[1] Art. 15, 16 HA (Untersuchungsverfahren); Art. 43, 47, 49 HA (Schiedsverfahren); Art. 21 II Statut IGH iVm. Art. 14 - 23 VO IGH; Art. 9 - 11 Statut EuGH iVm. Art. 11 - 22 VO EuGH; Art. 5 - 7 VO der Organe des LSchA; Art. 5 VO ENEA-Gericht; Art. 11 VO WEU-Rüstungskontrollgericht.

[2] In der Einrichtung eines ständigen Internationalen Bureaus des Ständigen Schiedshofs lag daher ein großes Verdienst der Haager Streitbeilegungsabkommen von 1899 und 1907.

[3] Vgl. *Wehberg*, Vergleichskommissionen, S. 587.

[4] Vgl. *Ruegger*, RDILC Bd. 56 (1929), S. 91 (96).

nahm, sah in seinem Art. 3 vor, daß die Vergleichskommissionen in allen Fällen das Generalsekretariat des Völkerbundes bitten konnten „de prêter son assistance à ses travaux". Eine entsprechende Regelung fand Aufnahme in Art. 9 der Genfer Generalsakte und wurde auch in der revidierten Fassung von 1949 sinngemäß (Ersuchen an den Generalsekretär der UN) beibehalten. Im Vergleichsverfahren nach dem Pakt von Bogotá findet sich keine generelle Regelung über die Führung der Sekretariatsgeschäfte[5]. Dagegen kann im Vergleichsverfahren nach der Europäischen Streitbeilegungskonvention die Kommission jederzeit den Generalsekretär des Europarates um seine Unterstützung ersuchen[6]. Dieser nimmt ebenfalls die Sekretariatsgeschäfte der Europäischen Kommission für Menschenrechte wahr[7].

Entsprechend wird auch bei den Ad-hoc-Untersuchungskommissionen der UN verfahren, deren Sekretariatsgeschäfte durch den Generalsekretär der UN wahrgenommen werden[8].

Der CERD-Vergleichskommission steht ebenfalls das UN-Generalsekretariat zur Verfügung. Das Sekretariat des CERD-Ausschusses, das gem. Art. 10 Abs. 3 CERD vom Generalsekretär der UN gestellt wird, arbeitet gem. Art. 12 Abs. 5 CERD auch für die Kommission, sobald ein Streit zwischen Vertragsstaaten der Konvention die Kommission ins Leben ruft. Es handelt sich hier um einen durch das Gebot der Verfahrensökonomie motivierten Fall völkerrechtlicher Organleihe. Die Kommission kann sich also bei Aufnahme ihrer Tätigkeit bereits auf ein bestehendes Sekretariat stützen. Dagegen kann es während der Bildung der Kommission noch nicht als deren Hilfsorgan fungieren, sondern nur als Hilfsorgan des CERD-Ausschusses. Wegen der Identität des Sekretariats ist aber ein lückenloser Übergang garantiert.

Ungeachtet der Tatsache, daß die Rassendiskriminierungskonvention als selbständiger Kollektivvertrag insgesamt in keinem juristisch faßbaren „Naheverhältnis" zu den Vereinten Nationen steht[9], stellen die Art. 12 Abs. 5, Art. 10 Abs. 3 CERD eine punktuelle juristische Verbindung zu den UN her, deren Implikationen heute im einzelnen noch nicht geklärt sind. Die untersuchten Modellverfahrensordnungen können jedenfalls keine Ansatzpunkte zur Lösung dieses Fragenkreises bieten.

Jedoch erscheint klar, daß das Sekretariat der CERD-Kommission aus Mitgliedern des allgemeinen Dienstes des UN-Generalsekretariats be-

---

[5] Teilbereiche sind dem Rat der OAS (vgl. Art. 16 I, Art. 20 BP) und der Pan American Union (vgl. Art. 18 BP) übertragen.

[6] Art. 10 II.

[7] Art. 37 EuMRK iVm. Art. 11 - 14 VO EuKMR.

[8] z. B. Regel 8 UNPC; Regel 12 UNTCOK und UNCIP; Regel 16 UNSCOB.

[9] Vgl. *Khol*, S. 38 f.; a. A. *Schwelb*, ICLQ 16 (1966), S. 996 (1052).

steht und die möglicherweise erheblichen Kosten vom Haushalt der Vereinten Nationen zu tragen sein werden[10].

Die Aufgaben des Sekretariats lassen sich nicht abschließend umreißen. Generell ist es für die Führung der allgemeinen Verwaltungsgeschäfte[11] nach Weisung der Kommission zuständig. Der gesamte ein- und ausgehende Schriftverkehr[12] einschließlich der zu bewirkenden Zustellungen wird zweckmäßig über das Sekretariat geleitet. Dieses trifft auch die äußeren Vorkehrungen für die Sitzungen[13], führt das Sitzungsprotokoll[14] und besorgt den Übersetzungs- und Dolmetscherdienst[15]. Ferner sind als Aufgaben das Rechnungswesen[16] und die Aufbewahrung des Archivs[17] zu nennen. Auch die Auskunftserteilung an Dritte[18], insbesondere die Presse, erfolgt im Rahmen der durch die Verschwiegenheitspflicht gezogenen Grenzen durch das Sekretariat.

Die Geschäftsordnung der CERD-Kommission sollte die Zuständigkeit ihres Sekretariats nur generalklauselartig umreißen, um eine unnötige Aufblähung der Geschäftsordnung zu vermeiden. Die weiteren Einzelheiten können im Bedarfsfall jederzeit durch Einzelanordnungen der Kommission bestimmt werden.

---

[10] Ebenso *Schwelb*, ebd., S. 1049.

[11] Vgl. Art. 43 II HA; Art. 23 I VO IGH; Art. 22 VO EuGH; Art. 12 VO EuKMR; Regel 9 UNPC; Regel 13 UNTCOK und UNCIP.

[12] Vgl. Art. 21 I VO IGH; Art. 16 § 1 VO EuGH; Art. 14 I VO EuGHMR; Art. 12 VO EuKMR; Art. 6 (a) VO der Organe des LSchA.

[13] Das Sekretariat „generally shall be responsible for all the necessary arrangements for meetings and other activities of the (organ)", so Regel 10 UNPC; Regel 14 UNTCOK und UNCIP; s. ferner Art. 16 II HA.

[14] Vgl. Art. 16 II HA; Art. 23 II VO IGH; Regel 10 UNPC; Regel 14 UNCIP und UNTCOK; so auch *Schwelb*, ICLQ 16, S. 1049.

[15] Vgl. Art. 30 § 1 VO EuGH; Regel 10 UNPC; Regel 14 UNTCOK und UNCIP; so auch *Schwelb*, ebd., S. 1049.

[16] Vgl. Art. 23 I VO IGH; Art. 22 VO EuGH.

[17] Vgl. Art. 16 II HA; Art. 43 II HA; Art. 23 I VO IGH; Art. 17 VO EuGH; Art. 12 VO EuKMR; Regel 10 UNPC; Regel 14 UNTCOK und UNCIP.

[18] Vgl. Art. 21 III VO IGH; Art. 14 III VO EuGHMR; Art. 6 (d) VO der Organe des LSchA.

Viertes Kapitel

Sitzungen

1. Allgemeines

Die CERD-Kommission wird ihre Tätigkeit in Form von Sitzungen durchführen (Art. 12 Abs. 4 CERD). Dies ist das bei Streitbeilegungsorganen allgemein übliche Verfahren[1]. Diese Sitzungen finden grundsätzlich unter Ausschluß der Öffentlichkeit statt[2].

Problematisch erscheint, ob die Parteien zu den Sitzungen hinzuzuziehen sind, soweit es sich nicht um die Führung von Vergleichsverhandlungen handelt. Die Rassendiskriminierungskonvention schweigt zu dieser Frage, jedoch haben die Parteien im Vorprüfungsverfahren vor dem CERD-Ausschuß gem. Art. 11 Abs. 5 CERD das Recht zur Entsendung eines Vertreters, der an den Verhandlungen des Ausschusses ohne Stimmrecht teilnimmt. Der Pakt über bürgerliche und politische Recht trifft insoweit für die nach seinem Art. 42 zu bildende Vergleichskommission keine Regelung. Dagegen sieht das UNESCO-Protokoll ein Anwesenheitsrecht der Parteien ausdrücklich vor[3].

Die Frage der Zulassung von Staatenvertretern zu den Sitzungen hat bereits im Staatenberichtsverfahren vor dem CERD-Ausschuß eine Rolle gespielt. Nachdem dessen Verfahrensordnung zunächst eine Anwesenheit von Staatenvertretern bei der Beratung der Berichte nicht vorgesehen hatte, wurde auf Anregung des deutschen Ausschußmitglieds die Verfahrensordnung auf der 5. Tagung im Februar 1972 geändert. Ab der 6. Session (August 1972) wurden Staatenvertreter eingeladen, bei der Prüfung anwesend zu sein und nach Abschluß der Erörterung Stellungnahmen zu den aufgeworfenen Problemen abzugeben[4].

Die Übertragbarkeit dieses Verfahrens auf das Vergleichsverfahren vor der CERD-Kommission erscheint vor allem deshalb zweifelhaft, weil es sich hierbei um ein zweiseitiges Verfahren handelt, bei dem sich die beteiligten Vertragsstaaten wie Kläger und Beklagter gegenüberstehen. Anders als im Berichtsverfahren besteht im Vergleichsverfahren die Gefahr, daß die Erörterungen der Kommission die Emotionen

---

[1] Art. 16, 60, 63 HA; Art. 39 Reg. CACJ; Art. 22, 28, 43 Statut IGH.

[2] s. dazu eingehend unter B., 2. Abschn., 1. Kap., Ziff. 6.

[3] Art. 11 II lit. c, ii.

[4] s. dazu *Partsch*, Bekämpfung rassischer Diskriminierung, S. 125, Fn. 40.

der Parteien zusätzlich anheizen und so die Einigungsaussichten in Frage stellen. In den einleitenden Kommissionssitzungen ist diese Gefahr um so größer, als die Mitglieder der Kommission untereinander eine offene Sprache führen müssen, ohne auf die Empfindlichkeiten der Parteien Rücksicht zu nehmen. In späteren mündlichen Verhandlungen oder Vergleichsgesprächen mit den Parteien kann dann die Auffassung der Kommission in sehr viel maßvollerer Form dargestellt werden. Deshalb erscheint es nicht zweckmäßig, die Parteien zu den Sitzungen der CERD-Kommission generell hinzuzuziehen. Diese Auffassung wird auch durch die Entstehungsgeschichte der Rassendiskriminierungskonvention gestützt. Bei den Beratungen war die gegenteilige Regelung des zeitlich eher verabschiedeten UNESCO-Protokolls, das im übrigen in vieler Hinsicht als Vorbild gedient hat, bekannt. Hätten die Autoren der Rassendiskriminierunegskonvention ein Anwesenheitsrecht der Parteien entsprechend Art. 11 Abs. 2 UNESCO-Protokoll bejaht, so wäre dies in der Konvention zum Ausdruck gebracht worden.

Diese Ausführungen gelten naturgemäß nicht für Sitzungen, die der Durchführung einer förmlichen Beweisaufnahme dienen, da hier den Parteien die Möglichkeit zur Stellungnahme nicht zu verwehren ist. Allerdings bedarf der Klärung, ob die CERD-Kommission zur Durchführung einer förmlichen Beweisaufnahme befugt ist[5].

In der Praxis der UN-Untersuchungskommissionen hat sich gezeigt, daß es teilweise angebracht war, zwischen förmlichen Sitzungen und informellen Diskussionen mit den Parteien abzuwechseln. Bei letzteren war vorgesehen, daß „... no record shall be kept and ... no reference may be made in any meeting or in any document having an official status“[6].

Die Möglichkeit informeller Aussprachen mit den Parteien erscheint grundsätzlich auch im Verfahren vor der CERD-Vergleichskommission eröffnet zu sein. Gerade bei der anfänglichen Sondierung nach Ansatzpunkten für eine mögliche Einigung kann eine informelle Diskussion in der genannten Form eine wertvolle Ausgangsbasis für die weiteren Empfehlungen der Kommission im Sinne des Art. 13 Abs. 1 CERD darstellen.

2. Sitzungstermin

Allgemein finden Sitzungstermine statt, wenn dies für den Fortgang des Verfahrens notwendig erscheint[7]. Die Einberufung von Sitzungen

[5] s. dazu eingehend unter B., 2. Abschn., 4. Kap., Ziff. 1.

[6] So Regel 3 UNICGO.

[7] Vgl. Regel 1 UNPC: „When it deems necessary for the conduct of ... business“; Regel 1 UNCIP und UNTCOK: „as the occasion may require“; entsprechend: Art. 35 EuMRK für die Kommission iVm. Art. 23 VO EuKMR; Art. 20 II UNESCO-Protokoll.

erfolgt in der Regel durch den Vorsitzenden[8], der zugleich Tag und Stunde der Sitzung bestimmt[9].

Unterschiedliche Regelungen finden sich hinsichtlich der Frage, wer die Einberufung einer Sitzung verlangen kann. Einheitlichkeit besteht nur insoweit, als der Vorsitzende aus eigener Zuständigkeit jederzeit zur Einberufung von Sitzungen befugt ist[10] und das Organ die Abhaltung weiterer Sitzungen beschließen kann[11]. Daneben wird in unterschiedlichen Kombinationen das Recht, die Einberufung einer Sitzung zu verlangen, jedem einzelnen Mitglied des Organs[12] oder einer bestimmten Anzahl von Mitgliedern[13], dem jeweiligen Mutterorgan[14], einem[15] oder einer Mehrheit[16] von Staatenvertretern eingeräumt.

Da die Einberufung von Sitzungen durch den Vorsitzenden zu dem ihm notwendig erscheinenden Zeitpunkt die Regel darstellt, liegt es nahe, daß auch die Geschäftsordnung der CERD-Kommission entsprechend gestaltet wird. Den Mitgliedern der Kommission sollte im Interesse einer gleichmäßigen Verteilung der Gewichte innerhalb der Kommission das Recht, die Einberufung von Sitzungen zu verlangen, eingeräumt werden. Da die Kommission nur fünf Mitglieder zählt, sollte dieses Recht jedem einzelnen Mitglied zustehen. Eine Mindestzahl von Antragstellern hat, wie das Beispiel des UNESCO-Protokolls und der VO der Europäischen Menschenrechtskommission zeigen, nur bei Gremien mit höherer Mitgliederzahl eine Berechtigung. Eine Antragsberechtigung des Mutterorgans entfällt naturgemäß, da der insoweit allein in Frage kommende CERD-Ausschuß im Verhältnis zu der CERD-Kommission nicht die Qualität eines Mutterorgans hat.

Ob darüber hinaus gegebenenfalls den Streitparteien ein Antragsrecht zuzubilligen ist, wird bei der Untersuchung der Stellung der Parteien innerhalb des Verfahrens zu klären sein[17].

---

[8] Regel 1 UNCIP, UNTCOK, UNSCOB, UNPC, UNICGO; Art. 23 VO EuKMR (erste Einberufung jedoch durch den Generalsekretär des Europarats, Art. 35 EuMRK); Art. 20 II UNESCO-Protokoll; s. auch Art. 31 Statut EuGH iVm. Art. 25 § 1 VO EuGH; Art. 28 I VO IGH.

[9] Art. 24 VO EuKMR; Art. 10 Locarno-Verträge.

[10] Vgl. Fn. 8.

[11] Regel 1 UNCIP, UNTCOK, UNPC; Regel 2 UNICGO.

[12] Regel 1 UNSCOB, UNPC.

[13] Nach Art. 23 VO EuKMR nur auf Antrag eines Drittels der Mitglieder; ebenso: Art. 20 III UNESCO-Protokoll.

[14] Regel 1 UNCIP, UNTCOK.

[15] Regel 1 UNCIP; Regel 2 UNICGO.

[16] Regel 1 UNTCOK.

[17] s. dazu unter B., 2. Abschn., 2. Kap., Ziff. 3.

3. Tagungsort

Die Sitzungen der CERD-Kommission finden im Normalfall am Sitz der Vereinten Nationen, also in New York, statt (Art. 12 Abs. 4 CERD). Diese Regelung war zweckmäßig, weil der Generalsekretär der Vereinten Nationen zugleich das Sekretariat der Kommission stellt (Art. 12 Abs. 5 iVm. Art. 10 Abs. 3 CERD). Auch sind am Sitz der Vereinten Nationen naturgemäß gute technische Arbeitsmöglichkeiten gegeben.

Die Konvention sieht jedoch ausdrücklich vor, daß die Kommission auch jeden anderen geeigneten Ort als Tagungsort bestimmen kann[18]. Insoweit ist die Konvention dem Vorbild zahlreicher anderer Verfahrensregelungen gefolgt[19]. Gründe für die Abhaltung von Sitzungen außerhalb des Sitzes der UN werden nicht genannt. Neben Gründen allgemeiner Art, die eine Sitzungstätigkeit in New York — etwa wegen höherer Gewalt[20] — nicht gestatten, dürften auch verfahrensspezifische Gründe die Abhaltung auswärtiger Sitzungen in bestimmten Fällen nahelegen; so etwa, wenn der inkriminierte Vertragsstaat eine Untersuchung auf seinem Territorium anbieten sollte. Auch unter dem Gesichtspunkt der Verfahrenskostensenkung kann im Einzelfall die Wahl eines anderen Tagungsortes angezeigt sein.

Die Frage des Tagungsortes hat für die CERD-Kommission erhebliche Bedeutung, da die Zustimmung des Belegenheitsstaates erforderlich ist[21] und zugleich die ungeregelte Frage der Privilegien und Immunitäten zu klären sein wird[22].

Bei auswärtigen Sitzungen wird ferner eine Verständigung mit dem UN-Generalsekretär über die Entsendung von Personal, Unterbringung, Transport und Nachrichtenverbindungen nötig. Es erscheint daher zweckmäßig, dem UN-Generalsekretär in diesen Fragen ein Mitspracherecht einzuräumen, wie dies auch im Verfahren vor dem CERD-Ausschuß vorgesehen ist (Regeln 22, 36 seiner Verfahrensordnung).

Da die Wahl eines auswärtigen Tagungsorts regelmäßig besondere Kosten verursachen wird, sollte eine entsprechende Vorlage dem UN-Generalsekretär möglichst frühzeitig zur Aufstellung eines Kostenvoranschlags zugeleitet werden. Eine entsprechende Regelung ist auch in

---

[18] Ebd.

[19] Vgl. etwa Art. 11, 60 HA; Art. 22, 28 Statut IGH; Art. 25 § 3 Statut EuGH; Art. 9 GA; Art. 20 BP; Art. 10 ESK; Art. 22, 58 VO EuKMR; Art. 15 VO EuGHMR.

[20] So ausdrücklich Art. 25 II, Art. 36 HA 1899; im HA 1907 nicht mehr enthalten.

[21] Sofern dieser nicht zugleich Vertragsstaat ist; entsprechend Art. 20, 60 II HA.

[22] s. dazu unter B., 1. Abschn., 1. Kap., Ziff. 4.

der Verfahrensordnung des CERD-Ausschusses enthalten. Regel 25 sieht vor:

„Soll eine Vorlage, die Kosten verursacht, vom Ausschuß oder einem seiner Hilfsorgane verabschiedet werden, so hat der Generalsekretär so früh wie möglich dazu einen Kostenansatz aufzustellen und ihn den Mitgliedern vorzulegen. Es ist Aufgabe des Vorsitzenden, die Ausschußmitglieder auf den Kostenansatz hinzuweisen und eine Aussprache darüber anzuregen, wenn die Vorlage im Ausschuß oder einem seiner Hilfsorgane zur Beratung ansteht."

Diese Regelung kann in sinngemäßer Abwandlung als brauchbares Modell für das Verfahren der CERD-Kommission angesehen werden, da sie dem Gebot der kostenmäßigen Verfahrensökonomie folgt.

4. Tagesordnung

Während Streitbeilegungsorgane mit gerichtlicher oder schiedsgerichtlicher Funktion in ihren Verfahrensordnungen nicht die Aufstellung formeller Tagesordnungen vorsehen, haben insbesondere die UN-Untersuchungskommissionen häufig Regeln über die Aufstellung von Tagesordnungen in ihre Geschäftsordnungen aufgenommen[23].

Die Notwendigkeit der Aufstellung einer formellen Tagesordnung hat sich jedoch nicht in allen Fällen in gleicher Weise als vordringlich erwiesen[24], sondern war abhängig von Umfang und Schwierigkeitsgrad der anzustellenden Ermittlungen. Teilweise wurde erst im Laufe des Verfahrens deutlich, daß eine formelle Tagesordnung erforderlich war[25].

Insgesamt hat sich im Rahmen der UN-Untersuchungskommissionen aber gezeigt, daß eine gründlich ausgearbeitete Tagesordnung die Grundvoraussetzung einer erfolgversprechenden Kommissionsarbeit ist. Die Ausarbeitung einer ins einzelne gehenden Tagesordnung verhilft dazu, die Aufmerksamkeit der Kommission auf die wesentlichen Streitpunkte zu konzentrieren. Die Tagesordnung betont auch die Aufgabe der Kommission und schafft die Voraussetzung für ein rationell geordnetes Verfahren[26].

Diese Erfahrungen sollten auch der CERD-Kommission im Normalfall Veranlassung zur Aufstellung einer formellen Tagesordnung für die jeweils anstehende Sitzung geben.

Für die Erstellung der Tagesordnung hat sich im Verfahrensrecht der UN-Untersuchungskommissionen ein besonderes Verfahren herausgebil-

---

[23] So UNPC, UNTCOK, UNCIP, UNGFIC, UNSCOB.

[24] Vgl. *Shore*, Fact-Finding, S. 115.

[25] So bei UNICGO, vgl. *Shore*, S. 115.

[26] *Shore*, S. 115.

det. Zunächst wird eine vorläufige Tagesordnung vom Sekretariat nach Anhörung[27] oder mit Billigung[28] des Kommissionsvorsitzenden aufgestellt. Der Grad der Einflußnahme des Vorsitzenden auf den Inhalt der Tagesordnung ist also nicht einheitlich.

Für den Inhalt der Tagesordnung sehen die Verfahrensordnungen folgende Punkte vor[29]:

a) Punkte, die die Kommission bei einer früheren Sitzung vorgeschlagen hat,
b) Vorschläge von Kommissionsmitgliedern,
c) Vorschläge des Mutterorgans,
d) Vorschläge einer Unterkommission[30],
e) alle Punkte, Mitteilungen oder Berichte, die dem Organ nach Auffassung seines Vorsitzenden oder des Sekretariats mitzuteilen sind.

Die vorläufige Tagesordnung wird den Kommissionsmitgliedern vor dem Sitzungstermin mitgeteilt[31] und zu Beginn der Sitzung als erster Tagesordnungspunkt zur Abstimmung gestellt[32]. Die Annahme durch die Kommission verschafft der Tagesordnung verbindliche Kraft.

Die Verfahrensregelungen des CERD-Ausschusses (Regeln 6 - 10 seiner Verfahrensordnung) zeigen große Ähnlichkeit mit denjenigen der UN-Untersuchungskommissionen.

Die Tagesordnung der CERD-Kommission wird in grundsätzlich ähnlicher Weise wie die Tagesordnung des CERD-Ausschusses aufgestellt werden können.

5. Arbeitssprachen

Während im internationalen Schiedsverfahren die Wahl der Arbeitssprachen eine durch das Schiedskompromiß der Parteien zu regelnde Frage ist[33] und das Schiedsgericht nur in Ermangelung einer ausdrücklichen Parteivereinbarung zur Bestimmung der Arbeitssprache er-

[27] „... in consultation with the Chairman ...", so Regel 3 UNPC, UNTCOK, UNCIP; Regel 6 UNICGO; UNGFIC Decision S/360, S. 7.

[28] „... approved by the Chairman ...", so Regel 4 UNSCOB.

[29] Regel 4 UNTCOK, UNCIP, UNPC.

[30] Außer bei UNPC.

[31] Regel 3 UNTCOK, UNCIP, UNPC; Regel 7 UNICGO; hinsichtlich des Zeitpunkts der Bekanntgabe wird differenziert; UNPC: „as early as practicable before the opening of the meeting"; UNCIP: „when practicable in advance of the meeting"; UNICGO: „at least twelve hours before the meeting, but in urgent circumstances ... simultaneously with the notice of the meeting".

[32] Regel 5 UNTCOK, UNCIP, UNSCOB; UNGFIC Decision S/360, S. 7.

[33] Art. 61 HA; Art. 2 II (ix) MR.

mächtigt ist[34], sehen die Verfahrensordnungen internationaler Gerichte regelmäßig offizielle Sprachen vor[35].

Für Untersuchungs-[36] und Vergleichsverfahren[37] gilt dasselbe wie im Schiedsverfahren, soweit es sich um Verfahren außerhalb internationaler Organisationen handelt.

In Streitbeilegungsverfahren, die im Rahmen internationaler Organisationen stattfinden, zeigt sich hingegen eine Tendenz zur Bevorzugung von Sprachen, die zugleich offizielle Sprachen der jeweiligen internationalen Organisation sind[38]. Jedoch sind in der Praxis nicht alle offiziellen Sprachen der jeweiligen Organisation zugleich Arbeitssprachen des des Streitbeilegungsorgans. Vielmehr zeigt sich naturgemäß eine Bevorzugung der englischen und französischen Sprache[39].

Vor dem CERD-Ausschuß wird ebenfalls zwischen den offiziellen Sprachen und den Arbeitssprachen unterschieden. Nach Regel 26 seiner Verfahrensordnung sind offizielle Sprachen: Chinesisch, Englisch, Französisch, Russisch und Spanisch. Der Ausschuß hat also die Vertragssprachen der Rassendiskriminierungskonvention (vgl. Art. 25 I CERD) gewählt. Das Chinesische zählt jedoch wegen seiner geringen internationalen Verbreitung nicht zu den Arbeitssprachen des Ausschusses[40].

Im allgemeinen können Mitglieder des Gremiums sich auch anderer Sprachen als der Arbeitssprachen bedienen, müssen dann jedoch selbst für die Übersetzung in eine der Arbeitssprachen sorgen[41].

Für den Sprachgebrauch sonstiger an Sitzungen teilnehmender Personen gelten häufig besondere Regelungen[42].

Da die Rassendiskriminierungskonvention für das Verfahren vor der Vergleichskommission keine Regelung der Sprachenfrage trifft, könnte gefolgert werden, daß diese bei der Wahl ihrer Arbeitssprachen grundsätzlich frei sei. Es liegt aber nahe, die Arbeitssprachen — dem Beispiel des CERD-Ausschusses folgend — aus dem Kreis der Vertragssprachen der Konvention zu wählen. Auch werden das Englische und Franzö-

---

34 Art. 51, 61 HA; Art. 13 MR.

35 Art. 51 CACJ; Art. 39 I Statut IGH; Art. 29 § 1 VO EuGH; Art. 27 I VO EuGHMR.

36 Art. 11 HA.

37 Art. 11 I GA, Art. 12 I ESK, jeweils iVm. Tit. III HA.

38 Vgl. z. B. Art. 35 VO EuKMR und die Regeln der UN-Untersuchungskommissionen.

39 Regel 5 UNSCOP; Regel 16 UNTCOK; Regel 12 UNPC; Regel 6 UNSCOB; Regel 16 UNCIP; Regel 25 UNICGO.

40 Vgl. Regel 26 VO.

41 So Regel 28 VO CERD-Ausschuß.

42 Vgl. unter B., 2. Abschn., 4. Kap., Ziff. 4.7.

sische wegen ihrer weiten Verbreitung eine gewisse Vorrangstellung einnehmen. Die Wahl anderer als der Vertragssprachen dürfte schon an den damit verbundenen finanziellen Mehraufwendungen für den Sprachendienst scheitern.

Soweit es um die Festlegung der Arbeitssprachen geht, kann die Frage nach den offiziellen Sprachen der Kommission dahinstehen, da diese nur für die Abfassung des Kommissionsberichts von Belang ist[43].

Sofern weiteren Personen die Teilnahme an den Verhandlungen der Kommission offenstehen sollte, wird die Frage der von diesen zu benutzenden Sprachen noch zu klären sein[44].

6. Sitzungsprotokoll

Die Führung eines Sitzungsprotokolls über jede förmliche Sitzung[45] ist in nahezu allen Verfahrensarten vorgesehen[46]. Dies sollte auch die Geschäftsordnung der CERD-Kommission vorsehen.

Die Führung des Sitzungsprotokolls[47] und die Erteilung von Abschriften[48] liegt regelmäßig in den Händen des Sekretariats[49]. Eine entsprechenden Regelung empfiehlt sich auch im Verfahren vor der CERD-Kommission.

Die Vorschriften über den Inhalt des Protokolls differieren erheblich. Während das Haager Streitbeilegungsabkommen von 1899 keinerlei Vorschriften über die Formalien enthielt, regelt dasjenige von 1907 nur die Frage der Unterzeichnung[50]. Ausführlicher war die Regelung im Verfahren vor dem Zentralamerikanischen Gerichtshof. Danach enthielt das Protokoll „all possible and necessary details, including the orders given and the course followed in the judicial cases pending“[51].

---

[43] Vgl. die entsprechende Regelung in Regel 30 VO CERD-Ausschuß.

[44] s. dazu unter B., 2. Abschn., 4. Kap., Ziff. 4.7.

[45] Bei informellen Gesprächen ist eine Protokollierung unangebracht.

[46] Gerichtl. und schiedsgerichtl. Verfahren: Art. 66 HA; Art. 43, 44 Reg. CACJ iVm. Art. 81 VO CACJ; Art. 47 Statut IGH iVm. Art. 59, 60 VO IGH; Art. 30 Statut EuGH iVm. Art. 47 § 6, 53, 62 VO EuGH; Art. 44, 45 VO EuGHMR; Art. 36 der Organe des LSchA; s. auch Art. 16 II MR; Untersuchungsverfahren: Art. 16, 28, 30, 31 HA; Regel 7 UNSCOP; Regel 9 I UNSCOB; Regel 14 UNPC; Regel 18 UNTCOK und UNCIP; Vergleichsverfahren: s. die Generalverweisung auf Titel III HA in: Art. 19 deutsch-schweiz. Schiedsvertrag; Art. 9 Locarno-Verträge; Art. 11 I GA; Art. 12 I ESK; Sect. II Art. 12 II VO StSchH; ohne derartige Verweisung: Art. 29 BP; Art. 59 VO EuKMR.

[47] Vgl. Art. 47 § 6 VO EuGH; Art. 59 VO EuKMR; Art. 45 VO EuGHMR.

[48] Art. 53 § 2, Art. 62 § 2 VO EuGH.

[49] Vgl. *Shore*, S. 117.

[50] Art. 66.

[51] Art. 43 Regulations.

Eine eingehende Regelung des Protokollinhalts enthält Art. 59 Abs. 1 der IHG-Verfahrensordnung[52]. Danach enthält das Protokoll:

1. die Namen der anwesenden Richter,
2. die Namen der anwesenden Prozeßbevollmächtigten, Beistände oder Anwälte,
3. die Vor- und Zunamen sowie die Angaben von Stand und Beruf und über den Wohnsitz der vernommenen Zeugen und Sachverständigen,
4. eine kurze Wiedergabe des Ergebnisses der Beweisaufnahme in der mündlichen Verhandlung,
5. die im Namen der Parteien abgegebenen Erklärungen,
6. kurze Angaben über die von dem Präsidenten oder den Richtern an die Parteien gerichteten Fragen,
7. Entscheidungen, die der Gerichtshof während der mündlichen Verhandlung getroffen und verkündet hat.

An diese Regelung lehnt sich Art. 44 der Verfahrensordnung des Europäischen Gerichthofs für Menschenrechte nahezu gleichlautend an; jedoch wird die Wiedergabe des Ergebnisses der Beweisaufnahme hier nicht als Bestandteil des Protokolls erwähnt.

Grundsätzlich könnte auch die Geschäftsordnung der CERD-Kommission in ähnlich ausführlicher Weise regeln, welche Punkte in das Sitzungsprotokoll aufzunehmen sind. Gleichwohl sollte die Ausführlichkeit der Geschäftsordnung im Interesse einer angemessenen umfänglichen Beschränkung hier nicht zu weit getrieben werden; auch der CERD-Ausschuß hat seine Verfahrensordnung insoweit kurz gefaßt[53].

Wichtiger ist die Frage nach dem Ausführlichkeitsgrad der Protokollierung.

Während das Haager Streitbeilegungsabkommen von 1907 keine Bestimmung darüber trifft, ob ein summarisches Protokoll ausreicht, sehen die Verfahrensordnungen der UN-Untersuchungskommissionen regelmäßig ein lediglich summarisches Protokoll vor[54], das den wesentlichen Inhalt der Verhandlung in gedrängter Form wiedergibt. Jedoch wird die Möglichkeit eines Wortprotokolls nicht ausgeschlossen, sondern bleibt für spezielle Verhandlungen oder Verhandlungsabschnitte — z. B. mündliche Verhandlungen mit den Parteien und Beweisaufnahmen — vorbehalten, sofern die Kommission die Führung eines wortgetreuen Protokolls für notwendig hält[55]. Gelegentlich findet sich die Vorschrift, daß zunächst das Sekretariat zu hören ist[56], da die

---

[52] Ebenso: Art. 37 VO des SchiedsG des LSchA.

[53] Vgl. Regeln 33, 34.

[54] Regel 7 UNSCOP; Regel 9 I UNSCOB; Regel 14 UNPC; Regel 18 UNTCOK und UNCIP; Regel 28 UNICGO.

[55] So bei sämtlichen genannten Kommissionen außer UNICGO.

[56] Regel 18 UNTCOK und UNCIP: „after consultation with the Secretariat".

Führung eines Wortprotokolls naturgemäß besonders qualifiziertes Personal erfordert.

Ein obligatorisches Wortprotokoll findet sich im internationalen Untersuchungsverfahren selten[57].

In gerichtlichen Verfahren wird regelmäßig über die mündliche Verhandlung einschließlich der Beweisaufnahme eine stenographische Niederschrift aufgenommen und dem im übrigen kurz gehaltenen Verhandlungsprotokoll als Anlage beigefügt[58].

Im Vergleichsverfahren der CERD-Kommission erscheint in Anlehnung an das Verfahren der meisten Untersuchungskommissionen und des CERD-Ausschusses die Führung eines summarischen Protokolls als aufreichend. Sollte es jedoch zu einer mündlichen Verhandlung mit Vertretern der streitenden Vertragsstaaten oder zur Anhörung von Beweispersonen kommen, ist eine wortgetreue Protokollierung vorzuziehen. Denn der genaue Wortlaut der Erklärungen kann von ausschlaggebender Bedeutung für die Beratungen der Kommission über den Bericht und die abzugebenden Empfehlungen sein. Die Geschäftsordnung der CERD-Kommission sollte insoweit dem Vorbild mehrerer Vergleichskommissionen der ILO folgen, die stenographische Niederschriften über den Verlauf von Beweisaufnahmen anfertigen ließen[59].

Die sprachliche Fassung des Protokolls ist relativ selten ausdrücklich geregelt. Das weitgehende Fehlen ausdrücklicher Regelungen deutet auf die Selbstverständlichkeit der Abfassung des Protokolls in der Arbeitssprache[60] hin. Mündliche Ausführungen in einer anderen Sprache sind daher in die Arbeitssprache zu übersetzen. Auch die CERD-Kommision sollte entsprechend verfahren.

Allgemein sehen die untersuchten Modellverfahrensordnungen Vorschriften über Änderungen und Ergänzungen des Protokolls vor. Nach Art. 28 HA darf der Zeuge „die ihm gut scheinenden Änderungen und Zusätze machen, die am Schlusse seiner Aussage vermerkt werden“. Teilweise ist bestimmt, daß jeder Parteivertreter ein Recht zu „verbatim or explanatory statements“ hat, die in das Protokoll aufzunehmen sind[61].

Bei UN-Untersuchungskommissionen findet sich ein auf die Kommissionsmitglieder beschränktes befristetes Recht auf Berichtigung

---

[57] So Regel 10 UNSCOB; Regel 8 UNSCOP.

[58] Art. 60 VO IGH; Art. 45 VO EuGHMR; Art. 38 VO des SchiedsG des LSchA (fakultativ).

[59] Fall Ghana v. Portugal, Bericht S. 16 Nr. 41; Fall Portugal v. Liberia, Bericht S. 37, Nr. 47.

[60] So ausdrücklich Art. 29 § 1 VO EuGH.

[61] Regel 18 UNCIP.

des Sitzungsprotokolls, das gegenüber dem Sekretariat geltendzumachen ist[62]. In anderen Verfahren wird bei jeder Sitzung das Protokoll der vorangegangenen Sitzung verlesen und nach Anbringung der für erforderlich gehaltenen Korrekturen gebilligt[63].

Im Verfahren vor dem IGH erhält jeder Zeuge und Sachverständige eine Übertragung der stenographischen Niederschrift seiner Aussage, um unter Aufsicht des Gerichts unterlaufene Fehler zu berichtigen[64]. Die Parteivertreter erhalten entsprechend eine Übertragung des Stenogramms ihrer Plädoyers und Erklärungen, um sie unter Aufsicht des Gerichtshofs durchzusehen und zu verbessern[65].

Derartige Korrekturmöglichkeiten sollte auch die Geschäftsordnung der CERD-Kommission vorsehen, wobei der Anstoß zu Korrekturen von den Mitgliedern der Kommission und — gegebenenfalls — von Parteivertretern und Beweispersonen ausgehen kann. Die Setzung einer Berichtigungsfrist erscheint aus Gründen der Verfahrensbeschleunigung zweckmäßig. Diese Frist sollte, dem Beispiel der UN-Untersuchungskommissionen folgend, möglichst kurz bemessen sein, um Erinnerungsfehler einzuschränken. Bei den UN-Untersuchungskommissionen bildet eine Frist von vier Tagen ab Zustellung der Protokollabschrift die Obergrenze. Die CERD-Kommission sollte diesem Beispiel folgen.

Das nicht beanstandete oder gemäß der Verfahrensordnung ergänzte oder berichtigte Protokoll wird nach Ablauf der Berichtigungsfrist Bestandteil der amtlichen Verfahrensakten des jeweiligen Gremiums[66]. Dieses Protokoll hat allein authentischen Charakter[67] und dient als Grundlage der Entscheidung[68]. Dies wird grundsätzlich auch für die Geschäftsordnung der CERD-Kommission gelten.

Praktische Probleme treten vor allem bei Divergenz mehrsprachig abgefaßter Protokolle auf. Wird das Protokoll in verschiedenen offiziellen Sprachen abgefaßt, so hat jede Fassung gleichwertige Beweiskraft. Bei inhaltlicher Divergenz wird folgende differenzierende Betrachtungsweise angebracht sein[69]:

---

[62] Regel 14 UNPC; Regel 18 UNTCOK und UNCIP; Regel 9 II UNSCOB; Regel 29 UNICGO; vgl. auch Art. 45 II VO EuGHMR.

[63] So Art. 44 Reg. CACJ.

[64] Art. 60 II VO IGH; ebenso: Art. 45 II VO EuGHMR.

[65] Art. 60 III VO IGH; ebenso: Art. 45 II VO EuGHMR.

[66] Bestandteil der „Official Records“: Regel 15 UNPC; Regel 19 UNCIP und UNTCOK; Regel 30 UNICGO.

[67] So ausdrücklich Art. 66 III HA: „caractère authentique“; ferner: Art. 47 II Statut IGH; vgl. auch Art. 47 § 6, 53 § 1, 62 § 1 VO EuGH; Art. 44 IV VO EuGHMR; Art. 59 VO EuKMR.

[68] Vgl. Art. 81 I VO CACJ.

[69] Vgl. *Wehberg*, Kommentar, S. 127.

Stellt nur die eine Fassung die Bekundung einer Tatsache fest, so ist zu vermuten, daß diese tatsächlich bekundet und in der anderen Fassung vergessen wurde. Werden dagegen Tatsachen inhaltlich abweichend protokolliert, so liegt ein nicht lösbarer Konfliktsfall vor. Wird eine offizielle Protokollfassung lediglich von einer anderen fremdsprachlichen Fassung begleitet, so geht die offizielle Fassung vor.

Derartige Fragen haben in die untersuchten Modellverfahrensordnungen kein Aufnahme gefunden; auch die Aufnahme in die Geschäftsordnung der CERD-Kommission scheint entbehrlich. Die dargestellten Probleme lassen es jedoch zweckmäßig erscheinen, daß die Protokolle lediglich in einer maßgeblichen Sprache abgefaßt werden. Bei Maßgeblichkeit mehrerer sprachlicher Fassungen ist zur Vermeidung derartiger Divergenzen eine schnelle Abfassung und Verteilung des Protokolls zur Anbringung der notwendigen Korrekturen besonders ratsam.

Sollte die CERD-Kommission die Protokolle ihrer Sitzungen den Parteien zustellen[70] oder in sonstiger Weise, etwa durch Auslegung zur Einsichtnahme beim Sekretariat[71] zugänglich machen?

Bei den untersuchten Modellverfahrensordnungen fällt auf, daß eine Möglichkeit zur Kenntnisnahme des Protokolls den Parteien nur gewährt wird, wenn sie an der Sitzung beteiligt[72] waren oder zumindest die Möglichkeit der Teilnahme bestand[73].

Soweit die CERD-Kommission im internen Kreis tätig wird, besteht kein zwingender Grund, die Parteien über den Inhalt der Beratungen zu informieren. Eine frühzeitige Information der Parteien über den Meinungsstand innerhalb der Kommission oder über die Auffassung der einzelnen Kommissionsmitglieder kann die Erfolgsaussichten des Vergleichsverfahrens eher beeinträchtigen. Wenn der inkriminierte Vertragsstaat frühzeitig den Trend der Kommission abschätzen kann, wird er leichter eine taktische Position aufbauen können, die ihm eine Ablehnung der Kommissionsempfehlungen erleichtert. Bei divergierenden Auffassungen innerhalb der Kommission wird er darauf verweisen können, daß schließlich auch die Kommission nicht zu einem einhelligen Ergebnis gekommen sei: eine willkommene Argumentationshilfe für einen Staat, der zur Ablehnung der Vergleichsvorschläge entschlossen ist.

---

[70] So z. B. Art. 57 II, 60 II VO IGH; Art. 44 III VO EuGHMR.

[71] Vgl. Art. 53 § 2, 62 § 2 VO EuGH.

[72] Zustellung nur an die an der Sitzung beteiligten Parteivertreter: s. UN Doc. A/AC. 18/SC. 6/6, S. 20; so ausdrücklich bei UNGFIC, s. UN Organization XII, S. 17.

[73] So bei den gerichtlichen Verfahren.

Eine Zustellung der Protokolle an die Parteien wird sich daher nur empfehlen, soweit diese an Sitzungen der CERD-Kommission teilnehmen.

Eine andere Frage ist, ob die Protokolle nach Ablauf der Erklärungsfrist des Art. 13 Abs. 3 CERD zu veröffentlichen oder wenigstens den Parteien zugänglich zu machen sind. Diese Vorschrift bildet nur die Grundlage für die Veröffentlichungen des Kommissionsberichts und die hierzu abgegebenen Erklärungen der beteiligten Vertragsstaaten. Sie bietet jedoch keinen Anhalt für die Annahme, daß auch die Sitzungsprotokolle zu den anderen Vertragsstaaten zugänglich zu machenden Materialien zu rechnen sind, denn die Protokolle werden nicht Bestandteil des Berichts. Nach Abschluß des Vergleichsverfahrens ist auch ein berechtigtes Interesse der Parteien, Zugang zu den Protokollen interner Kommissionssitzungen zu erhalten, nicht erkennbar.

Sollte die Kommission Vertreter der Partein zu den Sitzungen hinzuziehen, ist möglicherweise eine andere Beurteilung angebracht. Hier wird zu berücksichtigen sein, daß im Vergleichsverfahren die Veröffentlichung der Protokolle häufig von der Zustimmung der Parteien abhängt[74].

---

[74] Art. 29 BP; im übrigen durch die für Untersuchungen häufig zu findende Generalverweisung auf Titel III HA, hier: Art. 31 HA.

Fünftes Kapitel

Abstimmungen

1. Allgemeines

Die Willensbildung internationaler Streitbeilegungsorgane erfolgt regelmäßig durch Abstimmungen[1]. Regelmäßig hat jedes Mitglied eine Stimme[2], so daß grundsätzlich jedem Mitglied ein gleiches Stimmgewicht zukommt. Das Prinzip der Gleichgewichtung der Stimmen wird gelegentlich durch eine Stimmpräponderanz des Vorsitzenden im Falle der Stimmengleichheit durchbrochen[3], um auf diese Weise zu einer Entscheidung zu gelangen.

Bei Abstimmungen innerhalb der CERD-Kommissionen wird es sich empfehlen, ebenfalls dem Grundsatz der äquivalenten Stimmgewichtung zu folgen. Eine Stimmpräponderanz des Vorsitzenden erscheint dagegen der Struktur eines Vergleichsorgans nicht angemessen, da diesem jeder hierarchische Akzent fremd ist. Darüber hinaus kann ein schlüssiges Ergebnis bei einem Stimmengleichgewicht auch durch die Bestimmung erreicht werden, daß Stimmengleichheit als Ablehnung gilt; diese Regelung sieht auch die Verfahrensordnung des CERD-Ausschusses vor[4].

Soweit die Form der Abstimmung in den untersuchten Modellverfahrensordnungen geregelt wird, so wird durch Handzeichen abgestimmt[5]. Teilweise ist auf Antrag eines Gremienmitglieds namentliche Abstimmung vorgesehen[6]. Die Reihenfolge der Abstimmung richtet sich nach der alphabetischen Reihenfolge der Namen der Gremienmitglieder[7] oder — sofern das Verfahrensrecht eine bestimmte Rang-

---

1 Anders bei UNGFIC, die Entscheidungen ohne formelle Abstimmungen herbeizuführen suchte; s. dazu *Shore*, S. 117.

2 Regel 6 UNTR; Regel 24 UNSCOP; Regel 31 UNSCOB; Regel 25 UNPC; Regel 37 UNTCOK und UNCIP; Regel 48 VO CERD-Ausschuß.

3 Art. 55 Statut IGH; Art. 8 lit. c) Statut ENEA-Gericht; Art. 20 Abs. 3 VO EuGHMR; Art. 29 Abs. 3 VO EuKMR.

4 Regel 59 (mit Ausnahme von Wahlen).

5 Regel 39 UNTR; Regel 26 UNSCOP; Regel 33 UNSCOB; Regel 40 I UNTCOK und UNCIP; Regel 50 VO CERD-Ausschuß.

6 Ebd.

7 Regel 50 VO CERD-Ausschuß.

folge der Mitglieder vorsieht — nach der umgekehrten Reihenfolge der Rangordnung[8].

Mangels einer bestimmten Rangordnung werden die Mitglieder der CERD-Kommission in alphabetischer Namensreihenfolge abstimmen. Sollten sich durch unterschiedliche Namensschreibweise Unklarheiten ergeben, wird die Schreibweise in einer bestimmten Sprache für maßgeblich zu erklären sein[9]. Aus der geringen Mitgliederzahl der CERD-Kommission und der daraus folgenden intimen Verhandlungsatmosphäre ergibt sich, daß eine Unterscheidung zwischen Kollektivabstimmung und namentlicher Abstimmung nicht sinnvoll ist, sondern nur namentliche Abstimmmung erfolgt.

Sollten Unklarheiten oder Meinungsverschiedenheiten über die Auslegung der Abstimmung auftreten, so wird hierüber die Kommission zu entscheiden haben[10].

2. Beschlußfähigkeit

Hinsichtlich der Vorschriften über das Quorum finden sich in den untersuchten Modellverfahrensordnungen die unterschiedlichsten Abstufungen[11]. Das untersuchte Normenmaterial läßt nicht den Schluß zu, daß sich für die Bildung des Quorums bestimmte, allgemeine anerkannte Regeln herausgebildet haben. Für den Gesamtbereich der internationalen Streitbeilegungsverfahren läßt sich lediglich sagen, daß in den meisten Fällen nicht die Teilnahme sämtlicher Gremienmitglieder zur Bildung des Quorums erforderlich ist.

Eine notwendige Kongruenz zwischen Mitgliederzahl und Quorum wurde jedoch im Schiedsverfahren gemäß Art. 78 HA angenommen, da andernfalls keine Entscheidung „des Schiedsgerichts“ vorläge[12].

Für den Bereich des internationalen Vergleichsverfahrens wurde früher die Auffassung vertreten, daß „le nombre total des membres d‘une commission de conciliation coincide toujours avec le quorum“[13]. Diese Ansicht war in dieser Allgemeinheit jedoch nie zutreffend, da

---

[8] Art. 30 V iVm. Art. 2 VO IGH; Art. 27 § 5 VO EuGH; Art. 20 II VO EuGHMR; Art. 29 II VO EuKMR.

[9] Vgl. Regel 50 VO CERD-Ausschuß.

[10] Entsprechend: Art. 27 § 6 VO EuGH.

[11] Vgl. etwa Art. 3 I, 25 III Statut IGH; Regel 50 UNTR; Art. 25 EuKMR; Art. 8 lit. a) Statut ENEA-Gericht iVm. Art. 12 Konvention über das ENEA-Gericht; Art. 12 Statut der interamerikan. Menschenrechtskommission; Art. 17 VO EuGHMR; Art. 40 Reg. CACJ; Art. 15 Statut EuGH iVm. Art. 26 VO EuGH; Art. 11 II UNESCO-Protokoll.

[12] So *Wehberg*, Kommentar, S. 136; s. auch Art. 27, 28 MR.

[13] So *Ruegger*, RDILC 56, S. 91 (96).

bereits nach Art. 17 des deutsch-schweizerischen Schiedsvertrages vom 3. Dezember 1921, also einem der ersten bilateralen Vergleichsverträge, der nach diesem Vertrag zu bildende ständige Vergleichsrat beschlußfähig ist, wenn alle Mitglieder ordnungsgemäß geladen und mindestens die gemeinsam berufenen Mitglieder anwesend sind. Auch bei der Europäischen Kommission für Menschenrechte genügt in bestimmten Fragen bereits eine geringere Mitgliederzahl zur Bildung des Quorums[14], ebenso wie bei den mit Vergleichsbefugnissen ausgestatteten Untersuchungskommissionen der Vereinten Nationen[15] und der Vergleichskommission nach dem UNESCO-Protokoll[16].

Andererseits ist im Vergleichsverfahren eine Häufung von Vorschriften signifikant, die eine Kongruenz zwischen Mitgliederzahl und Quorum vorsehen. Nach Art. 12 der Generalakte ist bestimmt, daß „the Commission may only take decisions on the substance of the dispute if all its members are present". Nach Art. 13 der Europäischen Streitbeilegungskonvention ist die Kommission — außer in Verfahrensfragen — nur dann beschlußfähig, wenn alle Mitglieder anwesend sind.

In Vergleichsverfahren aus dem Bereich des internationalen Menschenrechtsschutzes findet sich eine notwendige Kongruenz in Art. 65 der Verfahrensordnung der Europäischen Menschenrechtskommission für die Abstimmung über den Schlußbericht.

In allen diesen Fällen wird zwischen Abstimmungen über prozessuale Fragen und Abstimmungen in merito unterschieden.

Ohne daß die letztgenannten Regelungen eine unmittelbare Präjudizwirkung für das Verfahren vor der CERD-Kommission hätten, so läßt sich aus ihnen doch eine klare Tendenz entnehmen: Soweit es um den materiellen Gehalt der Streitsache geht, ist zur Beschlußfassung die Teilnahme aller Gremienmitglieder zweckmäßig, da der Erfolg eines Vergleichsverfahrens wesentlich von dem persönlichen Einsatz jedes einzelnen Kommissionsmitgliedes abhängt. Diese Erwägung gilt in gleicher Weise für die CERD-Kommission. Sie wird nicht durch die andersartige Regelung bei den UN-Untersuchungskommissionen und der Vergleichskommission nach dem UNESCO-Protokoll in Frage gestellt. Bei diesen mitgliederstarken Gremien dürfte für die geringeren Anforderungen an das Quorum bestimmend gewesen sein, daß eine vollzählige Teilnahme häufig praktisch nicht erreichbar und letztlich zur Erzielung des erwünschten konziliatorischen Effekts auch nicht unbedingt erforderlich ist, da die „Autorität der großen Zahl" das ihrige bewirkt.

---

[14] Vgl. Art. 25 VO EuKMR.

[15] s. UN Organization and Procedure XII, S. 26 f.

[16] Art. 11 II lit. a) UNESCO-Protokoll.

3. Erforderliche Mehrheit

In den untersuchten Modellverfahrensordnungen ist in den meisten Fällen bestimmt, daß Entscheidungen mit der Mehrheit der Stimmen getroffen werden[17]. Entsprechendes gilt speziell für internationale Vergleichsverfahren[18].

Häufig ist nicht ausdrücklich geregelt, ob die Mehrheit der Gesamtzahl der Gremienmitglieder oder der an der Sitzung teilnehmenden Mitglieder gemeint ist. Es dürfte sich aber verstehen, daß in Ermangelung abweichender Vorschriften die Mehrheit der an der Sitzung teilnehmenden Mitglieder gemeint ist[19].

Im Bereich der internationalen Organisation findet sich häufig eine abweichende Regel dahin, daß die Mehrheit der „members present and voting"[20] gemeint ist. In diesen Fällen werden Mitglieder, die sich der Stimme enthalten, im Ergebnis so behandelt, als nähmen sie an der Sitzung und damit an der Abstimmung nicht teil[21].

Qualifizierte Mehrheitserfordernisse sind selten[22]. Einstimmigkeit wird in den untersuchten Verfahrensordnungen an keiner Stelle ausdrücklich gefordert. In vielen mitgliederstarken Gremien, insbesondere solchen mit heterogener politischer Zusammensetzung, hat sich jedoch die Übung herausgebildet, nur einstimmig zu entscheiden[23]. Dies gilt häufig selbst dann, wenn nach der Verfahrensordnung die einfache Mehrheit ausreichend wäre. Dieses Verfahren läßt naturgemäß nur Minimalkompromisse zu, wird aber gewählt, da Entscheidungen auf den kleinsten gemeinsamen Nenner die größten Aussichten auf Verwirklichung bieten.

---

[17] Untersuchungsverfahren: Art. 30 II HA; Schiedsverfahren: Art. 78, 87 II HA; Art. 46 BP; Art. 5 Vertrag der Staaten der Arabischen Liga; Art. 9 dt.-schweiz. Schiedsvertrag; Gemischte Schiedsgerichte nach Art. 304 lit. a VV; Art. 12 II, 28 I MR; unter Verweisung auf das HA: Art. 26 GA; Art. 24 ESK.

[18] Vergleichsverfahren: Art. 12 GA; Art. 27 BP; Art. 13 ESK; Art. 5 Vertrag der Staaten der Arab. Liga; Art. 17 dt.-schweiz. Schiedsvertrag; Art. 13 Locarno-Verträge; Sect. II Art. 21 VO StSchH.

[19] So ausdrücklich: Art. 55 I Statut IGH; Art. 20 I VO EuGHMR; Art. 8 lit. b) Statut ENEA-Gericht; Art. 11 II lit. b) UNESCO-Protokoll.

[20] Regel 37 UNTR; Regel 27 UNPC; Regel 39 UNTCOK und UNCIP; Art. 34 EuMRK iVm. Art. 29 EuKMR; Regel 49 VO CERD-Ausschuß.

[21] „Members who abstain from voting are considered as not voting", so Regel 27 UNPC; Regel 39 UNTCOK und UNCIP; „Abstentions shall not be counted as votes", so Regel 25 II UNSCOP; Regel 32 II UNSCOB.

[22] Zweidrittelmehrheit gem. Art. 32 I EuMRK beim Ministerausschuß; vgl. auch Art. 13 der interamerikan. Menschenrechtskommission: einfache Mehrheit in Verfahrensfragen, ansonsten absolute Mehrheit.

[23] So UNCIP; UNICGO; die UN Fact-Finding-Commission für die Republik Südvietnam; die UN-Kommission zur Untersuchung der Bedingungen für freie Wahlen in Deutschland; vgl. *Shore*, S. 117; ebenso der ILO-Ausschuß zur Sicherung gewerkschaftl. Rechte, s. ILO Doc. G.B. 161/20/1, Nr. 30; dazu auch *Jenks*, Trade Union Rights, S. 227.

Die Anwendung des Mehrheitsprinzips dürfte auch für die CERD-Kommission außer Frage stehen, da es sich um den tragenden Grundsatz eines jeden kollegialen Entscheidungsprozesses handelt. Die Basis für die Feststellung der Mehrheit wird die Gesamtzahl der Kommissionsmitglieder bilden, die zugleich das Quorum darstellt. Daraus folgt zugleich, daß die Formel der „members present and voting" als Basis ausscheidet. Denn einerseits hat die Formel „members present" bei der CERD-Kommission keinen Sinn, da die Kommission bei Abwesenheit eines Mitglieds schon nicht beschlußfähig ist; zum anderen spricht nichts dafür, Stimmenthaltungen bei der Feststellung des Abstimmungsergebnisses nicht zu berücksichtigen. Denn die fünfköpfige CERD-Kommission steht ihrer Struktur nach der klassischen Vergleichskommission des Völkerrechts näher, bei denen die Formel der „members present and voting" nicht üblich ist. Abstimmungspunkte, die nicht die Zustimmung der Mehrheit der Kommissionsmitglieder finden, werden demnach als abgelehnt zu gelten haben.

Gegen die Verankerung des Einstimmigkeitsprinzips in der Geschäftsordnung spricht neben der fehlenden Üblichkeit die Erwägung, daß die Kommission nicht unter einem vergleichbaren politischen Erfolgszwang wie diejenigen Gremien steht, die in der Praxis lediglich einstimmig zu entscheiden pflegen.

4. Abstimmungen in besonderen Fällen

Einige Verfahrensordnungen sehen besondere Regelungen bei Abstimmungen über Teile eines Antrags, Zusatzanträge und mehrere Anträge zu derselben Frage vor. Diese Sonderregeln finden sich insbesondere in den Verfahrensordnungen der UN-Untersuchungskommissionen.

Danach kann jedes Mitglied verlangen, daß Anträge aufgeteilt werden und über die so gebildeten Antragsteile gesondert abgestimmt wird[24]. Dieses Verfahren gilt naturgemäß nur für solche Anträge, die inhaltlich aufteilbar sind. Die angenommenen Antragsteile werden anschließend geschlossen zur Abstimmung gestellt[25]. Es versteht sich, daß der Antrag insgesamt als verworfen gilt, wenn alle seine substantiellen Teile abgelehnt wurden[26].

Unter Zusatzanträgen werden Anträge verstanden, die den Hauptantrag ändern, ergänzen oder teilweise streichen[27]. Zusatzanträge wer-

---

[24] Regel 28 UNPC; Regel 42 UNTCOK und UNCIP; Regel 21 UNSCOP; so auch Regel 53 VO CERD-Ausschuß.

[25] Bei UNSCOP nicht ausdrücklich geregelt.

[26] So ausdrücklich Regel 53 VO CERD-Ausschuß.

[27] Regel 29 III UNPC; Regel 43 III UNTCOK und UNCIP; ebenso Regel 54 II VO CERD-Ausschuß; vgl. auch Regel 23 UNSCOP.

den zuerst zur Abstimmung gestellt[28]. Werden mehrere Zusatzanträge gestellt, so wird zunächst über den Antrag abgestimmt, der sich substantiell am weitesten von dem Hauptantrag entfernt, sodann über den inhaltlich am nächstweitest entfernten usw., bis über sämtliche Zusatzanträge abgestimmt wurde[29]. Zum Schluß wird über den Hauptantrag in der Form, die er durch die angenommenen Zusatzanträge erhalten hat, insgesamt abgestimmt[30]. Diese im Grundsatz klare Regelung bereitet in der Praxis erhebliche Schwierigkeiten, da geeignete Kriterien für die Beurteilung der Frage, welcher Zusatzantrag sich vom Hauptantrag am weitesten entfernt, gefunden werden müssen. Die untersuchten Modellverfahrensordnungen geben derartige Kriterien jedenfalls nicht an; dies ist verständlich, da diese Kriterien dem jeweiligen materiellen Verfahrensstoff entspringen.

Werden zwei oder mehr Anträge zu derselben Frage gestellt, wird in der Reihenfolge der Anträge abgestimmt, sofern das Gremium nichts Gegenteiliges beschließt. Dieses kann nach jeder Abstimmung über einen Antrag beschließen, ob über den nächsten Antrag noch abzustimmen ist[31]. Gelegentlich ist ausdrücklich geregelt, daß der Antrag, über die gestellten Anträge nicht abzustimmen, eine Vorfrage betrifft und daher vorweg zur Abstimmung zu stellen ist[32].

Die angeführten Regelungen sind für die Geschäftsordnung der CERD-Kommission von großem Interesse, da zu erwarten ist, daß alle genannten Probleme in der praktischen Kommissionsarbeit auftreten werden. Insbesondere bei den Abstimmungen, die die Grundlage für die Abfassung des Schlußberichts der Kommission (Art. 13 Abs. 1 CERD) bilden, ist die Wahrscheinlichkeit groß, daß das endgültige Ergebnis erst aus einer Mehrzahl von Anträgen herausgefiltert werden muß. Die gilt sowohl für die zu treffende Feststellung über alle auf den Streit zwischen den Parteien bezüglichen Sachfragen als auch für die Empfehlungen, die die Kommission für die gütliche Streitbeilegung aussprechen wird. Die angeführten Regelungen, insbesondere in der Form, wie sie der CERD-Ausschuß in den Regeln 53 - 55 seiner Verfahrensordnung niedergelegt hat, bieten insgesamt eine praktikable Lösung der einschlägigen Probleme; sie sollten daher in die Geschäftsordnung der CERD-Kommission unverändert übernommen werden.

---

[28] So ausdrücklich Regel 23 UNSCOP; Regel 54 I VO CERD-Ausschuß.

[29] Regel 22 UNSCOP; Regel 29 II UNPC; Regel 43 II UNTCOK und UNCIP; ebenso Regel 54 VO CERD-Ausschuß.

[30] So ausdrücklich Regel 54 I VO CERD-Ausschuß.

[31] Regel 44 UNTCOK und UNCIP; Regel 55 I VO CERD-Ausschuß.

[32] Regel 55 III VO CERD-Ausschuß.

Zweiter Abschnitt

Verfahrensrecht

Erstes Kapitel

Verfahrensgrundsätze

1. Allgemeines

Jedes Streitbeilegungsverfahren baut auf gewissen Strukturprinzipien auf, die das Verfahren insgesamt prägen[1]. Das Organ, das zur Durchführung des Verfahrens berufen ist, muß sich grundsätzlich in jedem Verfahrensstadium dieser Prinzipien bewußt sein. In zwei besonderen Situationen ist aber die Besinnung auf die tragenden Verfahrensgrundsätze besonders notwendig: bei der Ausarbeitung der Geschäftsordnung und später bei dem Problem der verfahrensrechtlichen Lückenfüllung.

Es lassen sich zwei Kategorien von Verfahrensgrundsätzen unterscheiden: die „principes fondamentaux du droit international"[2] und solche Prinzipien, die wesentlich dem individuellen Charakter der jeweiligen Verfahrensart entspringen.

Die Existenz von Grundprinzipien des internationalen Verfahrensrechts wird von der Rechtsprechung[3] und der Literatur[4] bejaht; im Einzelfall besteht jedoch große Unsicherheit. Es ist daher Zurückhaltung bei der Frage angebracht, ob ein bestimmter Grundsatz bereits als ein Grundprinzip des völkerrechtlichen Verfahrensrechts zu bezeichnen ist.

Die verfahrenstypischen Grundsätze sind jeweils dem Instrument zu entnehmen, durch das das betreffende Verfahren institutionalisiert

---

[1] Zu den Verfahrensprinzipien internationaler Streitbeilegungsorgane s. *Korsch*, Prozeßmaximen; *Sereni*, Principi generali di diritto e processo internazionale.

[2] Vgl. StIGH im Fall Mavrommatis, Sér. A 2 S. 16 zum Problem der Lückenfüllung: „Dans ces circonstances, la Cour est libre d'adopter la règle qu'elle considère comme la plus propriée à la bonne administration de la justice, à la procédure devant un tribunal international et la plus conforme aux principes fondamentaux du droit international".

[3] StIGH (ebd.).

[4] *Sereni*, Principi, S. 65; s. auch *Guggenheim*, Völkerprozeßrecht und allgemeines Völkerrecht, ZöR Bd. 11 (1931), S. 555 ff., 576 ff.

wird; soweit ausdrückliche Regeln fehlen, müssen die Grundsätze im Wege der Auslegung erschlossen werden. Da das zugrundeliegende internationale Vertragswerk in vielen Fällen nur eine Minimalregelung des Verfahrens enthält, liegt hier eine wesentliche Domäne der rechtsvergleichenden Betrachtungsweise: im Wege hermeneutischer Betrachtung ist zu untersuchen, ob und in welchem Umfang die Grundsätze anderer, vergleichbarer Verfahrensarten auch auf das zu untersuchende Verfahren übertragbar sind.

Da das internationale Verfahrensrecht im Vergleich zum innerstaatlichen Verfahrensrecht weniger präzisiert und systematisiert ist, sind Analogien zwischen innerstaatlichen und internationalen Verfahrensgrundsätzen nur beschränkt sinnvoll. Sie können dem Kenner eines bestimmten zum Vergleich herangezogenen innerstaatlichen Rechtssystems das Verständnis der Problematik im Einzelfall erleichtern, werden den Angehörigen anderer Rechtssysteme aber häufig unverständlich bleiben. Deshalb soll an dieser Stelle auf derartige Analogien verzichtet werden[5].

All diese Erwägungen wird die CERD-Vergleichskommission im Vorfeld des Erlasses ihrer Geschäftsordnung zu berücksichtigen haben. Die Kommission wird zunächst ein Leitbild ihres Verfahrens entwerfen, gleichsam die prozeduralen Eckpfeiler setzen und anschließend die sich ergebenden Einzelfragen interpolierend zwischen diesen Eckpfeilern aufhängen. Die besondere Schwierigkeit dieser Aufgabe liegt darin begründet, daß die Rassendiskriminierungskonvention sich nur ganz am Rande mit dem Verfahren der Kommission beschäftigt. Die einschlägigen Artikel 12 Abs. 8 und 13 Abs. 1 der Konvention sind geradezu ein Musterfall einer verfahrensrechtlichen Minimalregelung.

Wie die Kommission im praktischen Fall an ihre Aufgabe herangehen wird, ist im einzelnen nicht vorherzusehen. Es ist völlig offen, ob sie in restriktiver Auslegung der Konvention ein rein schriftliches Verfahren einschlagen wird und die Kontakte mit den streitenden Vertragsstaaten auf die Einholung weiterer sachdienlicher Angaben beschränkt oder ob sie dem Beispiel der Vergleichskommissionen der ILO folgen wird, die bei ähnlich knapper normativer Grundlage[6] ihre Funktion als quasi-judiziell betrachteten[7] und demzufolge ein gründliches und umfangreiches Verfahren durchführten, das bei unbefangener Lektüre der ILO-Satzung nicht vorhersehbar war.

---

[5] Auch bei der Lückenfüllung durch Analogien zum innerstaatlichen Recht ist äußerste Zurückhaltung angebracht; vgl. z. B. Entscheidung der Schiedskommission nach dem LSchA, Bd. 2 Nr. 60, S. 98 ff. (zur Frage der Ablehnung von Kommissaren).

[6] Art. 27, 28 ILO-Satzung.

[7] Vgl. z. B. den Bericht im Fall Ghana v. Portugal, S. 9, Nr. 15.

2. Die Prüfungsbefugnisse der Kommission

2.1 Der Prüfungsgegenstand

Die Konvention regelt den Prüfungsgegenstand in den die Vergleichskommission betreffenden Artikeln 12 und 13 nicht ausdrücklich. Es muß vielmehr insoweit auf Art. 11 Abs. 1 zurückgegriffen werden. Diese Vorschrift, die die Abhängigmachung der Staatenbeschwerde vor dem CERD-Ausschuß regelt, gilt hinsichtlich des Prüfungsgegenstands auch für die Vergleichskommission. Denn das Verfahren vor der Kommission ist nur eine Phase der sukzessiven Behandlung der Staatenbeschwerde vor den Organen der Rassendiskriminierungskonvention. Gegenstand des gesamten Verfahrens von dem Eingangsverfahren vor dem CERD-Ausschuß (Art. 11 CERD) bis zur Übermittlung des Kommissionsberichts an die Gesamtheit der Vertragsstaaten (Art. 13 Abs. 3 CERD) ist die Frage, ob die Behauptung des mitteilenden Staates zutrifft, daß der inkriminierte Vertragsstaat die materiellen Bestimmungen der Konvention nicht durchführt[8].

Der Prüfungsgegenstand umfaßt daher die Untersuchung des tatsächlichen Vorbringens des beschwerdeführenden Vertragsstaats und die Subsumtion der festgestellten Tatsachen unter die menschenrechtsschützenden Vorschriften der Konvention. Der Prüfungsgegenstand der CERD-Vergleichskommission erstreckt sich daher in allen Fällen auf Tat- und Rechtsfragen.

Darin liegt ein wesentlicher Unterschied des CERD-Vergleichsverfahrens zu den auf bilateralen Streitschlichtungsverträgen beruhenden Vergleichsverfahren, bei denen sich der Prüfungsgegenstand auch auf den tatsächlichen Bereich beschränken kann[9]. Ein weiterer, grundlegender Unterschied des CERD-Vergleichsverfahrens zu den rein bilateralen Vergleichsverfahren liegt in der Objektivierung des Prüfungsgegenstandes. Während im bilateralen Vergleichsverfahren das Bestehen und der Umfang *subjektiver* Rechte und Interessen der streitenden Völkerrechtssubjekte den Gegenstand des Verfahrens bildet[10], ist der Prüfungsauftrag der CERD-Kommission auf die Feststellung einer Konventionsverletzung gerichtet. Die Kommission ist also insoweit Kontrollorgan zur Überwachung der Verwirklichung der Gemeinschaftsziele.

Bei Kollektivverträgen[11], die ein Gemeinschaftsziel bezwecken, läßt sich allenfalls ein subjektives Recht eines Vertragsstaats auf die Erfül-

---

[8] Vgl. oben unter A., 1. Kap., Ziff. 3.

[9] Vgl. dazu den Schlußbericht von *Rolin*, AnnIDI Bd. 48 I (1959) S. 14 f.

[10] Vgl. hierzu *Khol*, S. 18 - 20, 51 f.

[11] Zum Begriff des Kollektivvertrags s. *Bindschedler*, Stichwort „Kollektivverträge" in: WB des Völkerrechts Bd. II, S. 253.

lung der vertraglichen Verpflichtungen durch einen anderen Vertragsstaat konstruieren. Doch verliert der Begriff des subjektiven Rechts im Bereich der Vertragserfüllungskontrolle innerhalb der internationalen Organisation seinen Inhalt. Das Bestehen eines gleichgerichteten Gewährleistungsinteresses der anderen Vertragsstaaten und die wechselseitige Beziehung dieser Interessen führen zu einer Interessenbündelung. Das Gewährleistungsinteresse des einzelnen Vertragsstaats ist Teil dieses Interessenbündels, das sich zu einem objektiven Gemeinschaftsinteresse verselbständigt[12].

Bei der Rassendiskriminierungskonvention als einem menschenrechtssichernden Kollektivvertrag erfolgt eine Objektivierung der einzelnen staatlichen Gewährleistungsinteressen in Richtung auf ein Gemeinschaftsinteresse, das auf die Herstellung eines allgemeinen menschenrechtlichen Sicherungszustandes auf dem Gebiet des Schutzes vor rassischer Diskriminierung gerichtet ist.

Die Aufgabenstellung der CERD-Kommission als Kontrollorgan innerhalb der Konvention ist auf die Herstellung bzw. Erhaltung eines menschenrechtlichen „ordre public" innerhalb des Geltungsbereichs der Konvention[13] gerichtet. Die Kommission wird in Wahrnehmung des objektiven Gemeinschaftsinteresses der Vertragsstaaten tätig. Daher treten die subjektiven Rechte und Interessen der am Streit unmittelbar beteiligten Staaten in den Hintergrund. Der Prüfungsgegenstand der CERD-Vergleichskommission ist daher objektiver Natur.

2.2 Der Umfang der Prüfungsbefugnisse der Kommission

Auf den in Art. 11 Abs. 1 CERD bezeichneten Prüfungsgegenstand nimmt Art. 13 Abs. 1 CERD bezug. Diese Vorschrift, die in der amtlichen deutschen Fassung davon spricht, daß die Kommission „die Sache eingehend (zu) beraten hat", bildet die Grundlage für eine umfassende Prüfung, wie sich aus einem Vergleich mit den nach Art. 25 Abs. 1 CERD international verbindlichen englischen und französischen Fassungen ergibt. Die englische Fassung spricht von „*fully* consider(ed)

---

[12] Vgl. zur Wahrnehmung des öffentlichen Interesses durch die Europäische Kommission für Menschenrechte: *Weil*, European Convention, S. 196; Gegenstand der Verpflichtungen ist nicht „un faisceau de contrats synallagmatiques entre les Parties contractantes", sondern das Versprechen der Vertragserfüllung gegenüber der Gesamtheit der Vertragsstaaten im Allgemeininteresse, vgl. *Vasak*, La Convention, S. 93.

[13] Entsprechend für ihre Zuständigkeitsbereiche: Europäische Menschenrechtskommission im Fall Österreich vs. Italien, Nr. 788/60, EYB IV, S. 133; ILO-Vergleichskommission im Fall Ghana vs. Portugal, Bericht S. 9 f.; weniger prononciert, aber inhaltlich gleich: ILO-Vergleichskommission im Fall Portugal vs. Liberia, Bericht S. 29, 31.

the matter“; noch deutlicher beschreibt der französische Text den Prüfungsumfang: „étudier la question *sous tous les aspects*“[14].

Diese Definition des Prüfungsumfangs stimmt inhaltlich mit den Definition des Prüfungsumfangs in den anderen normativen Quellen des internationalen Vergleichsverfahrens auf dem Gebiete des Menschenrechtsschutzes überein.

Bereits Art. 28 der ILO-Satzung spricht von „fully consider(ed) the complaint“ bzw. „examen approfondi de la plainte“. Die Kommissionen, die auf der Grundlage dieser Bestimmung tätig wurden, legten ihre aus dieser Norm abgeleiteten Funktionen dahin aus, daß die Kommission „should itself take all necessary steps to ensure ... that it had at its disposal thorough and objective information concerning the questions at issue“[15].

Auch Art. 42 Abs. 7 des Pakts über bürgerliche und politische Rechte nennt als Aufgabe der Vergleichskommission: „fully consider(ed) the matter“; nach Art. 17 Abs. 1 des UNESCO-Protokolls fertigt die Vergleichskommission ihren Bericht „après avoir obtenu toutes les informations qu'elle estime nécessaire“.

Alle diese äquivalenten Formulierungen werden nur bei der Annahme verständlich, daß die betreffenden Vergleichskommissionen den tatsächlichen Streitstoff umfassend ex officio aufzuklären haben. Der Interpretation, die die ILO-Vergleichskommissionen der entsprechenden Vorschrift der ILO-Satzung gab, ist daher zuzustimmen.

Für die Annahme eines Gebots umfassender Sachaufklärung spricht auch die teleologische Interpretation dieser funktionell gleichen Normen. Ihre Funktion ist die Durchsetzung der menschenrechtsschützenden Vorschriften des jeweiligen Vertragswerks. In dieser Eigenschaft als Sachwalter des objektiven, auf Vertragserfüllung gerichteten Gemeinschaftsinteresses der Vertragsstaaten ist die Kommission zur umfassenden Sachaufklärung verpflichtet, da sie anderenfalls ihre Aufgabe als Erfüllungskontrollorgan mißachten würde.

Hier wird der Konflikt deutlich, der daraus entspringt, daß die Kommission zugleich Vergleichsorgan und Kontrollorgan ist[16].

Wie das Normenmaterial, die Praxis und der Sinn des Vergleichsverfahrens im bilateralen, zwischenstaatlichen Bereich deutlich ma-

---

[14] Hervorhebung d. Verf.; der französische Text lautet wörtlich: „Après avoir étudié la question sous tous les aspects, la Commission prépare ... un rapport ...“.

[15] Vgl. im Fall Ghana vs. Portugal, Bericht S. 9, Nr. 15; Portugal vs. Liberia, Bericht S. 31, Nr. 32 (1).

[16] Vgl. auch die kritischen Bemerkungen über Vergleichskommissionen im Rahmen internationaler Organisationen bei *Cot*, S. 252 - 258; 295; 305, 308 ff.

chen, steht dort der Befriedungseffekt im Vordergrund. Versöhnen sich die Streitparteien, bevor der Fall im tatsächlichen Bereich erschöpfend aufgeklärt ist, so ist das Ziel des Verfahrens erreicht; weitere Sachaufklärungen wären zweckwidrig[17]. Eine Vergleichskommission, die zugleich Erfüllungskontrollorgan ist, müßte in derselben Situation die Untersuchung in Wahrnehmung des auf Vertragserfüllung gerichteten Gemeinschaftsinteresses weiterführen, selbst wenn dadurch die Versöhnung zwischen den Parteien in Frage gestellt würde. Da das Vergleichsverfahren nur eine Verfahrensphase des gesamten Kontrollverfahrens ist, hat die Kontrollfunktion Vorrang vor der Streitbeilegungsfunktion.

Die Formulierung der Prüfungsbefugnisse der CERD-Kommission in Art. 13 Abs. 1 CERD ist wegen ihrer sprachlichen Fassung („sous tous les aspects," bzw. „fully consider"), wegen ihrer offenkundigen Parallelität zu anderen menschenrechtssichernden völkerrechtlichen Verfahrensnormen, die in der internationalen Praxis als Gebot umfassender Sachaufklärung ausgelegt wurden (ILO inquiry commissions) und wegen ihres verfahrensrechtlichen Sinns (Kontrollzweck) ebenfalls dahingehend auszulegen, daß die Kommission alle Erkenntnismittel ausschöpfen muß.

Es ist einzugestehen, daß die unglückliche redaktionelle Fassung des Prüfungsauftrags im Nebensatz einer Bestimmung (Art. 13 Abs. 1 CERD), die sich auf den Bericht der Kommission bezieht, der Bedeutung der Problemstellung nicht adäquat ist. Wäre der Inhalt dieses Nebensatzes als Absatz 9 in Art. 12 CERD aufgenommen worden, so wäre die Problemlösung wesentlich erleichtert worden. Aber auch in der geltenden Fassung der Konvention läßt sich, wie gezeigt, das Gebot umfassender Sachaufklärung im Wege grammatischer, systematischer und teleologischer Auslegung des Art. 13 Abs. 1 CERD als Grundprinzip der Kommissionstätigkeit feststellen.

Die Folgerungen für die praktische Arbeit der Kommission sind von weittragender Bedeutung. Zunächst gilt nicht der Grundsatz, daß als tatsächlicher Verfahrensstoff nur das Vorbringen der Parteien verwendet werden darf. Dieses Prinzip hat nur dort seine innere Berechtigung, wo allein über die subjektiven Belange der beiden Parteien zu befinden ist. Wenn die Kommission in Wahrnehmung des objektiven Vertragsgewährungsleistungsinteresses der CERD-Vertragsstaaten tätig wird, kann sie den Tatsachenstoff nicht auf das Vorbringen des mitteilenden Staates und des inkriminierten Staates beschränken. Art. 12 Abs. 8 CERD regelt zwar die Befugnis der Kommission, von den Streitparteien „tout renseignement complémentaire pertinent" einzuholen,

[17] s. dazu eingehend *Rolin*, Schlußbericht, AnnIDI Bd. 48 I (1959), S. 5 (11 f.).

doch liegt hierin keine rechtliche Beschränkung des verwertbaren Tatsachenmaterials. Verfügt die Kommission über weitere Informationen, etwa von nichtstaatlichen Organisationen, die auf dem Gebiete des Menschenrechtsschutzes tätig sind, so müßte sie diese bei der Prüfung eventueller Vertragsverstöße des inkriminierten Staates verwerten dürfen, obwohl dies nach der Praxis des CERD-Ausschusses im Berichtsverfahren nicht als zulässig gilt. Als Informationsquellen dieser Art kommen beispielsweise die Internationale Juristenkommission oder die Internationale Liga für die Menschenrechte in Frage.

Gleichfalls müßten Informationen weiterer, nicht am konkreten Streitverfahren beteiligter Vertragsstaaten verwertbar sein, da diese ein offenkundiges, berechtigtes Interesse an der Feststellung haben, ob der inkriminierte Vertragsstaat seine vertraglichen Verpflichtungen erfüllt. Aus diesem Grund wird auch der Kommissionsbericht gem. Art. 13 Abs. 3 CERD den übrigen Vertragsstaaten zur Kenntnis gebracht.

Aus dem Gebot umfassender Sachaufklärung folgt weiter, daß die Kommission berechtigt und verpflichtet ist, bei der Herbeischaffung des Tatsachenmaterials initiativ zu werden. Der bei flüchtigem Studium der Konvention möglicherweise entstehende Eindruck, die Kommission habe ihrer Prüfung nur die vom CERD-Ausschuß übermittelten Angaben[18] und die ggf. zusätzlich bei den Parteien eingeholten Auskünfte zugrundezulegen, ist unzutreffend; nicht allein das vorgelegte Material der Parteien ist unter allen Gesichtspunkten zu prüfen, sondern primär die Frage, ob der inkriminierte Staat seine vertraglichen Verpflichtungen erfüllt. Die Konvention spricht bezeichnenderweise von „consider the *matter*" bzw. „etudier la *question*." Eine Beschränkung auf das tatsächliche Vorbringen der Parteien wäre auch mit der Aufgabe der Kommission als Menschenrechtssicherungsorgan unvereinbar.

Hier liegt eine Parallele zum Verfahren der ILO-Vergleichskommissionen, die die ILO-Vertragsstaaten und nichtstaatliche Organisationen mit Erfolg um Beibringung ergänzender Informationen ersuchten[19].

Bei der Subsumtion des Tatsachenmaterials unter die Normen der Konvention wird eine Bindung der Kommission an die rechtliche Subsumtion durch den beschwerdeführenden Staat nicht anzunehmen sein. Die Befugnis der Kommission zur Prüfung der Sache „sous tous les aspects" (Art. 13 Abs. 1 CERD) schließt die Befugnis zur Prüfung unter allen rechtlichen Gesichtspunkten, die sich aus der Konvention er-

---

[18] Fall Ghana vs. Portugal, Bericht S. 11, 13 - 15 (Nr. 20, 30 - 36); Fall Portugal vs. Liberia, Bericht S. 32, Nr. 36.

[19] Keine Bindung der Kommission an die tatsächlichen Feststellungen des Ausschusses, da dies der Pflicht zur umfassenden eigenen Sachprüfung widerspräche; so zutreffend *Partsch*, Rassendiskriminierung, S. 50.

geben, ein[20]. Denn die gesamte Tätigkeit der Kommission muß sich auf der Grundlage der Achtung der Konvention vollziehen (Art. 12 Abs. 1 lit. b) CERD).

3. Die konziliatorische Kommissionsaufgabe

Die Konvention erwähnt die konziliatorische Funktion der CERD-Kommission an zwei Stellen. In Art. 12 Abs. 1 lit. a) CERD wird die Kommission als Vergleichskommission bezeichnet, die den beteiligten Staaten „ihre guten Dienste anbietet", um auf der Grundlage der Konvention „eine gütliche Beilegung herbeizuführen". Gemäß Art. 13 Abs. 1 CERD enthält der Bericht der Kommission Empfehlungen[21], „die sie zwecks gütlicher Beilegung des Streits für angebracht hält". In beiden Fällen wird die Formel „gütliche Beilegung" („amicable solution" bzw. „règlement amiable") verwendet. Die Konvention sagt nichts darüber aus, ob die im Bericht enthaltenen Empfehlungen die einzige Form der von der Kommission zu entfaltenden konziliatorischen Tätigkeit ist oder ob die Vergleichsfunktion während der gesamten Verfahrensdauer besteht mit der Folge, daß die Kommission zu jedem Zeitpunkt in Vergleichsverhandlungen mit den Parteien eintreten könnte.

Die untersuchten Modellverfahrensordnungen aus dem Bereich des internationalen Vergleichverfahrens regeln im Gegensatz zu der Rassendiskriminierungskonvention die Modalitäten der konziliatorischen Tätigkeit regelmäßig wesentlich ausführlicher.

In den Vergleichsverfahren allgemeiner Art wird der Akzent darauf gelegt, daß die Initiative zur Herbeiführung eines Vergleichs während der ganzen Verfahrensdauer von der Kommission auszugehen hat. Bereits die Locarno-Verträge waren dahingehend formuliert, daß es der Kommission obliegt, „s'efforcer de concilier les parties"[22]. Dieselbe Fassung verwendet die Generalakte[23]. Die aktive Rolle der Kommission kommt ebenso in der englischen („endeavour to bring about an agreement") wie der deutschen (der Kommission „liegt es ob, ... einen Vergleich zwischen den Parteien herbeizuführen") Textfassung zum Ausdruck. Gleiche Formulierungen finden sich in Art. 22 des Paktes von Bogotá und Art. 15 Abs. 1 der Europäischen Schiedskonvention.

In allen genannten Fällen findet sich eine zusätzliche konziliatorische Funktion innerhalb des abschließenden Berichts bzw. Protokolls. Diese

---

[20] Entsprechend das Vorgehen der Europäischen Menschenrechtskommission, die in zahlreichen Fällen auch die Verletzung anderer als der geltendgemachten Rechte prüfte; vgl. dazu *Khol*, S. 450, Fn. 207.

[21] „recommendations".

[22] Art. 8 I.

[23] Art. 15 I.

besteht darin, daß die Kommission in den verfahrensabschließenden Akt Empfehlungen aufnehmen kann, die sie als zweckmäßig für eine friedliche Streitbeilegung ansieht. Die Formulierungen „kann... die Bedingungen der ihr angemessen scheinenden Regelung bekanntgeben“[24] „may... inform the parties of the terms of settlement which seem suitable to it“[25] und „peut... exposer aux parties les termes de l'arrangement qui lui paraîtrait convenable“[26] bringen die zusätzliche verfahrensabschließende Konziliarfunktion klar und äquivalent zum Ausdruck.

Es versteht sich, daß Empfehlungen in allen diesen Verfahren nur dann in den Schlußakt aufgenommen werden, wenn die Vergleichsbemühungen der Kommission während des Verfahrens erfolglos geblieben sind. Dies ergibt sich auch aus der Bestimmung, daß bei Gelingen einer freundschaftlichen Lösung der förmliche Schlußakt lediglich die Tatsache der Einigung vermerkt[27].

Diese Zweispurigkeit der Vergleichstätigkeit findet sich in fast allen untersuchten Modellverfahrensordnungen aus dem Bereich der allgemeinen Streitschlichtung. Lediglich der deutsch-schweizerische Schiedsvertrag beschränkt sich auf die Erwähnung von Empfehlungen im Bericht der Kommission[28].

Die Verfahrensordnungen aus dem Bereich des internationalen Vergleichsverfahrens auf dem Gebiete des Menschenrechtsschutzes bieten dagegen hinsichtlich der Formulierung der konziliatorischen Befugnisse der Vergleichskommissionen ein differenzierteres Bild[29].

Zunächst wird ein Verzicht auf aktive Vergleichsbemühungen der Kommission offensichtlich. Nach Art. 28 lit. b) EuMRK „hat sich (die Kommission) *zur Verfügung* der beteiligten Parteien *zu halten*, damit ein freundschaftlicher Ausgleich... erreicht werden kann“[30]. Nach Art. 42 Abs. 1 lit. a) des Pakts über bürgerliche und politische Rechte stellt die Kommission *„ihre guten Dienste zur Verfügung*, um eine gütliche Regelung der Sache herbeizuführen“[31]. Dieselbe Formulierung verwendet Art. 17 Abs. 1 des UNESCO-Protokolls. Diese Verfahrensregelungen

---

[24] Vgl. Art. 15 I ESK.

[25] Art. 15 I GA.

[26] Sect. II Art. 9 VO StSchH.

[27] Art. 15 II GA; Art. 15 II ESK; Art. 27 BP.

[28] Art. 15.

[29] Vgl. hierzu *Schwelb*, Civil and Political Rights, S. 842 f.; seine Auffassung, daß diese „various terms are clearly meant to convey different ideas“ erscheint nicht überzeugend, zumal auch nach seiner Ansicht die Interpretation weitgehend den jeweiligen Vergleichsorganen überlassen bleibt (S. 843).

[30] Hervorhebung d. Verf.

[31] Hervorhebung d. Verf.

streben offenbar keine aktiven Vergleichsbemühungen der Kommission an; sie legen den Akzent eher auf eine abwartende, passive Haltung der Kommission.

Der Grund dieser Zurückhaltung ist einleuchtend: alle genannten Organe sind zur Kontrolle der Erfüllung des jeweiligen Vertrages berufen. Wo eine Verletzung der vertraglichen Pflichten in Frage steht, ist der Spielraum für eine konziliatorische Tätigkeit des Organs begrenzt. Es geht eben nicht in erster Linie um die Befriedung zweier streitender Staaten — wie im allgemeinen Vergleichsverfahren — sondern um Gewährleistung der Vertragserfüllung. Der Kontrollzweck des Verfahrens steht im Vordergrund.

Deshalb kommen in den menschenrechtssichernden Vergleichsverfahren Vergleichskontakte erst nach Abschluß des Ermittlungsverfahrens in Betracht. Art. 28 EuMRK verdeutlicht diese Reihenfolge durch die Nennung der Ermittlungsfunktion (lit. a) vor der konziliatorischen Funktion (lit. b), und auch Art. 17 Abs. 1 des UNESCO-Protokolls ist entsprechend formuliert.

Sämtliche genannten menschenrechtssichernden Vergleichsverfahren sehen vor, daß der Bericht der Kommission Empfehlungen zur Streitbeilegung enthält. Formulierungen wie „Unterbreitung geeigneter Vorschläge“[32] und „Ansichten über Möglichkeiten einer gütlichen Beilegung“[33] sind äquivalent. Das UNESCO-Protokoll erwähnt Empfehlungen im Schlußbericht nicht ausdrücklich, doch dürfte diese Möglichkeit im Hinblick auf Art. 1 und 17 Abs. 2 des Protokolls außer Zweifel stehen[34].

Bedeutet dies, daß die Empfehlungen im Schlußbericht die einzige Form der konziliatorischen Tätigkeit der jeweiligen Vergleichskommission ist? Im Hinblick auf Art. 42 Abs. 7 lit. c) des Pakts über bürgerliche und politische Rechte und Art. 31 Abs. 1 EuMRK ist diese Frage zu verneinen. Beide Vorschriften gehen ausdrücklich von der Möglichkeit einer freundschaftlichen Einigung vor der Abfassung des Berichts aus. Da sich keine Hinweise darauf ergeben, daß hier ausschließlich eine Einigung außerhalb des Vergleichsverfahrens gemeint sein könnte, ist davon auszugehen, daß nach der Modellvorstellung dieser Verträge die Kommissionen nach Abschluß der Tatsachenfeststellung in ein Gespräch

32 z. B. Art. 26 ILO-Satzung; Art. 31 III EuMRK.

33 Art. 42 VII lit. c) Pakt über bürgerl. und polit. Rechte; zur komplizierten Entstehungsgeschichte dieser Vorschrift, den unterschiedlichen sprachlichen Fassungen und Konsensschwierigkeiten s. eingehend *Schwelb*, Civil and Political Rights, S. 857 - 860.

34 Auch *Schwelb*, ebd., S. 860, weist zutreffend auf das allen genannten Vorschriften zugrundeliegende einheitliche Konzept hin, das auf die Herbeiführung eines Vergleichs gerichtet ist.

mit den Parteien über die Möglichkeiten einer freundschaftlichen Lösung eintreten.

Die konziliatorische Tätigkeit dieser Kommission ist daher weder im vollen Sinn verfahrensbegleitend — da beschränkt auf die Zeit nach Abschluß der Tatsachenfeststellung — noch auf den Schlußbericht beschränkt.

Von dem dargestellten Konzept des menschenrechtssichernden Vergleichsverfahrens gibt es jedoch Abweichungen: Sowohl im Verfahren vor der Ad-hoc-Kommission gem. Art. 27 der ILO-Satzung als auch vor dem Ministerausschuß für die Anwendung des Art. 32 der Europäischen Menschenrechtskonvention ist die konziliatorische Funktion auf die Abgabe von Empfehlungen beschränkt[35].

Im letzteren Fall beruht diese Beschränkung auf der mit den üblichen Vergleichskommissionen nicht vergleichbaren Struktur (weisungsabhängige Regierungsvertreter) und Funktion (im Regelfall: Fällung verbindlicher, vollstreckbarer Entscheidungen[36]) des Ministerausschusses.

Die Beschränkung auf Abgabe von Empfehlungen ist im Fall des ILO-Verfahrens auf seine historisch frühzeitige Entstehung zurückzuführen. Da im Jahre 1919 das internationale Vergleichsverfahren weder nach Begriff noch Inhalt fundiert war, sind die ILO-Vergleichskommissionen an dem Muster der damals üblichen Untersuchungskommissionen orientiert, wie schon ihre Bezeichnung als „Commissions of Inquiry"[37] ausweist. Die Befugnis zur Empfehlung geeignet erscheinender streitbeilegender Maßnahmen in Art. 28 ILO-Satzung ist lediglich als ein Annex zu der als überwiegend angesehenen Untersuchungsfunktion der Kommission zu verstehen. Dementsprechend haben auch die beiden gem. Art. 28 ILO-Satzung bisher tätig gewordenen Kommissionen ihre Aufgabe im Kern als quasi-gerichtliche Untersuchungsaufgabe aufgefaßt[38]. Der Schwerpunkt der erstatteten Berichte lag auf einer minutiösen Tatsachenermittlung. Beide Kommissionen haben die Möglichkeit, vor der Erstattung des Berichts mit den Parteien Vergleichsgespräche zu führen, nicht einmal in Erwägung gezogen. Vielmehr erfolgte die Abfassung der Berichte unmittelbar auf den Abschluß des Ermittlungsverfahrens und die internen Beratungen der Kommissionen[39].

---

[35] s. Regel 5 VO des Ministerausschusses.

[36] Art. 32 III, IV EuMRK.

[37] Vgl. Art. 26 III ILO-Satzung.

[38] So ausdrücklich im Fall Ghana v. Portugal, Bericht S. 9 Nr. 15: „The procedure provided for in articles 26 to 29 and 31 to 34 of the Constitution is of a judicial nature; the Commission has borne this fact constantly in mind."

[39] Ghana v. Portugal, Bericht S. 32 f., Nr. 88 - 92; Portugal v. Liberia, Bericht S. 43, Nr. 66 - 68.

Welche Schlußfolgerungen lassen sich aus den untersuchten Modellverfahrensordnungen für die konziliatorische Funktion der CERD-Kommission ziehen?

Deutlich ist, daß die Rassendiskriminierungskonvention schon ihrem Wortlaut nach keine aktive Vergleichstätigkeit der Kommission im Sinne eines „s'efforcer de concilier les parties", wie sie in den allgemeinen Vergleichsverfahren auftritt, anstrebt. Darüber hinaus ist die CERD-Kommission ein Erfüllungskontrollorgan und muß daher — ebenso wie die Vergleichskommissionen nach der Europäischen Menschenrechtskonvention, dem Pakt über bürgerliche und politische Rechte und dem UNESCO-Protokoll — vorrangig ein Fact-Finding betreiben. Daher kommen auch bei der CERD-Kommission während der Dauer des Ermittlungsverfahrens Vergleichsverhandlungen mit den Parteien nicht in Betracht.

Damit spitzt sich das Problem auf die Frage zu, ob nach der Vorstellung der Konvention die CERD-Kommissionen nach Abschluß der Tatsachenermittlung in Vergleichsgespräche mit den Parteien eintreten sollten.

Gegen diese Annahme kann angeführt werden, daß die Konvention im Gegensatz zu Art. 42 Abs. 7 lit. c) des Pakts über bürgerliche und politische Rechte und Art. 31 Abs. 1 der Europäischen Menschenrechtskonvention keine Regelung für den Fall einer Einigung vor der Erstattung des Berichts vorsieht. Vielmehr ist der maßgebliche Art. 13 Abs. 1 CERD eine nahezu wörtliche Wiedergabe des Art. 28 ILO-Satzung, wie besonders der Vergleich der englischen Textfassungen deutlich zeigt. Kann aus dieser Parallelität geschlossen werden, daß auch das CERD-Vergleichsverfahren nach dem Vorbild des ILO-Verfahrens im wesentlichen als Untersuchungsverfahren mit einer Annexkompetenz zur Abgabe von Empfehlungen innerhalb des Berichts ist?

Das CERD-Vergleichsverfahren hat sich zwar an dem Vorbild der Art. 26 ff. ILO-Satzung orientiert, ist aber in Art. 12 Abs. 1 lit. a) CERD über das ILO-Verfahren insoweit hinausgegangen, als es ein Anerbieten guter Dienste zur Herbeiführung einer gütlichen Streitbeilegung vorschreibt. Die französische Textfassung „la Commission *met ses bon offices à la disposition des Etats intéressés*, afin de parvenir à une solution amiable de la question"[40] macht am klarsten, daß das CERD-Vergleichsverfahren im Gegensatz zu dem ILO-Verfahren dem Vergleichsgedanken bereits vor der Erstellung des Berichts einen gewissen Stellenwert einräumt. Denn die Kommission hat sich zu einem freundschaftlichen Arrangement bereitzuhalten. Hier liegt eine Parallele zu den gleichlautenden Regeln des Pakts über bürgerliche und politische

[40] Hervorhebung d. Verf.

Rechte[41] und des UNESCO-Protokolls[42] sowie der ähnlich formulierten Europäischen Menschenrechtskonvention[43], die offenbar insoweit als Vorbild des Art. 12 Abs. 1 lit. a) CERD dienten.

Daraus ist zu folgern, daß die CERD-Kommission nach Abschluß der Tatsachenermittlung in ein Gespräch mit den Parteien über die Möglichkeiten eines Vergleichs eintreten kann.

Eine weitere Frage betrifft den inhaltlichen Spielraum der abzugebenden Kommissionsempfehlungen. Da die CERD-Kommission als Erfüllungskontrollorgan fungiert, ist — wie bei allen derartigen Vergleichsorganen — ein Vergleich auf dem Gebiet der tatsächlichen Streitgrundlagen nicht möglich[44]. Die Empfehlungen können sich nur auf die Rechtsfolgeseite beziehen. Führt das Ermittlungsverfahren die Kommission zu der Überzeugung, daß der inkriminierte Vertragsstaat seine aus der Konvention fließenden Verpflichtungen nicht erfüllt, so können sich die Empfehlungen nur auf Maßnahmen zur Beseitigung der Vertragsverletzungen beziehen.

Liegt dagegen nach Auffassung der Kommission eine Vertragsverletzung nicht vor, so ist nicht ersichtlich, worauf sich die Empfehlungen der Kommission beziehen sollten. In diesem Fall ist die konziliatorische Funktion der CERD-Kommission gegenstandslos. Für gleichgelagerte Fälle hat auch der Ministerausschuß im Rahmen der Europäischen Menschenrechtskonvention die Auffassung vertreten, daß die Kommission nicht berechtigt ist, aufgrund des Art. 31 Abs. 3 EuMRK Vorschläge zu machen[45].

4. Schriftliches oder mündliches Verfahren?

Während in den gerichtlichen[46] und schiedsgerichtlichen[47] Streitbeilegungsverfahren eine scharfe Trennung zwischen einem schriftlichen

---

[41] Art. 42 I lit. a).

[42] Art. 17 I.

[43] Art. 28 lit. b); in der Praxis wurde z. B. so verfahren, daß die Kommission den Vorsitzenden beauftragte, die Parteien am Schluß der Sitzungsfolge daran zu erinnern, daß sich die Kommission zu ihrer Verfügung halte, um einen freundschaftlichen Ausgleich zu erzielen; so etwa im Fall Griechenland vs. Großbritannien, Nr. 176/56, s. Europarat-Presseinformation 1025 v. 20. Nov. 1956; gelegentlich hat der Kommissionsvorsitzende auch selbst die beteiligten Regierungsstellen aufgesucht, um etwaige Vergleichsmöglichkeiten zu diskutieren, s. EYB Bd. V (1962), S. 57.

[44] Vgl. hierzu *Cot*, S. 339.

[45] Regel 6 VO des Ministerausschusses; im Ergebnis übereinstimmend: Art. 15 I GA; Art. 15 I ESK; Art. 27 BP.

[46] Vgl. Art. 43 Statut IGH; Art. 18 Statut EuGH; Art. 35, 36 VO EuGHMR.

[47] Art. 63 I HA; Art. 15 I MR.

und darauf folgenden mündlichen Verfahrensabschnitt erfolgt[48], schweigt die Rassendiskriminierungskonvention zu der Frage, ob das Vergleichsverfahren vor der Kommission rein schriftlich zu gestalten ist oder ob auch eine mündliche Verhandlung stattfinden kann.

Den Verfahrensordnungen aus dem Bereich des internationalen Vergleichsverfahrens ist eine derart scharfe Trennung in zwei förmliche Verfahrensabschnitte fremd[49], wenn auch in der Praxis auf den Austausch von Schriftsätzen häufig eine mündliche Verhandlung folgt[50].

Der ganzen Anlage dieser Verfahrensordnungen nach soll das Verfahren im wesentlichen schriftlich abgewickelt werden; jedoch ist die Kommission häufig zur Einholung mündlicher Auskünfte bei den Parteien befugt[51].

Darüber hinaus ist in den Vergleichsverfahren allgemeiner Art regelmäßig die Möglichkeit einer mündlichen Beweisaufnahme vorgesehen, für deren Durchführung in Ermanglung abweichender Parteivereinbarung die Bestimmungen des Titels III des Haager Streitbeilegungsabkommens von 1907 maßgebend sind[52]. Diesen Vorschriften kommt daher im Rahmen des allgemeinen Vergleichsverfahrens große Bedeutung zu.

Gemeinsam ist diesen Verfahrensordnungen, daß sie keine Grundlage für mündliche Rechtsgespräche mit den Parteien und Plädoyers bieten. Für diese Vergleichsverfahren gilt ebenso wie für das Untersuchungsverfahren des Haager Streitbeilegungsabkommens, daß der Schwerpunkt des Verfahrens in den schriftlichen Ausführungen der Parteien und der Beweisaufnahme liegen soll[53].

Die normativen Regelungen aus dem Bereich der menschenrechtssichernden Vergleichsverfahren sind weniger einheitlich, doch ist auch ihnen eine obligatorische Trennung in schriftliches Vorverfahren und mündliche Verhandlung fremd. Auch hier ist das Verfahren so weit wie möglich schriftlich.

Mündliche Beweisaufnahmen sind jedoch nicht ausgeschlossen. Während die Verfahrensordnung der Europäischen Menschenrechtskommission mündliche Beweisaufnahmen ausdrücklich zuläßt[54], schweigen die

---

[48] Verzicht auf mündliche Verhandlung ist möglich, vgl. etwa Art. 72 IV VO IGH.

[49] Vgl. etwa Art. 15 ff. deutsch-schweiz. Schiedsvertrag; Art. 9 Locarno-Verträge; Art. 11 GA; Art. 23 BP; Art. 12 ESK; Sect. II Art. 12 VO StSchH.

[50] So insbes. im bilateralen Vergleichsverfahren; hierzu eingehend *Wehberg*, Vergleichskommissionen, S. 567 ff.

[51] Art. 12 Locarno-Verträge; Art. 11 III GA; Art. 12 III ESK.

[52] Art. 9 Locarno-Verträge; Art. 11 I GA; Art. 12 I ESK; Sect. II Art. 12 VO StSchH.

[53] Vgl. *Wehberg*, Kommentar, S. 41.

[54] Art. 50 ff. VO.

ILO-Satzung, das UNESCO-Protokoll und der Pakt über bürgerliche und politische Rechte. Die bisher tätig gewordenen ILO-Vergleichskommissionen haben aus ihrer Untersuchungsfunktion jedoch auch ihre Befugnis zur Durchführung ausgedehnter mündlicher Beweisaufnahmen abgeleitet[55].

Teilweise wird den Parteien auch die Befugnis zur Abgabe mündlicher Stellungnahmen eingeräumt. Nach dem UNESCO-Protokoll können die Parteien „présenter des observations orales“[56]. Auch der Pakt über bürgerliche und politische Rechte läßt mündliche Stellungnahmen der Parteien zu[57]. Im Vergleichsverfahren gem. Art. 26 ff. ILO-Satzung erhielten die Parteien die Möglichkeit zur Abgabe von „closing statements“[58], obwohl die ILO-Satzung diese Frage nicht regelt.

Auch das Verfahren vor der CERD-Kommission ist soweit wie möglich schriftlich abzuwickeln. Darauf deutet schon Art. 12 Abs. 8 CERD hin, der als Materialien nur die dem Ausschuß zugegangenen schriftlichen Angaben und die auf Aufforderung der Kommission zusätzlich beigebrachten Angaben erwähnt. Doch erscheint im Rahmen des CERD-Vergleichsverfahrens eine mündliche Verhandlung nicht völlig ausgeschlossen, wenn auch unter dem Vorbehalt, daß es nicht zu umfangreichen mündlichen Sach- und Rechtsausführungen der Parteien kommen darf. Denn in diesem Fall würde das Verfahren gerichtsähnliche Züge annehmen, was bei der Ausarbeitung der Konvention nicht beabsichtigt war[59].

Eine mündliche Verhandlung vor der CERD-Kommission kann nur in Form einer mündlichen Beweisaufnahme erfolgen. Die grundsätzliche Möglichkeit einer solchen Beweisaufnahme folgt aus der oben dargestellten Tatsachenermittlungsfunktion der CERD-Kommission. Eine Tatsachenermittlung kann grundsätzlich auch in Form eines schriftlichen Verfahrens erfolgen. Auf dieser Überlegung basiert auch die Ausgestaltung des Untersuchungsverfahrens in Titel III des Haager Streitbeilegungsabkommens[60]. Der Zweck eines Tatsachenermittlungsverfah-

---

[55] Fall Ghana v. Portugal, Bericht S. 11, Nr. 22 - 24, S. 16 ff., Nr. 41 ff.

[56] Art. 11 II lit. c).

[57] Art. 42 VII lit. c).

[58] Fall Ghana v. Portugal, Bericht S. 20, Nr. 51 mit ergänzenden Fragen der Kommission, S. 21, Nr. 53.

[59] Eine gerichtsähnliche Ausgestaltung des Verfahrens hätte vermutlich die Annahmeaussicht der Konvention entscheidend verschlechtert; zu der vergleichbaren Problematik bei dem CERD-Ausschuß vgl. *Partsch*, Rassendiskriminierung, S. 13 f.; auch im Rahmen der Beratungen über den Pakt über bürgerliche und politische Rechte hat der Wunsch nach Vermeidung gerichtsähnlicher Verfahrensgestaltung eine Rolle gespielt.

[60] Vgl. *Wehberg*, Kommentar, S. 41; anfängliche Bestrebungen zur Unterteilung in schriftliches Vorverfahren und mündliche Hauptverhandlung sind deshalb gescheitert.

rens besteht in einer Instruktion der Kommission in einem schriftlichen Verfahren. Eine mündliche Verhandlung ist subsidiär zum schriftlichen Verfahren insofern, als sie zur Aufklärung der im schriftlichen Verfahren nicht zu ermittelnden Tatfragen dient. Als Leitbild für die CERD-Vergleichskommission sollte daher die Schriftlichkeit des Verfahrens mit der Möglichkeit ergänzender mündlicher Beweisaufnahme gelten.

5. Kontradiktorisches Verfahren?

Die Frage, in welchem Umfang und in welcher Form die Parteien an den Arbeiten einer Vergleichskommission beteiligt werden, betrifft die elementaren Grundlagen des Verfahrens. Es ist daher um so auffälliger, daß die Rassendiskriminierungskonvention die Beteiligung der Parteien im Verfahren vor der CERD-Kommission nicht regelt. Lediglich die Aufforderung zur Beibringung weiterer sachdienlicher Angaben wird in Art. 12 Abs. 8 CERD erwähnt.

Die untersuchten Modellverfahrensordnungen regeln das Problem der Mitwirkungs- und Beteiligungsrechte der Parteien innerhalb des Verfahrens im allgemeinen ausführlicher.

In gerichtlichen und schiedsgerichtlichen Verfahrensordnungen wird das Verfahren zwar nicht ausdrücklich als kontradiktorisch bezeichnet, doch ergibt sich aus den Einzelregelungen des schriftlichen und mündlichen Verfahrensabschnitts, daß das Verfahren vor internationalen Gerichten[61] und Schiedsgerichten[62] voll kontradiktorisch ist.

Auch das Untersuchungsverfahren ist kontradiktorisch. Beide Haager Streitschlichtungsabkommen sehen dies ausdrücklich vor[63].

Bei den internationalen Vergleichsverfahren ist die Ausformung der normativen Grundlagen differenzierter.

In den allgemeinen Vergleichsverfahren ist der Grundsatz des kontradiktorischen Verfahrens in der Regel sogar doppelt verankert: einmal in der für das gesamte Verfahren geltenden Vorschrift, daß die Verfahrensordnung den Grundsatz des beiderseitigen Gehörs als Mindeststandard enthalten muß[64], zum anderen speziell für die Vornahme von Untersuchungen durch die Generalverweisung auf Titel III des Haager Streitbeilegungsabkommens von 1907, also auch auf dessen Art. 19. Dies ist insbesondere die Regelung der Generalakte und der Europäischen

---

[61] Vgl. Art. 40 ff. Statut IGH; Art. 37 - 62 VO EuGH; Art. 28, 31 ff. VO EuGHMR.

[62] Vgl. Art. 63 ff. HA; Art. 14, 15 MR.

[63] Art. 10 IV HA 1899; Art. 19 HA 1907.

[64] Art. 11 I GA; Art. 12 I ESK; Art. 9 Locarno-Verträge; Sect. II Art. 12 VO StSchH.

Schiedskonvention; der Pakt von Bogotá ist weniger deutlich gefaßt, doch scheint das Vergleichsverfahren auch dort kontradiktorisch zu sein, da die Parteien gem. Art. 24 durch Bevollmächtigte im Verfahren vertreten sind.

In allen diesen Fällen gilt der Grundsatz, daß das Verfahren ausschließlich im Interesse der beiden Parteien stattfindet und deshalb das Verfahren ohne ihre volle Information über den Verfahrensstand, über jeden Verfahrensschritt und über das Vorbringen der Gegenseite zum Scheitern verurteilt ist[65]. Dies gilt jedenfalls uneingeschränkt für den Fall, daß der Ursprung der Meinungsverschiedenheit in einander widersprechenden Angaben über Tat- oder Rechtsfragen liegt[66]. Für derartige Streitigkeiten wurde im Verlauf der Beratungen des Institut de Droit International über das internationale Vergleichsverfahren vorgeschlagen, daß die Vergleichskommission in Ermangelung entgegenstehender Parteivereinbarung „détermine librement de quelle manière cette connaissance lui sera fournie et notamment si les agents lui adresseront des exposés écrits et dans quel ordre et s'ils seront entendus séparément ou contradictoirement“[67].

Die Modellverfahrensordnungen aus dem Bereich der menschenrechtssichernden Vergleichsverfahren sind weniger bestimmt. Nur für die Europäische Menschenrechtskommission ist ausdrücklich vorgesehen, daß sie eine kontradiktorische Prüfung und, falls erforderlich, Untersuchung der Angelegenheit durchführt[68]. Nach dem UNESCO-Protokoll ist das Verfahren zumindest weitgehend kontradiktorisch, da die Parteien an allen Sitzungen teilnehmen und schriftliche und mündliche Stellungnahmen abgeben können[69]. Auf diese Weise werden die Parteien im Regelfall Kenntnis vom Vorbringen der Gegenseite nehmen und ihrerseits Stellung nehmen können.

Der Pakt über bürgerliche und politische Rechte sieht zwar ebenfalls die Möglichkeit zu mündlichen und schriftlichen Stellungnahmen vor[70], schweigt jedoch zu der Frage, in welchem Umfang den Parteien die Teilnahme an den Kommissionssitzungen gestattet ist. Deshalb ist nicht sicher im voraus zu sagen, ob das Verfahren in vollem Umfang kontradiktorisch sein wird.

Nicht einmal eine ansatzweise Regelung findet sich im Vergleichsverfahren gem. Art. 26 ff. der ILO-Satzung. Es trifft sich jedoch günstig,

---

65 Vgl. *Cot*, S. 293.

66 So *Rolin*, IDI-Schlußbericht, S. 14.

67 *Rolin*, ebd., S. 15.

68 Art. 28 EuMRK.

69 Art. 11 II.

70 Art. 42.

daß gerade trotz dieser vergleichsweise dürftigen Verfahrensregelung praktische Erfahrungen vorliegen. Die bisher tätig gewordenen beiden Kommissionen haben dieses Verfahren in vollem Umfang kontradiktorisch durchgeführt. Es wurden Parteienvertreter bestellt[71], denen das Recht zur Abgabe mündlicher Stellungnahmen[72], Teilnahme an der Beweisaufnahme[73], Befragung von Zeugen[74] und abschließender Stellungnahme[75] eingeräumt wurde. Sämtliche Schriftsätze einer Partei wurden der Gegenseite mitgeteilt[76], ebenso wurden Informationen von dritter Seite beiden Parteien zur Kenntnis gebracht[77].

Die Kommissionen hörten zwar anfangs die Vertreter der Parteien getrennt, doch ging es hierbei um die Erkundung der Vorstellungen der Parteien über das einzuschlagende Verfahren, nicht aber um materielle Probleme[78].

Die kontradiktorische Gestaltung des Verfahrens wird auch nicht dadurch in Frage gestellt, daß die Kommission im Fall Ghana v. Portugal anläßlich ihrer Bereisung verschiedener afrikanischer Gebiete in Abwesenheit der Parteivertreter informelle Gespräche mit Einheimischen führte[79]. Denn Portugal, zu dessen Nachteil die Auskünfte der Befragten hätten gereichen können, hatte im voraus auf eine Mitteilung der Reiseroute und damit auch auf Teilnahme eigener Vertreter verzichtet[80]. Im übrigen sah die Kommission die Bereisung selbst nicht als förmliche Beweisaufnahme, sondern als tour d'horizon an[81].

Im Ergebnis läßt sich feststellen, daß der Grundsatz des kontradiktorischen Verfahrens in den menschenrechtssichernden Vergleichsverfahren bekannt, nach den meisten Verfahrensordnungen durchführbar und in der Praxis anerkannt ist.

Die Verfahrensregelung der Art. 12 ff. CERD ist hinsichtlich ihrer Knappheit nur mit derjenigen gem. Art. 26 ff. ILO-Satzung zu verglei-

---

[71] Fall Ghana v. Portugal, Bericht S. 10 Nr. 16; Fall Portugal v. Liberia, Bericht S. 24 ff., Nr. 24 ff.

[72] Fall Portugal v. Liberia, Bericht S. 24 - 28, Nr. 24 - 27.

[73] Fall Ghana v. Portugal, Bericht S. 16, Nr. 41; Fall Portugal v. Liberia, Bericht S. 38, Nr. 50, s. insbes. § 2 der Zeugenordnung.

[74] Fall Ghana v. Portugal, Bericht S. 20 Nr. 51; Fall Portugal v. Liberia, Bericht S. 40, Nr. 58.

[75] Fall Ghana v. Portugal, Bericht S. 20, Nr. 51.

[76] Fall Ghana v. Portugal, Bericht S. 10, Nr. 17; S. 13, Nr. 28, 29; Fall Portugal v. Liberia, Bericht S. 35, Nr. 43; S. 36, Nr. 45.

[77] Fall Ghana v. Portugal, Bericht S. 14, Nr. 37.

[78] Fall Ghana v. Portugal, Bericht S. 10, Nr. 16; Fall Portugal v. Liberia, Bericht S. 31, Nr. 31; S. 37, Nr. 49.

[79] Fall Ghana v. Portugal, Bericht S. 29, Nr. 81.

[80] Ebd., S. 22, Nr. 58; dies übersieht *Cot*, S. 338.

[81] Ebd., S. 22, Nr. 56.

chen. Ist aus dieser Ähnlichkeit zu schließen, daß die CERD-Vergleichskommissionen ihr Verfahren ebenso wie die ILO-Vergleichskommissionen kontradiktorisch gestalten werden?

Wenn an dieser Stelle auch nicht eine zuverlässige Prognose erwartet werden darf, so wird man so viel sagen können: Eine Kommission, die die Aufgabe des Fact-Finding in einem derart umfassenden Sinn versteht, wie es in dieser Arbeit im Anschluß an die Praxis der Europäischen Menschenrechtskommission und der ILO-Vergleichskommissionen für erforderlich gehalten wird, wird es für unerläßlich halten müssen, den Parteien Gelegenheit zur Konfrontation ihrer Argumente und Beweismittel in einem kontradiktorischen Verfahren zu geben[82].

Das Verfahren der CERD-Kommission wird durch eine kontradiktorische Gestaltung allein noch nicht gerichtsähnlich, was der Zielsetzung der Konvention zuwiderlaufen würde. Für die Feststellung eines zwischen zwei Parteien umstrittenen Sachverhaltes ist das kontradiktorische Verfahren das einzig angemessene und erfolgversprechende. Es ist die Grundstruktur jeder aus Argumentation und Gegenargumentation sich entwickelnden Wahrheitsfeststellung. Es ist daher nicht ausschließlich für gerichtliche und schiedsgerichtliche Verfahrensarten verfahrenstypisch, sondern fand in diesen historisch älteren Verfahren nur seine erste Ausprägung.

6. Öffentlichkeit des Verfahrens?

Die Rassendiskriminierungskonvention läßt offen, ob das Verfahren vor der Vergleichskommission öffentlich sein soll. Während vom Standpunkt prozeduraler Transparenz und eines allgemeinen Informationsinteresses auf dem Gebiete des Menschenrechtsschutzes eine Öffentlichkeit des Verfahrens zu bevorzugen wäre, erscheint die Nichtöffentlichkeit des Verfahrens günstigere Voraussetzungen für eine friedliche Streitbeilegung zu bieten.

Die untersuchten Modellverfahrensordnungen bieten in der Frage der Öffentlichkeit des Verfahrens kein einheitliches Bild; selbst innerhalb derselben Gruppen von Verfahren finden sich unterschiedliche Lösungen.

Im Ansatz ist zu unterscheiden zwischen der Öffentlichkeit der mündlichen Verhandlung, der Beweisaufnahme und der Beratungen des betreffenden Organs. Nur hinsichtlich der Beratungen zeigt sich eine klare Tendenz zur Nichtöffentlichkeit.

---

[82] In diesem Sinn auch *Schwelb*, ICLQ 1966, S. 996 (1040), der das Recht der Parteien auf Repräsentanz als impliziert ansieht; für eine kontradiktorische Gestaltung auch *Partsch*, Rassendiskriminierung, S. 50.

Die gerichtlichen Verfahren sind in der Regel öffentlich mit der Möglichkeit zum Ausschluß der Öffentlichkeit in besonderen Fällen[83]. Nur vor dem Zentralamerikanischen Gerichtshof war das Verfahren regelmäßig nichtöffentlich[84].

Die schiedsgerichtlichen Verfahren sind regelmäßig nichtöffentlich, doch kann die Öffentlichkeit mit Zustimmung der Parteien hergestellt werden[85]. Dasselbe gilt für bilaterale Untersuchungsverfahren[86].

In den Vergleichsverfahren ist die Gestaltung sehr differenziert.

In den Vergleichsverfahren bilateraler Art, auch soweit sie auf multilateralen Verträgen beruhen, ist das Verfahren grundsätzlich nichtöffentlich[87], die Öffentlichkeit kann aber mit Zustimmung der Parteien hergestellt werden. Insoweit ist die Gestaltung also dieselbe wie im Schieds- und Untersuchungsverfahren. Nur der Pakt von Bogotá enthält sich einer ausdrücklichen Regelung; doch ist aus Art. 27 des Pakts, der die Veröffentlichung des Schlußberichts in das Ermessen der Parteien stellt, auf die Nichtöffentlichkeit des Verfahrens zu schließen.

Andere Regeln gelten jedoch für Vergleichsverfahren, die im Rahmen internationaler Organisationen stattfinden.

Die regelmäßig zugleich mit konziliatorischen Befugnissen ausgestatteten Untersuchungskommissionen der UN bevorzugten meistens das Prinzip der Öffentlichkeit[88], machten jedoch in der Praxis eine Ausnahme bei Zeugenvernehmungen und der Behandlung von Verfahrensfragen[89]. Einzelne UN-Untersuchungskommissionen bevorzugten jedoch ein nichtöffentliches Verfahren[90] oder entschieden von Fall zu Fall[91].

In Verfahren, die mehr technische oder wirtschaftliche Gebiete betreffen, ist Nichtöffentlichkeit die Regel, wenn auch nicht in allen Fällen zwingende Vorschrift[92].

---

83 So Art. 46 Statut IGH; Art. 28 Statut EuGH; Art. 18 VO EuGHMR.

84 Art. 49 Regulations.

85 So Art. 66 II HA; Art. 16 I MR.

86 Vgl. Art. 31 HA.

87 Art. 10 GA; Art. 11 ESK; Sect. II Art. 16 VO StSchH; Art. 11 Locarno-Verträge; Art. 19 I deutsch-schweiz. Schiedsvertrag iVm. Art. 31 HA; s. dazu auch *Rolin*, IDI-Vorbericht, S. 40 - 42; so auch die übereinstimmende Ansicht der IDI-Mitglieder, s. *Rolin*, IDI-Schlußbericht, S. 13.

88 s. dazu eingehend *Cot*, S. 332.

89 Regel 20 UNTCOK und UNCIP; Regel 9, 10 UNSCOP; UNGFIC Decision gem. UN Doc. S/AC.4/SR.2, S. 3 f.

90 s. dazu *Shore*, S. 118.

91 Regel 27 UNICGO.

92 Regel 16 UNPC.

Speziell auf dem Gebiet der menschenrechtssichernden Vergleichsverfahren zeigt sich Übereinstimmung insoweit, als in keinem Fall die Öffentlichkeit des Verfahrens ausdrücklich vorgesehen ist.

Das Verfahren vor der Europäischen Menschenrechtskommission ist nichtöffentlich[93]. Dagegen lassen Art. 26 ff. ILO-Satzung, Art. 42 f. des Pakts über bürgerliche und politische Rechte sowie das UNESCO-Protokoll[94] diese Frage ebenso offen wie Art. 12 f. CERD.

Soweit praktische Erfahrungen mit letzteren Verfahren vorliegen, waren die Sitzungen nichtöffentlich[95].

Im Fall des CERD-Vergleichsverfahrens ist zu bedenken, daß die Frage der Öffentlichkeit eng mit den Erfolgsaussichten des Verfahrens verknüpft ist. Sicher gilt auch in gewissem Maße für dieses Verfahren, daß ein Mindestmaß an Publizität erforderlich ist, um die Aktivitäten der Kommission den Interessierten zur Kenntnis zu bringen, die ihre Informationen in das Verfahren einfließen lassen möchten. Insoweit gilt hier dasselbe wie bei den UN-Untersuchungskommissionen[96]. Jedoch rechtfertigt diese Erwägung nicht eine grundsätzliche Öffentlichkeit der Verhandlungen, da diese das psychologische Verhandlungsklima entscheidend verschlechtern kann[97]. Wie die Erfahrung allgemein zeigt, sind aus zutreffender oder angeblicher rassischer Diskriminierung entspringende internationale Differenzen von erheblicher Emotionalität gekennzeichnet, die die Suche nach sachgerechten Lösungen erschwert. In diesem Punkt unterscheidet sich das CERD-Vergleichsverfahren grundsätzlich von den Vergleichsverfahren zur Regelung technischer Fragen, die kaum jemals das Interesse des breiten Publikums auf sich ziehen[98]. Bei diesem Verfahren bedeutet die Öffentlichkeit kein die Erfolgsaussichten schmälerndes Risiko.

Die möglicherweise erwünschte Beiziehung weiterer Informationen von dritter Seite, die als Grund für die Öffentlichkeit genannt wird[99], zwingt im Fall des CERD-Verfahrens nicht zu einer Zulassung der Öffentlichkeit zum Verfahren. Die ILO-Vergleichskommissionen haben

---

[93] Art. 33 EuMRK; Art. 26 VO EuKMR.

[94] Die ersten Entwürfe sahen Nichtöffentlichkeit vor, s. *Lefranc*, AFDI 1962, S. 660; ein bulgarischer Vorschlag, das Verfahren in vollem Umfang öffentlich zu gestalten, fand keine Mehrheit; s. dazu *Bastid*, Mélanges Rolin, S. 1 ff.

[95] So in den Fällen Ghana vs. Portugal und Portugal vs. Liberia im Verfahren gem. Art. 26 ILO-Satzung.

[96] s. dazu *Shore*, S. 118.

[97] Insoweit gilt hier dasselbe wie bei bilateralen Vergleichsverfahren, bei denen sich das Verhandlungsklima als maßgeblicher Faktor erwiesen hat; s. dazu *Wehberg*, Vergleichskommissionen, S. 586.

[98] s. dazu *Cot*, S. 332.

[99] *Shore*, S. 118.

denselben Effekt durch die geschickte Praxis erreicht, dritte Staaten und nichtstaatliche Organisationen zur Beibringung geeigneten Materials aufzufordern[100]. Dieses Vorgehen bietet sich auch für die CERD-Vergleichskommission an.

Im CERD-Vergleichsverfahren sollte — in Übereinstimmung mit dem Verfahrensrecht der Europäischen Menschenrechtskommission und der Praxis der ILO-Vergleichskommissionen — die Informations- und Kontrollfunktion der Öffentlichkeit zurücktreten hinter dem Bemühen, in gutem Einvernehmen mit den Parteien den Sachverhalt aufzuklären und gegebenenfalls nach geeigneten Wegen zur Durchführung der Konventionsziele zu suchen[101].

---

[100] Fall Ghana v. Portugal, Bericht S. 11, 13 - 15 (Nr. 20, 30 - 36); Fall Portugal v. Liberia, Bericht S. 32, Nr. 36.

[101] a. A. offenbar *Khol*, S. 252.

Zweites Kapitel

Die Verfahrensbeteiligten

1. Stellung der Verfahrensbeteiligten

Die Rassendiskriminierungskonvention hat für die Beteiligten des Staatenbeschwerdeverfahrens keine einheitliche Bezeichnung herausgebildet.

Im Vorprüfungsverfahren vor dem CERD-Ausschuß wird der inkriminierte Vertragsstaat lediglich als Empfangsstaat („receiving State" bzw. „Etat destinataire")[1], der beschwerdeführende Staat lakonisch als „der andere Staat" („other State" bzw. „l'autre Etat intéressé")[2] bezeichnet. Als Oberbegriff wird der Terminus „beteiligte Vertragsstaaten" („States parties concerned" bzw. „Etats parties intéressés") verwendet[3]. Aus diesen Bezeichnungen wird nicht klar erkennbar, ob den beteiligten Staaten eine Parteistellung im Sinne der aus gerichtlichen Verfahrensarten bekannten Standards eingeräumt werden soll.

Im Vergleichsverfahren vor der CERD-Kommission wird die Bezeichnung der Verfahrensbeteiligten deutlicher formuliert. Neben der bereits im Vorprüfungsverfahren verwendeten Bezeichnung „beteiligte Staaten"[4] wird parallel der Ausdruck „an dem Streit beteiligte Staaten" („States parties to the dispute" bzw. „Etats parties au différend") verwendet[5]. Jedoch ist aus dieser Bezeichnung allein noch kein Aufschluß über den Status der Verfahrensbeteiligten zu gewinnen.

Nicht alle Menschenrechtssicherungsverfahren, die die Beteiligung zweier Seiten an dem Verfahren vorsehen, haben diesen eine vollwertige Parteistellung eingeräumt. Im Mandats- und Treuhandbeschwerdeverfahren sowie im Verfahren zur Sicherung gewerkschaftlicher Rechte der ILO ist der Beschwerdeführer im wesentlichen nur auslösendes Moment für die Tätigkeit des jeweiligen Organs[6]. Seine Beschwerdeschrift dient dem Organ als Informationsquelle und erschöpft sich in

---

[1] Art. 11 I.

[2] Art. 11 II a. E.

[3] Art. 11 V.

[4] Art. 12 I lit. a); Art. 12 VIII.

[5] Art. 12 VI; entsprechend auch Art. 13 I.

[6] Vgl. dazu im einzelnen *Khol*, S. 146, 185, 210 mwN.

dieser Funktion. Demzufolge wird die Gegenstellungnahme des inkriminierten Staats dem Beschwerdeführer nicht zur Kenntnis gebracht. Er hat also nicht die Möglichkeit zur Replik.

Diese Statusform findet sich allerdings nur in Individualbeschwerdeverfahren. In den Staatenbeschwerdeverfahren wird dagegen auf eine Gleichwertigkeit der Status der Verfahrensbeteiligten zu achten sein, da diese gleichrangige Staaten sind. In diesem Punkt liegt eine Parallele zu den allgemeinen völkerrechtlichen Streitschlichtungsverfahren bilateraler Art vor, bei denen die Gleichheit der Parteien eine häufig nicht mehr ausdrücklich normierte Selbstverständlichkeit ist[7].

Eine andere Annahme für das Staatenbeschwerdeverfahren würde unter dem Souveränitätsgesichtspunkt, der einen teilweisen Souveränitätsverzicht nur bei Verbürgung der Gegenseitigkeit zuläßt, die Annahmeaussichten der ein Staatenbeschwerdeverfahren einrichtenden Verträge entscheidend verringern.

Die normativen Grundlagen des Staatenbeschwerdeverfahrens auf dem Gebiet der Menschenrechtssicherung lassen die gleichrangige Parteistellung der Verfahrensbeteiligten häufig nicht genügend deutlich erkennen. Nur für das Verfahren vor der Europäischen Menschenrechtskommission gilt etwas anderes; die Parteien haben dort aufgrund ausdrücklicher Bestimmung einen Status, der mit dem Status in gerichtlichen Verfahren vergleichbar ist[8].

In den bisher durchgeführten Staatenbeschwerdeverfahren gem. Art. 26 ff. ILO-Satzung, das dem Staatenbeschwerdeverfahren nach der Rassendiskriminierungskonvention weitgehend entspricht, wurde den Beteiligten ebenfalls eine vollwertige Parteistellung eingeräumt[9].

Da das Vergleichsverfahren vor der CERD-Kommission nur einen Teilabschnitt der CERD-Staatenbeschwerde bildet, ist zu erwarten, daß die Geschäftsordnung der Kommission unter Berücksichtigung der Gleichrangigkeit der beteiligten Staaten, ihres Ermittlungsauftrags und entsprechender internationaler Praxis den Beteiligten des Vergleichsverfahrens eine gleichrangige, vollwertige Parteistellung einräumen wird.

---

[7] Ausdrücklich: Präambel zu den MR, Nr. 5; s. auch ICJ advisory opinion, 23. Okt. 1956, Fontes A I 5, S. 396 (397), Sondervotum *Winiarski:* „... the Court also respects two fundamental principles of procedure from which, as a judicial body, it cannot depart: audiatur et altera pars and the equality of the parties before a Court."; ausdrückliche Regelungen fanden sich häufig in Streitschlichtungsverträgen des 19. Jahrhunderts.

[8] Art. 28 EuMRK; Art. 36, 44, 47 ff. VO EuKMR.

[9] Vgl. dazu auch die folgenden Ziff. 3 - 5.

2. Die Rechte der Parteien im einzelnen

Die Gleichheit der Parteien, soweit sie Staaten sind, ist ein tragender Grundsatz aller zweiseitigen internationalen Streitbeilegungsarten[10]. Dies gilt auch für das internationale Vergleichsverfahren. Deshalb sollte auch das Verfahren der CERD-Vergleichskommission von einer gleichwertigen Stellung der beiden streitbeteiligten Vertragsstaaten ausgehen. Angesichts der Selbstverständlichkeit dieser Regel, die in den untersuchten Modellverfahrensordnungen nicht ausdrücklich formuliert zu werden pflegte[11], bedarf es insoweit keiner ausdrücklichen Regelung in der Geschäftsordnung der Kommission.

Ein Anspruch auf rechtliches Gehör, der zu den Grundprinzipien des CERD-Vergleichsverfahrens gehört[12], konkretisiert sich in den untersuchten Modellverfahrensordnungen regelmäßig zu einem Bündel einzelner Rechte:

a) Die Parteien dürfen in tatsächlicher und rechtlicher Hinsicht alles vortragen, was sie für erforderlich halten[13].
b) Sie haben das Recht, zum Vortrag der Gegenseite Stellung zu nehmen[14].
c) Sie haben ein Recht auf Anhörung von ihnen benannter Dritter vor dem Gremium[15].
d) Im mündlichen Beweisverfahren haben sie ein Recht zur Befragung der vernommenen Beweispersonen[16].
e) Sie haben ein Informationsrecht bezüglich aller sie betreffenden prozessualen Maßnahmen des Gremiums[17].

Diese einzelnen Rechte stehen auch den Parteien im CERD-Vergleichsverfahren mit der Maßgabe zu, daß das Vortrags- und Stellungnahmerecht im wesentlichen in einem schriftlichen Verfahren wahrzunehmen ist. Eine mündliche Verhandlung ist zu diesen Zwecken weder in der Konvention vorgesehen noch in der Praxis anderer menschenrechtssichernder Vergleichsverfahren üblich[18].

---

[10] Vgl. *Winiarski* (Fn. 7); s. auch *Schwarzenberger*, International Law, S. 376; *Rosenne*, Law and Procedure, S. 380.

[11] Ausnahme: Präambel zu den MR, Nr. 5.

[12] s. hierzu auch unter B., 2. Abschn., 1. Kap., Ziff. 5.

[13] Vgl. Art. 70 HA; Art. 57 IV VO IGH; Art. 14 III MR.

[14] Art. 48 II, 52 III VO IGH; Art. 18 IV Statut EuGH; Art. 17 I MR.

[15] Art. 90 HA; Art. 11 II GA; Art. 12 II ESK.

[16] Art. 49 § 5 VO EuGH; Art. 18 II MR; nach Art. 26 HA wird dieses Recht mittelbar durch Antrag an den Vorsitzenden auf Vernehmung ausgeübt.

[17] Art. 37, 57 II, 60 III VO IGH; Art. 47 § 2, 53 § 2, 62 § 2, 66 § 2 VO EuGH.

[18] Vgl. etwa die Praxis der ILO-Vergleichskommissionen in den Fällen Ghana vs. Portugal und Portugal vs. Liberia.

Wesentlich problematischer ist die Frage, in welchem Umfang die Parteien zur Teilnahme an Sitzungen der Kommission berechtigt sind. Grundsätzlich wird ihnen ein Recht zur Entsendung von Vertretern zuzubilligen sein. Denn dieses Recht steht ihnen bereits im Vorverfahren vor dem CERD-Ausschuß kraft der ausdrücklichen Vorschrift des Art. 11 Abs. 5 CERD zu. Es wäre inkonsequent, in dem eigentlichen Verfahrensschwerpunkt vor der CERD-Kommission die Anwesenheit von Parteivertretern auszuschließen. Deshalb wird auch im Schrifttum in diesem Verfahrensabschnitt eine Repräsentanz der Parteien als durch die gesamte Verfahrensgestaltung impliziert angesehen[19].

Die Anwesenheit von Parteivertretern bei Sitzungen ist auch in den menschenrechtssichernden Vergleichsverfahren nach der Europäischen Menschenrechtskonvention[20], dem UNESCO-Protokoll[21] und dem Pakt über bürgerliche und politische Rechte[22] vorgesehen. Auch in den Verfahren nach Art. 26 ff. ILO-Satzung, die ebenso wie die Rassendiskriminierungskonvention die Anwesenheit von Parteivertretern nicht ausdrücklich vorsehen, wurden in der Praxis Beauftragte der Parteien an den Sitzungen beteiligt[23]. Im Hinblick auf diese Regelungen wäre es unverständlich, wenn die Geschäftsordnung der CERD-Kommission die Teilnahme von Staatenvertretern an Kommissionssitzungen generell ausschließen würde.

Eine unbeschränkte Teilnahme an allen Sitzungen erscheint jedoch nicht zweckmäßig. Solange die Kommission über die vom CERD-Ausschuß zur Verfügung gestellten Unterlagen berät und sich einen Überblick über den Streitfall zu schaffen sucht, würde die Teilnahme von Parteivertretern die Einarbeitung in das Material möglicherweise verzögern und die Emotionen der Parteien in einer die Einigungsaussichten vermindernden Weise aufstacheln. In dieser Hinsicht unterscheidet sich das Verfahren vor der Kommission von demjenigen vor dem Ausschuß, das nicht auf eine Einigung in der Sache gerichtet ist[24]. Eine Hinzuziehung der Parteien zu den einleitenden Sitzungen ist auch nur zur Erörterung verfahrensrechtlicher Probleme üblich. Die Vergleichskommis-

---

[19] *Schwelb*, ICLQ 1966, S. 1040: „The right of the parties to the dispute to be represented before the Commission is ... clearly implied in the whole arrangement and there can be no doubt that the Commission will make provision for the participation of the disputants in its rules of procedure."

[20] Vgl. Art. 46 II a. E., Art. 36, 50, 53, 54, 56, 57, 59 VO EuKMR iVm. Art. 28 EuMRK.

[21] Art. 11 II lit. c), (ii).

[22] Vgl. Art. 42 VII lit. c), der von mündlichen Stellungnahmen der Parteien spricht.

[23] Beschränkt auf Anhörung zu Verfahrensfragen und die Teilnahme an mündlichen Beweisaufnahmen, vgl. Fall Ghana vs. Portugal, Bericht S. 10, Nr. 16; Fall Portugal vs. Liberia, Bericht S. 31, Nr. 31; S. 40, Nr. 58.

[24] s. dazu auch oben A., 1. Kap., Ziff. 3.3.

sionen nach Art. 26 ff. der ILO-Satzung haben ebenfalls zunächst intern beraten.

Die Parteien sollten zu den Sitzungen erst hinzugezogen werden, wenn die Kommission der Auffassung ist, daß die Möglichkeiten eines schriftlichen Verfahrens ausgeschöpft sind. Danach ist den Parteien ein Anwesenheitsrecht bei Beweisaufnahmen einzuräumen[25]. Sollten die Parteien um die Möglichkeit zur Abgabe mündlicher Stellungnahmen ersuchen, so wird die Kommission sich einem solchen Ansinnen nicht verschließen können[26]. Sie sollte aber klarstellen, daß im Verfahren nur knappe Statements, nicht aber ausgiebige Plädoyers zulässig sind. Andernfalls würde es zu einer ausgeprägten mündlichen Verhandlung nach dem Muster gerichtlicher Verfahrensarten kommen, was dem Konzept der Konvention und der Praxis vergleichbarer Organe zuwiderlaufen würde.

Ferner erscheint eine Teilnahme von Parteivertretern an den der Erstattung des Berichts vorausgehenden, der internen Willensbildung der Kommission dienenden Sitzungen nicht angebracht.

3. Die Durchführung der Mitwirkungsrechte

Da die am Streit vor der CERD-Kommission beteiligten Staaten als juristische Personen bei der Vornahme von Verfahrenshandlungen organschaftlich vertreten sein müssen, wird die Geschäftsordnung der Kommission auf die Frage der Vertretung einzugehen haben.

Solange das Verfahren rein schriftlich abläuft, ist die Bestellung von Verfahrensbeauftragten nicht unbedingt erforderlich, kommt jedoch gelegentlich vor. Normalerweise dürfte die Abwicklung des Schriftverkehrs über die Außenministerien der beteiligten Vertragsstaaten im CERD-Vergleichsverfahren ausreichend sein.

Eine andere Beurteilung ist angebracht, wenn es zu einer mündlichen Beweisaufnahme kommt. Aus dem Gebot des rechtlichen Gehörs folgt dann die Notwendigkeit zur Beteiligung der Streitparteien, die nur durch natürliche Personen erfolgen kann.

Vor internationalen Gerichten und Schiedsgerichten erfolgt die Parteivertretung seit jeher durch Personen, die speziell zu diesem Zweck ernannt werden[27]. Sie fungieren als die bevollmächtigten Verfahrensbeauftragten der Parteien. Bei der Auswahl dieser Personen sind die Parteien üblicherweise frei; häufig werden Regierungsbeamte oder Per-

[25] So in den genannten ILO-Verfahren.

[26] Vgl. etwa im Fall Portugal vs. Liberia, Bericht S. 25 ff., Nr. 26 ff.

[27] Art. 42 Statut IGH iVm. Art. 35 VO IGH; vgl. auch Art. 58 VO EuGH iVm. Art. 17 Statut EuGH; Art. 28 VO EuGHMR; Art. 62, 89 HA; Art. 14 MR.

sonen mit diplomatischem Status als Vertreter bestellt[28]. Normalerweise wird von diesen Personen nicht die Eigenschaft eines Rechtsanwalts verlangt. Aus naheliegenden Gründen ist aber eine einschlägige juristische Qualifikation wünschenswert.

Die Funktion der Verfahrensbeauftragten ist zu einem gewissen Ausmaß politischer Natur[29]. Häufig werden Fragen, die zu dem Bereich des direkten diplomatischen Kontakts gehören, über die Verfahrensbeauftragten abgewickelt. Auch kann die Zustellung von Schriftsätzen und Dokumenten direkt von Agent zu Agent erfolgen. Schon das Haager Streitbeilegungsabkommen von 1907 sah wahlweise derartige direkte Kontakte oder solche durch Vermittlung des Sekretariats des Ständigen Schiedshofs vor[30]. Die zentrale Aufgabe der Agenten liegt aber darin, daß sie für die ernennende Regierung auftreten, Verfahrenshandlungen vornehmen und Rechtsausführungen machen.

Die Verfahrensbeauftragten können sich in den gerichtlichen und schiedsgerichtlichen Verfahren der Unterstützung von Rechtsbeiständen („counsel") bedienen[31]. Ihre Funktion besteht im wesentlichen im mündlichen Vortrag von Rechtsausführungen, die sie nach Weisung der Verfahrensbeauftragten vorbringen. Mit der Wahrnehmung dieser Aufgabe werden häufig Rechtsgelehrte betraut, ohne daß die Verfahrensordnungen jedoch in der Regel die Ausübung dieser Funktion an eine bestimmte juristische Qualifikation knüpfen würden. Die Äußerungen der Rechtsbeistände sind nicht lediglich als ihre persönliche Auffassung zu verstehen; auch sie sprechen für die Regierung, die sie ernannt hat[32].

Diese Vertretungsregeln haben auch für internationale Untersuchungs- und Vergleichsverfahren Gültigkeit[33].

In den menschenrechtssichernden Vergleichsverfahren ist die Form der Parteivertretung nur selten geregelt. Lediglich für die Parteivertretung vor der Europäischen Kommission für Menschenrechte findet sich eine ausdrückliche Regelung, die den gerichtlichen weitgehend entspricht[34]. In den bisher durchgeführten Vergleichsverfahren nach Art. 26 ff. ILO-Satzung war die Repräsentanz der Parteien in entsprechender Weise durchgeführt[35].

---

[28] Vgl. *Hudson*, International Tribunals, S. 87.

[29] Vgl. *Hudson*, ebd., S. 88 f.

[30] Art. 63 II HA.

[31] s. Fn. 27.

[32] *Hudson*, International Tribunals, S. 88.

[33] Art. 14 HA; Art. 11 GA; Art. 24 BP; Art. 12 ESK.

[34] Art. 36 VO EuKMR.

[35] Vertretung durch „agents" und „counsel": Fall Ghana vs. Portugal, Bericht S. 20, Nr. 51 ff.; Fall Portugal vs. Liberia, Bericht S. 40, Nr. 58.

Für das Vergleichsverfahren vor der CERD-Kommission dürfte sich eine Parteivertretung in der dargestellten Form ebenfalls empfehlen. Denn da das Verfahren kontradiktorisch abläuft, ist eine Entsendung von Staatenvertretern mit bloßer Beobachterfunktion nicht ausreichend; zum andern ist die Parteivertretung in internationalen Streitbeilegungsverfahren seit langem in der beschriebenen Form durchgeführt worden, ohne daß sich daraus nennenswerte Probleme ergeben hätten.

Speziell im Rahmen des CERD-Vergleichsverfahrens tritt im Zusammenhang mit der unbedingt erforderlichen Zubilligung diplomatischer Vorrechte und Befreiungen für die Parteivertreter ein Problem auf, das die Geschäftsordnung der Kommission nicht regeln kann. Für diese souveränitätsbeschränkende Maßnahme ist ein Willensakt der betroffenen Staaten selbst erforderlich. Da die Rassendiskriminierungskonvention bedauerlicherweise insoweit keine Regelung trifft — ein Mangel, den sie mit anderen Verträgen zur Menschenrechtssicherung teilt —, wird für jeden einzelnen Streitfall eine Vereinbarung ad hoc zu treffen sein.

4. Mitwirkungspflichten

Jedes friedliche Streitbeilegungsverfahren ist, wenn es effektiv werden soll, auf die Mitwirkung der Parteien angewiesen. In besonderem Maße gilt dies für das internationale Vergleichsverfahren. Denn ohne Mitwirkung insbesondere des inkriminierten Vertragsstaates dürfte der Kommission die Unterbreitung sachgerechter Streitbeilegungsvorschläge kaum möglich sein.

Es ist anerkannt, daß sich die Parteien auch im völkerrechtlichen Verfahrensrecht nach dem Grundsatz von Treu und Glauben zu verhalten haben, doch bleibt unklar, in welcher Weise sich diese allgemeine Verhaltenspflicht im Einzelfall zu konkreten Pflichten verdichtet. Dies gilt insbesondere auch für die Frage nach Bestehen und Umfang von Mitwirkungspflichten.

Die Rassendiskriminierungskonvention trifft keine ausdrückliche Regelung über die Mitwirkungspflichten der Parteien des Vergleichsverfahrens. Art. 12 Abs. 8 CERD bestimmt lediglich, daß die Kommission nach Auswertung des ihr vom Ausschuß zur Verfügung gestellten Materials die beteiligten Staaten zur Beibringung weiterer sachdienlicher Angaben auffordern kann. Ob die Parteien sich auf ein derartiges Ersuchen zu äußern haben, und in welchem Umfang eine Äußerungspflicht besteht, bleibt ebenso offen wie die Frage nach weiteren Mitwirkungspflichten insbesondere im Rahmen der Beweisaufnahme.

Soweit die untersuchten Modellverfahrensordnungen das Problem des Umfangs der Mitwirkungspflichten ausdrücklich regeln, findet sich eine große Mannigfaltigkeit der normativen Ausgestaltung sowohl im Verfahrensrecht der allgemeinen friedlichen Streitbeilegungsverfahren als auch der speziellen Menschenrechtssicherungsverfahren.

Im ersteren Bereich ist Art. 12 HA 1899 (Untersuchungsverfahren) für die Normierung *allgemeiner Erleichterungspflichten* beispielhaft:

„Die Parteien verpflichten sich, der Untersuchungskommission in dem weitesten Umfange, *den sie für möglich halten*, alle zur vollständigen Kenntnis und genauen Würdigung der in Frage kommenden Tatsachen notwendigen Mittel und Erleichterungen zu gewähren[36]."

Ähnlich bestimmt Art. 75 HA 1907 für das Schiedsverfahren:

„Die Parteien verpflichten sich, dem Schiedsgericht in dem weitesten Umfange, *den sie für möglich halten*, alle für die Entscheidung der Streitigkeit notwendigen Mittel zu gewähren[37]."

Bemerkenswert ist hierbei, daß aufgrund der Möglichkeitsklausel die Entscheidung über den Umfang der Erleichterungspflicht letztlich bei den Parteien verbleibt[38].

Diese Einschränkung findet sich hinsichtlich der *allgemeinen* Erleichterungspflichten bei späteren Verfahrensordnungen nicht mehr. Dies gilt insbesondere für den Bereich des Vergleichsverfahrens. Nach Art. 16 Abs. 2 des deutsch-schweizerischen Schiedsvertrags verpflichten sich die vertragschließenden Teile, „in allen Fällen und in jeder Hinsicht die Arbeiten des Ständigen Vergleichsrates zu fördern ...". Ähnliche Formulierungen finden sich in den meisten späteren Vergleichsverfahrensordnungen[39].

Eine Form der Konkretisierung der allgemeinen Erleichterungspflichten sind die *Vorlage- und Auskunftspflichten*, die bereits in Art. 12 HA 1899 andeutungsweise zum Ausdruck kommen. Nach Art. 14 des deutsch-französischen Schiedsabkommens im Rahmen des Locarno-Pakts verpflichten sich die beteiligten Regierungen, der Vergleichskommission „in möglichst weitem Maße alle zweckdienlichen Urkunden und Auskünfte zu liefern"[40]. Hier kehrt — beschränkt auf die Vorlage- und Auskunftspflicht — die Möglichkeitsklausel wieder; für diesen Teilbereich

---

[36] Gleichlautend: Art. 23 I HA 1907; vgl. auch Art. 70 VO CACJ, wonach sich der Gerichtshof an Regierung und Gerichte der Vertragsstaaten wenden kann „requesting their indispensable intervention or collaboration".

[37] Diese Bestimmung ist eine inhaltliche Komprimierung des Art. 23 HA 1907; s. *Wehberg*, Kommentar, S. 135.

[38] s. dazu *Wehberg*, ebd., S. 36; nach dieser Ansicht kommen nur solche Mittel in Betracht, von deren Mitteilung keine Gefährdung der Staatssicherheit zu befürchten ist.

[39] So Art. 14 Locarno-Verträge; Art. 13 GA; Art. 23 BP; Art. 14 ESK; s. auch Art. 18 II MR: „The parties shall co-operate with the tribunal in dealing with the evidence ..."

[40] Ebenso Art. 14 deutsch-belg. Schiedsabkommen; Art. 13 GA 1929.

der Mitwirkungspflichten findet sie sich regelmäßig auch in neueren Verfahrensordnungen[41].

Die Model Rules sehen dagegen eine unbeschränkte Vorlagepflicht vor, soweit die Parteien sich auf bestimmte Dokumente berufen:

„Each party must attach all papers and documents cited by it in the case[42]."

Herbeischaffungspflichten sind ausdrücklich nur in Art. 23 HA 1907 verankert. Danach verpflichten sich die Parteien,

„diejenigen Mittel, über welche sie nach ihrer inneren Gesetzgebung verfügen, anzuwenden, um das Erscheinen der vor die Kommission geladenen Zeugen und Sachverständigen, die sich auf ihrem Gebiete befinden, herbeizuführen".

Spätere Verfahrensordnungen treffen keine ähnlichen Bestimmungen; vermutlich, weil sie als zu weitgehend empfunden wurden.

Statt dessen wurden die Vertragsstaaten zu einer *kommissarischen Vernehmung* der Beweispersonen verpflichtet[43]. Diese Regelung findet sich insbesondere bei den gerichtlichen Verfahren[44].

Die weitere Möglichkeit, Beweispersonen an Ort und Stelle durch die Kommission selbst anzuhören, findet sich besonders häufig im Vergleichsverfahren. Richtungweisend für die spätere Entwicklung war Art. 16 Abs. 2 S. 2 des deutsch-schweizerischen Schiedsvertrags:

„Der Ständige Vergleichsrat ist berechtigt, im Gebiet der vertragschließenden Teile nach Maßgabe der dort den Gerichten zustehenden Befugnisse Zeugen und Sachverständige vorzuladen und zu vernehmen und Augenschein einzunehmen[45]."

Aus diesen Vorschriften ergibt sich eine *Duldungspflicht* der Vertragsstaaten, die zwei Komponenten hat: einerseits dürfen sie die Reisetätigkeit der Kommission nicht behindern, insbesondere also müssen sie Ein- und Ausreise gestatten, zweitens müssen die Vertragsstaaten die Vornahme von Verfahrenshandlungen der Kommission dulden. Nicht eindeutig klar ist, ob die Vertragsstaaten in diesem Rahmen auch zur Gewährung organisatorischer Hilfen, wie z. B. der Bereitstellung von Tagungsräumen, verpflichtet sind.

---

41 Art. 13 GA 1949; Art. 23 BP; Art. 14 ESK (sämtlich betreffend das Vergleichsverfahren).

42 Art. 15 II 2 MR.

43 So schon Art. 23 III HA 1907 für den Fall der Verhinderung.

44 Art. 56 VO IGH; Art. 26 Statut EuGH iVm. Art. 52 VO EuGH und einer weiteren aufgrund Art. 109 VO EuGH zu erlassenden VO; Art. 12 Protokoll ENEA-Gericht.

45 Entsprechend auch: Art. 14 Locarno-Verträge; Art. 13 GA; Art. 23 BP; Art. 14 ESK; Art. 18 I MR.

Mitwirkungspflichten der Vertragsstaaten finden sich auch im Menschenrechtssicherungsverfahren in vielfältiger Form. Ihr Umfang ist bei den Berichtsverfahren naturgemäß stark eingeschränkt. Außer der Pflicht zur Abgabe von Berichten[46] besteht eine Verpflichtung nur zur Erläuterung des Berichts oder zur Beantwortung von Zusatzfragen des Prüfungsorgans[47]. Es kommen im Berichtsverfahren ausschließlich Auskunftspflichten in Frage.

Ähnlich haben im Beschwerdeverfahren nach Art. 26 ILO-Satzung alle Mitgliedsstaaten unbeschadet ihrer eigenen Interessen die Pflicht, der Untersuchungskommission die verlangten Auskünfte zu geben (Art. 27 ILO-Satzung).

Im Rahmen der Europäischen Menschenrechtskonvention sind die Mitwirkungspflichten der Parteien erweitert.

Nach Art. 30 VO EuGHMR kann sich der Gerichtshof zur Bewirkung von Mitteilungen, Zustellungen und Ladungen von Drittpersonen, bei der Anordnung des persönlichen Erscheinens und bei Beweiserhebung oder sonstigen Untersuchungen an Ort und Stelle unmittelbar an die Regierung des betreffenden Staates wenden, wenn er deren Mitwirkung für erforderlich hält.

Ferner kann die mit der Prüfung des Falles befaßte Kammer nach Art. 38 Abs. 3 VO EuGHMR nach ihrer Wahl jeder Körperschaft, Dienststelle, Kommission oder Behörde die Aufgabe übertragen, über eine bestimmte Frage Einkünfte einzuholen, ein Gutachten zu erstatten oder der Kammer zu berichten.

Wenn auch in diesen Vorschriften eine Mitwirkungspflicht der Vertragsstaaten nicht expressis verbis normiert ist, so muß sie doch konkludent angenommen werden; andernfalls wäre die von den Vertragsstaaten angestrebte verbindliche Entscheidung des Gerichtshofs (vgl. Art. 19, 53 EuMRK) nicht möglich.

Für die Europäische Menschenrechtskommission bestimmt Art. 28, lit. a EuMRK ausdrücklich, daß die Vertragsstaaten der Kommission

> „alle Erleichterungen, die zur wirksamen Durchführung der Untersuchung erforderlich sind, zu gewähren (haben)".

Hierzu treffen Art. 50, 58 VO der Kommission die konkretisierenden Bestimmungen.

Bei der Untersuchung der Übertragbarkeit der genannten Modellregelungen auf das Verfahren der CERD-Kommission ist bedeutsam, daß jene einer höheren gesetzgeberischen Autorität entspringen. Allen

---

46 Teilweise wird auf das Vollständigkeitserfordernis der Berichte besonders hingewiesen, so z. B. Art. 86 IV VO des UN-Treuhandrates.

47 Mündliche Erläuterung war z. B. im Rahmen der Mandatsberichte des Völkerbundes vorgesehen.

bisher genannten Mitwirkungspflichten ist nämlich gemeinsam, daß sie auf ***konstitutiver Verpflichtung*** der Vertragsstaaten beruhen. Diese haben aufgrund eigener Willensentschließung ihre eigenen Mitwirkungspflichten mehr oder weniger deutlich artikuliert.

Problematisch wird der Umfang der Mitwirkungspflichten, wenn die Vertragsstaaten in dem zugrunde liegenden völkerrechtlichen Instrument, das zugleich ein erfüllungskontrollierendes Verfahren institutionalisiert, keine Vereinbarung über ihre Mitwirkungspflichten getroffen haben. Kann in diesen Fällen das Kontrollorgan qua eigener Geschäftsordnungsautonomie die Mitwirkungspflichten der Vertragsstaaten mit für diese verbindlicher Wirkung normieren? Hier wird zu differenzieren sein zwischen elementaren Mitwirkungspflichten, die ein Verfahren erst ermöglichen und weitergehenden Mitwirkungspflichten, die eine effektive Verfahrensgestaltung sichern sollen.

Die elementaren Pflichten betreffen die Abgabe von Stellungnahmen und Beantwortung von Fragen. Verweigert eine Partei von vornherein eine Äußerung zu dem Fall, so wird die Prüfung von Anbeginn an desavouiert. Indem die Vertragsstaaten aber der Institutionalisierung des Verfahrens zustimmten, haben sie auch Gewähr übernommen, daß ein derartiges Verfahren grundsätzlich stattfinden kann. Deshalb haben sie zugleich eine Mitwirkungspflicht in Form von Äußerungs- und Auskunftspflichten übernommen[48].

Diese Erwägungen gelten entsprechend für das Vergleichsverfahren vor der CERD-Kommission. In der Zustimmung der Vertragsstaaten zur Institutionalisierung dieses Verfahrens liegt zugleich schlüssig die Übernahme der Verpflichtung zur Abgabe von Erklärungen und Auskünften.

Diese Verpflichtung zur Abgabe von Erklärungen und Auskünften wird jedoch nicht in unbegrenztem Umfang gelten. Nach der oben dargestellten nahezu einhelligen normativen Gestaltung des Vergleichsverfahrens ist die Auskunftspflicht durch die Möglichkeitsklausel eingeschränkt, d. h. die Entscheidung über den Umfang des vorzulegenden Materials verbleibt bei den Parteien. Die insoweit schärfere Regelung in Art. 28 lit. a MRK kann für die Geschäftsordnung der CERD-Kommission nicht als Vorbild dienen, da die dort verankerte weitgehende Verpflichtung ausdrücklich durch die Vertragsstaaten übernommen wurde und eine vergleichbar enge Konsensbindung im Rahmen der Rassendiskriminierungskonvention nicht angenommen werden kann.

Hinsichtlich weitgehender Mitwirkungspflichten ist im Schrifttum unter Hinweis auf die Praxis verschiedener Kontrollorgane die Auffas-

[48] Damit ist freilich zur Durchsetzbarkeit dieser Verpflichtung noch nichts ausgesagt.

sung vertreten worden, daß die Geschäftsordnung auch ohne entsprechende Ermächtigung in der zugrunde liegenden Norm weitergehende Pflichten mit für die Vertragsstaaten bindender Wirkung normieren könne[49].

Dieser Ansicht kann nicht gefolgt werden. Die Geschäftsordnungsautonomie des jeweiligen Kontrollorgans ist begrenzt durch das zugrunde liegende völkerrechtliche Instrument als Ermächtigungsnorm. Jede darüber hinausgehende Regelung in der Geschäftsordnung ist unwirksam, da kompetenzüberschreitend, und bindet die Parteien nicht[50].

Das Fehlen normativer Kraft kompetenzüberschreitender Geschäftsordnungsregelungen wird auch nicht durch eine möglicherweise abweichende Praxis in Einzelfällen widerlegt. Soweit sich Parteien der kompetenzüberschreitenden Normierung weitergehender Mitwirkungsrechte fügten, beruhte dies auf ihrer freien Willensentschließung, nicht aber auf einer rechtlichen Verpflichtung[51].

Aus der Begrenzung der Geschäftsordnung durch den Rahmen der zugrunde liegenden Norm folgt für die CERD-Kommission, daß eine weitergehende Statuierung von Mitwirkungspflichten durch die Ermächtigungsnorm des Art. 12 Abs. 3 CERD nicht gedeckt wäre. Aus diesem Grund kann die im Vergleichsverfahren vielfach anzutreffende Befugnis der Kommission zur Vornahme von Verfahrenshandlungen — insbesondere im Rahmen der Beweisaufnahme — auf dem Territorium der Parteien oder dritter Staaten in dieser Form nicht in die Geschäftsordnung aufgenommen werden.

Dies führt zu dem Schluß, daß für die Parteien nur allgemeine Äußerungs- und Auskunftspflichten bestehen. Im übrigen ist die Kommission auf die freiwillige Kooperationsbereitschaft der Parteien angewiesen. Für die Geschäftsordnung bietet sich daher ein Appell an den guten Willen der Parteien an. Ein derartiger Appell findet ein Vorbild in einer Verfahrensentscheidung der ILO-Vergleichskommission im Fall Portugal vs. Liberia, in der es hieß:

„The Commission is confident that, in discharging with judicial objectivity the task so entrusted to it of ascertaining the facts without fear or favour, *it can count on the full co-operation of both parties in accordance with the provisions of the Constitution* of the International Labour Organisation; these *provisions constitute a solemn international obligation equally binding upon both parties,* both of which are original Members of the International Labour Organisation[52]."

[49] So *Khol*, S. 471.

[50] Zweifelnd auch *Ermacora*, Enquiry Commissions, S. 186.

[51] Eine über den Rahmen der allgemeinen Vertragsbindung hinausgehende Selbstbindung der Parteien ist natürlich möglich.

[52] Entscheidung vom 5. Juli 1962, Bericht S. 32, Nr. 5; Hervorhebung v. Verf.

5. Pflichten außerhalb des Verfahrens

In den schiedsgerichtlichen und gerichtlichen Verfahren gehen die Verfahrensordnungen gelegentlich von einer Friedenspflicht der Parteien aus[53]. Aber auch in Ermangelung ausdrücklicher Vorschrift wird aus dem Prinzip von Treu und Glauben[54] abgeleitet, daß die Parteien die rechtliche und tatsächliche Ausgangssituation des Verfahrens nicht durch Herbeiführung weiterer Schwierigkeiten verändern dürfen. Bereits der Ständige Internationale Gerichtshof hat ausgeführt, es sei ein „principle universally accepted by international tribunals (that the parties) must abstain from any measure capable of exercising a prejudicial effect in regard to the execution of the decision to be given and, in general, not allow any step of any kind to be taken which might aggravate or extend the dispute“[55].

Im Bereich des internationalen Vergleichsverfahrens ist die Rechtslage differenzierter zu beurteilen. Soweit sich die Parteien in dem Streitschlichtungsvertrag zur Konservierung des Status quo verpflichten, ist der Fall unproblematisch. So verpflichten sich etwa nach Art. 18 des deutsch-schweizerischen Schiedsvertrages die vertragschließenden Teile, „während der Dauer des ... Vergleichsverfahrens nach Möglichkeit jede Maßnahme zu vermeiden, die auf ... die Annahme der Vorschläge des Ständigen Vergleichsrates nachteilig zurückwirken könnte. Bei einem Vergleichsverfahren haben sie sich bis zu dem Zeitpunkt, den der Ständige Vergleichsrat für die Annahmeerklärung der Parteien festsetzt, jeder gewaltsamen Selbsthilfe zu enthalten ...“[56].

Der Gedanke einer Friedenspflicht liegt im bilateralen Vergleichsverfahren nahe, da allein schon das freiwillige Beschreiten des Vergleichswegs gewisse Rücksichtnahmen der Parteien impliziert. Wäre dies nicht der Fall, so wäre diesem unverbindlich wirkenden Streitschlichtungsinstitut von vornherein jede Erfolgsaussicht entzogen.

Bei Vergleichsverfahren, die im Rahmen einer internationalen Organisation stattfinden, ist die Interessenlage der Parteien gänzlich anders, da diese keine vorherige Einigung über den Streitgegenstand getroffen haben. Dem inkriminierten Vertragsstaat wird das Vergleichsverfahren aufgezwungen. Deshalb fehlt weitgehend die Motivierung des inkriminierten Staates zu einem abwartenden Verhalten.

---

[53] s. dazu *Hudson*, International Tribunals, S. 96 f.

[54] Zum Prinzip von Treu und Glauben im Völkerprozeßrecht s. *Guggenheim*, Traité Bd. 2, S. 156 ff.; *Sereni*, Principi, S. 54, 71 ff.; *Sandifer*, Evidence, S. 85 ff.; *Witenberg*, L'Organisation judiciaire, S. 237.

[55] Im Electricity Company-Fall.

[56] Entsprechend auch: Art. 33 III GA; Art. 16 II BP; Art. 31 III ESK; Art. 19 Locarno-Verträge.

Diese Erwägungen mögen das Fehlen normativer Regelungen über das Bestehen einer außerprozessualen Friedenspflicht der Parteien in den menschenrechtssichernden Vergleichsverfahren erklären.

Es kann an dieser Stelle dahinstehen, ob auch im menschenrechtssichernden Vergleichsverfahren aus dem Grundsatz von Treu und Glauben eine allgemeine Friedenspflicht der Parteien abgeleitet werden kann. Denn soweit die CERD-Kommission bei der Ausarbeitung ihrer Geschäftsordnung dieses Problem berühren sollte, so wird sie zu erwägen haben, daß die Normierung außerprozessualer Verhaltenspflichten der Parteien ihren durch die Geschäftsordnungsautonomie gezogenen Zuständigkeitsrahmen überschreiten würde. Denn ihr Mandat erschöpft sich in einer Tatsachenfeststellung, verbunden mit der Abgabe von Empfehlungen, die die Herstellung eines vertragsgemäßen Zustandes gewährleisten sollen. Die Sicherstellung eines allgemeinen Friedenszustandes zwischen den Parteien gehört weder ausdrücklich noch implizit zu ihrem durch die Konvention bestimmten Aufgabenkreis.

Drittes Kapitel

Der Ablauf des Verfahrens im allgemeinen

1. Der Beginn des Verfahrens

Die untersuchten Modellverfahrensordnungen enthalten regelmäßig keine besonderen Vorschriften über den Beginn des Verfahrens. Lediglich die Model Rules on Arbitral Procedure bestimmten, daß das Verfahren mit der „first procedural order“ des Vorsitzenden beginnt[1]. Dies dürfte allgemein, auch für die CERD-Kommission, gelten; doch scheint dieser Punkt keiner besonderen Erwähnung in der Geschäftsordnung der Kommission zu bedürfen.

Die Frage nach der Zulässigkeit der Beschwerde, die sich in anderen Streitschlichtungsverfahren zu Anfang stellt[2], ist für die CERD-Kommission durch das Vorprüfungsverfahren vor dem CERD-Ausschuß gem. Art. 11 CERD geklärt und bedarf deshalb im Normalfall keiner erneuten Prüfung. Aus der Kompetenzaufteilung zwischen Ausschuß (Zulässigkeitsprüfung) und Kommission (Sachprüfung) folgt, daß die Entscheidung des Ausschusses über die Zulässigkeit der Staatenbeschwerde die Kommission bindet. Etwas anderes könnte für den Fall gelten, daß nach Aufnahme der Kommissionstätigkeit neue Tatsachen bekannt werden, die geeignet sind, die Zulässigkeit der Beschwerde in Frage zu stellen. In diesem etwas konstruiert erscheinenden Fall wäre fraglich, ob eine Zurückverweisung an den Ausschuß zum Wiedereintritt in die Zuständigkeitsprüfung erforderlich oder eine eigene Prüfung durch die Kommission möglich wäre. Aus den untersuchten Modellverfahrensordnungen lassen sich jedenfalls keine Anhaltspunkte für die zu treffende Entscheidung gewinnen.

Von dieser Prüfung der prinzipiellen Zuständigkeit ist die Prüfung der Grenzen der Zuständigkeit im Einzelfall zu unterscheiden. Bereits Art. 73 des Haager Streitbeilegungsabkommens von 1907 sah vor, daß das Schiedsgericht befugt sei, seine Zuständigkeit durch Auslegung des Schiedsvertrags und der sonstigen einschlägigen Staatsverträge zu bestimmen[3]. Entsprechend wird die CERD-Kommission durch Auslegung

---

[1] Art. 4 IV.

[2] Vgl. etwa Art. 40 - 46 VO EuKMR.

[3] s. dazu *Wehberg*, Kommentar, S. 133.

der Rassendiskriminierungskonvention die Grenzen ihrer Zuständigkeit zu bestimmen haben.

2. Das schriftliche Verfahren vor der CERD-Kommission

Die CERD-Kommission beginnt mit der materiellen Prüfung der Staatenbeschwerde, indem sie die vom CERD-Ausschuß gem. Art. 12 Abs. 8 CERD an die Kommission abgegebenen Akten sichtet. Aufgrund dieses schriftlichen Materials, das im wesentlichen die im Vorprüfungsverfahren vor dem CERD-Ausschuß gewechselten Schriftsätze der am Verfahren beteiligten Vertragsstaaten enthalten wird, wird sich die Kommission ein vorläufiges Bild von den tatsächlichen Grundlagen der Auseinandersetzung und ihrer möglichen Würdigung im Lichte der Konvention zu bilden haben.

Da im Vorprüfungsverfahren nur die Zulässigkeit der Staatenbeschwerde zu prüfen war[4], dürfte das von dem CERD-Ausschuß übernommene Material regelmäßig in materieller Hinsicht ergänzungsbedürftig sein. Dementsprechend ist die Kommission gem. Art. 12 Abs. 8 S. 2 CERD berechtigt, von den beteiligten Staaten *alle* weiteren sachbezogenen Informationen einzuholen. Hinsichtlich der Erstreckung dieses Nachforschungsrechts ist der amtliche deutsche Text der Konvention insofern unpräzise, als er nur von der Beibringung „weiterer sachdienlicher Angaben" spricht[5]. Der umfassende Charakter des Nachforschungsrechts ergibt sich am klarsten aus der französischen Fassung „la Commission peut demander aux Etats intéressés de lui fournir *tout* renseignement complémentaire pertinent". Sachlich übereinstimmend, jedoch weniger prägnant spricht die englische Fassung von „supply *any* other relevant information".

Art. 12 Abs. 8 CERD entspricht in seinem Wortlaut dem Art. 42 Abs. 6 des Pakts über bürgerliche und politische Rechte. Jedoch hat die erstgenannte Vorschrift hinsichtlich des Informationsrechts der CERD-Kommission eine größere praktische Bedeutung. Denn das Material, das der Menschenrechtsausschuß gem. Art. 42 Abs. 6 des Pakts der dort vorgesehenen Ad-hoc-Vergleichskommission zur Verfügung stellt, wird wegen der andersgearteten Kompetenz dieses Menschenrechtsausschusses in größerem Umfang bereits materielle Parteiausführungen enthalten. Anders als der CERD-Ausschuß hat der Ausschuß nämlich gem. Art. 41 Abs. 1 lit. e) des Pakts bereits eine ausdrückliche konziliatorische Funktion, indem er den Vertragsstaaten seine guten Dienste zur Verfügung stellt, um eine gütliche Regelung der Sache herbeizuführen. Im

[4] s. oben A., 1. Kap., Ziff. 3.3.

[5] BGBl. 1969 II, S. 972.

Rahmen der Ausübung dieser Funktion wird der Menschenrechtsausschuß des Pakts bereits auf den materiellen Gehalt der Staatenbeschwerde eingehen[6], während sich der CERD-Ausschuß einer materiellen Prüfung enthalten wird, da diese speziell eine Aufgabe der obligatorisch einzusetzenden[7] CERD-Vergleichskommission ist. Demzufolge wird die Vergleichskommission nach Art. 42 des Pakts weniger auf zusätzliche Informationen angewiesen sein als die CERD-Vergleichskommission, die sich den materiellen Verfahrensstoff zum größten Teil noch von den Verfahrensbeteiligten vortragen lassen muß.

Im Zusammenhang mit der Einholung weiterer Informationen gem. Art. 12 Abs. 8 CERD stellt sich die Frage, ob die Kommission den Parteien eine Frist zur Stellungnahme setzen darf. Zweifel könnten aus der Erwägung abgeleitet werden, daß eine Fristsetzung als Ausübung einer Zwangsgewalt interpretiert werden könnte, die der Kommission als reinem Vergleichsorgan nicht zusteht.

Stellungnahmefristen dienen der Beschleunigung des Verfahrens; in den gerichtlichen und schiedsgerichtlichen Verfahren sind sie regelmäßig vorgesehen[8]. Sie stützen sich in diesen Fällen auf eine entsprechende konstitutive Verpflichtung der Vertragsstaaten. Auch im Rahmen des Untersuchungsverfahrens des Haager Streitbeilegungsabkommens ist von „vorgesehenen Zeiten“ die Rede[9]. Es handelt sich hierbei aber nicht um von der Untersuchungskommission gesetzte, sondern von den Parteien im Untersuchungsabkommen vereinbarte Fristen[10]. Ein originäres Fristsetzungsrecht steht der Untersuchungskommission nicht zu. Dies ist für die zahlreichen Vergleichsverfahren bedeutsam, die für die Vornahme von Untersuchungen auf Titel III des Haager Abkommens verweisen[11]. Das Fehlen eines eigenen Fristsetzungsrechts hat in allen diesen Fällen jedoch kaum praktische Bedeutung, da die Parteien regelmäßig die Fristenfrage vertraglich untereinander regeln[12].

In den menschenrechtssichernden Vergleichsverfahren sehen Art. 26 ff. der ILO-Satzung, der Pakt über bürgerliche und politische Rechte und

---

[6] Insofern sind die grundsätzlichen Bedenken gegen die Wirkungsmöglichkeiten der Vergleichskommission gem. Art. 42 des Pakts berechtigt, die *Guradze*, JIR Bd. 15 (1971), S. 267 und *Schwelb*, AJIL 1968, S. 857 ff., äußern.

[7] Art. 12 I lit. a) CERD; dagegen ist die Einsetzung der Kommission nach Art. 42 I lit. a) des Pakts ausdrücklich fakultativ.

[8] Vgl. Art. 37, 38, 40 VO IGH; Art. 37 § 3, 40 VO EuGH; Art. 7 VO Saar-Schiedsgericht; Art. 28 VO der Schiedskommission nach dem Deutschlandvertrag; Art. 88 HA; Art. 15 III MR; vgl. auch *Hudson*, International Tribunals, S. 91.

[9] Art. 19 HA.

[10] s. Art. 10 III HA.

[11] Art. 19 deutsch-schweiz. Schiedsvertrag; Art. 9 Locarno-Verträge; Art. 11 GA; Art. 12 ESK; Sect. II Art. 12 VO StSchH.

[12] Vgl. *Wehberg*, Vergleichskommissionen, S. 568 ff.

das UNESCO-Protokoll keine ausdrückliche Regelung vor. Dies ist verständlich, da diese Verfahren keinen formellen Schriftsatzwechsel vorsehen. Die Verfahrensordnung der Europäischen Menschenrechtskommission sieht dagegen Stellungnahmefristen vor, ohne daß die Europäische Menschenrechtskonvention sich zu diesem Punkt äußert; offenbar wird angenommen, daß das Recht der Kommission zur Fristsetzung ein Ausfluß ihrer Geschäftsordnungsautonomie gem. Art. 36 MRK ist.

Obwohl das Verfahren vor der CERD-Kommission nicht innerhalb einer bestimmten Frist beendet sein muß[13], und daher die Beschleunigung des Verfahrens nicht denselben Stellenwert hat wie etwa im Verfahren vor der Ad-hoc-Vergleichskommission des Pakts über bürgerliche und politische Rechte, so wird die CERD-Kommission doch auch auf einen zügigen Fortgang des Verfahrens bedacht sein müssen. Auch die auf ähnlich knapper normativer Grundlage arbeitende ILO-Vergleichskommission im Fall Ghana v. Portugal hat die Beschleunigung des Verfahrens als wesentliches Element aufgefaßt[14] und dementsprechend Fristen für das schriftliche Vorbringen der Parteien gesetzt[15].

Analog zu den beiden letztgenannten Verfahren ist anzunehmen, daß auch der CERD-Kommission das Recht zur Setzung einer Stellungnahmefrist zusteht. Die Fristsetzung ist nämlich nicht ein Akt der Zwangsgewalt — die der CERD-Kommission sicherlich nicht zusteht —, sondern nur ein Hinweis, daß verspätet eingegangene Unterlagen im Verfahren nicht mehr berücksichtigt werden können. Wenn die Kommission bei der Abwägung zwischen dem Grundsatz der Verfahrensbeschleunigung und dem Grundsatz des audiatur et altera pars gewisse zeitliche Grenzen für die Anhörung der Verfahrensbeteiligten zieht, so dürften dem keine Bedenken entgegenstehen, solange die Stellungnahmefristen ausreichend bemessen sind.

Hinsichtlich der Reihenfolge der einzuholenden zusätzlichen Informationen empfiehlt es sich nicht, für die CERD-Kommission allgemeine Regeln aufzustellen. Je nach der Lage des Falles sollte es dem Ermessen der Kommission anheimgestellt bleiben, von welcher Partei sie zuerst weitere Informationen einholt. Sofern es dem Verfahren dienlich sein sollte, erscheint auch ein gleichzeitiges Ersuchen an beide Parteien möglich[16].

---

[13] Abschlußfristen sind dagegen vorgesehen in Art. 17 II UNESCO-Protokoll (18 Monate) und Art. 42 VII des Pakts über bürgerliche und politische Rechte (12 Monate).

[14] Bericht S. 10, Nr. 15.

[15] Ebd., Nr. 17.

[16] Ablehnend zur gleichzeitigen Einreichung von Schriftsätzen im Rahmen des Art. 63 HA *Wehberg*, Kommentar, S. 122; zur Reihenfolge der Einreichung vgl. Art. 41 VO IGH; s. auch *Hudson*, International Tribunals, S. 91.

2.1 Schriftsätze der Parteien

Es ist zu erwarten, daß die am Streit beteiligten Staaten auf Aufforderung durch die CERD-Kommission sich zu dem materiellen Gehalt der Beschwerde schriftsätzlich äußern werden[17]. Da das Verfahren kontradiktorisch zu gestalten ist[18] wird die Kommission die eingegangenen Informationen der Gegenseite zur Kenntnis zu bringen haben, soweit eine entsprechende Mitteilung nicht bereits auf unmittelbarem Weg zwischen den Verfahrensbeteiligten geschehen ist.

Für den Austausch von Schriftsätzen haben sich in den untersuchten Modellverfahrensordnungen eine Reihe formeller Regeln herausgebildet, die insbesondere Reihenfolge, Form und Fristen der Schriftsatzeinreichung bestimmen. Gerade die Verfahrensregelungen aus dem Bereich der gerichtlichen und schiedsgerichtlichen Verfahren sind in diesen Punkten streng formalisiert[19].

Für das Untersuchungsverfahren sind die Anforderungen im allgemeinen weniger streng. Nach Art. 19 des Haager Streitbeilegungsabkommens von 1907 übermittelt jede Partei der Kommission und der Gegenseite gegebenenfalls die Darlegung über den Tatbestand und in jedem Fall die Akten, Schriftstücke und Urkunden, die sie zur Wahrheitsermittlung als nützlich erachtet, sowie eine Liste der Zeugen und Sachverständigen, deren Vernehmung sie wünscht.

Diese Regelung ist auch für das Vergleichsverfahren bedeutsam, da die Verfahrensvorschriften aus diesem Bereich für die Vornahme von Untersuchungen häufig auf das Untersuchungsverfahren des Haager Abkommens verweisen[20].

In der Praxis bilateraler Vergleichsverfahren wurde jedoch förmlicher verfahren, als nach Art. 19 HA anzunehmen wäre; es kam regelmäßig zu einem Austausch von mémoires und contremémoires, gegebenenfalls gefolgt von Repliken und Dupliken[21].

Aus den menschenrechtssichernden Vergleichsverfahren lassen sich noch keine allgemeinen Regeln ableiten. Ebenso wie die Art. 26 ff. ILO-Satzung enthalten sowohl das UNESCO-Protokoll wie auch Art. 42 des Pakts über bürgerliche und politische Rechte zur Frage der Abwicklung

---

17 So auch in den ILO-Vergleichsverfahren: Ghana vs. Portugal, Bericht S. 10, Nr. 17; S. 13, Nr. 28 f.; Portugal vs. Liberia, Bericht S. 21 ff., Nr. 14 ff.

18 s. unter B., 2. Abschn., 1. Kap., Ziff. 5.

19 Vgl. Art. 50 ff. VO CACJ; Art. 40 ff. VO IGH; Art. 37 ff. VO EuGH; Art. 28 VO Schiedskommission nach dem Deutschlandvertrag; Art. 63 HA; Art. 15 MR; zur Bezeichnung der Schriftsätze s. *Hudson*, International Tribunals, S. 91.

20 Art. 19 deutsch-schweiz. Schiedsvertrag; Art. 9 Locarno-Verträge; Art. 11 I GA; Art. 12 I ESK; Sect. II Art. 12 VO StSchH.

21 Nachweise bei *Wehberg*, Vergleichskommissionen, S. 567 ff.

des schriftlichen Verfahrens keine näheren Bestimmungen; es bleibt abzuwarten, in welcher Weise die in Zukunft zu diesen Rahmenverfahrensnormen ergehenden präzisierenden Einzelverfahrensordnungen dieses Problem angehen werden. Aus dem Verfahrensrecht der Europäischen Menschenrechtskommission läßt sich aber ein Trend zu einem weniger formalisierten Verfahren ablesen. Nach Art. 47 ihrer Verfahrensordnung bestimmt der Präsident der Kommission, daß die Parteien innerhalb bestimmter Fristen ihr Vorbringen und ihre Beweisangebote einzureichen haben.

In Anlehnung an diese Vorschrift erscheint auch im Verfahren vor der CERD-Kommission eine flexible Gestaltung des schriftlichen Verfahrens zweckmäßig.

Die Schriftsätze der Parteien sind regelmäßig in der Arbeitssprache des jeweiligen Gremiums abzufassen[22]. Die Gestattung des Gebrauchs anderer Sprachen, der regelmäßig mit der Verpflichtung zur Vorlage einer Übersetzung in die Arbeitssprache verbunden ist[23], hat Bedeutung nur für die Vorlage von Akten und Dokumenten sowie mündliche Ausführungen.

2.2 Beigefügte Unterlagen

Die untersuchten Modellverfahrensordnungen sehen regelmäßig vor, daß die Parteien ihren schriftlichen Einlassungen Akten, Schriftstücke und Urkunden zur Unterstützung ihres Vortrags beifügen und eine Liste von Personen vorlegen, deren Vernehmung vor dem jeweiligen Gremium sie wünschen[24]. Soweit die Schriftsätze auf dokumentarisches Material Bezug nehmen, ist dieses als Anlage beizufügen[25], sofern es nicht allgemein zugänglich ist.

Es ist damit zu rechnen, daß auch die im Rahmen des Art. 12 Abs. 8 CERD vorgelegten Informationen der Parteien von dokumentarischen Unterlagen begleitet sein werden. In diesen Fällen wird, soweit diese Unterlagen nicht zufällig in der Arbeitssprache der Kommission verfaßt sein sollten, für eine entsprechende Übersetzung zu sorgen sein. Die Übersetzung ist regelmäßig Angelegenheit der vorlegenden Partei[26]; jedoch ist gelegentlich zugelassen, daß sich bei umfangreichen Unter-

---

[22] Vgl. Art. 51 Reg. CACJ; Art. 39 VO IGH; Art. 29 § 3 VO EuGH.

[23] Vgl. Art. 39 III Statut IGH iVm. Art. 39 III, IV VO IGH; Art. 29 § 3 VO EuGH; Art. 48 III VO EuKMR; Art. 27 II VO EuGHMR.

[24] Vgl. Art. 19 HA; Art. 43, 49 VO IGH; Art. 18 Statut EuGH iVm. Art. 37 § 4, 38 § 1, 40 § 1, 42 § 1 VO EuGH; Art. 47 VO EuKMR; Art. 14 ESK; Art. 13 GA.

[25] Art. 43 II Statut IGH; Art. 15 II MR.

[26] Vgl. Art. 39 III, IV VO IGH; Art. 29 § 3 VO EuGH; Art. 48 III VO EuKMR; Art. 27 II VO EuGHMR.

lagen die Übersetzung auf die wesentlichen Partien beschränken darf[27]. Wegen des häufig sehr großen Umfangs des beigefügten Aktenmaterials ist diese Bestimmung für die Parteien von großer Bedeutung.

Die Aufnahme entsprechender Vorschriften in die Geschäftsordnung der CERD-Kommission erscheint zweckmäßig.

An die Vorlage von dokumentarischem Material knüpfen sich einige Fragen, die die Zulässigkeit der Vorlage von Urkundenabschriften und eidesstattlichen Versicherungen sowie die Form von Beglaubigungen betreffen.

Alle Erörterungen, die die Zulässigkeit gewisser Formen von Urkunden zum Gegenstand haben, sind mehr oder weniger bewußt von der im angloamerikanischen Rechtskreis geltenden „best evidence rule" beeinflußt[28], die Beweismittel nur in der jeweils bestgesicherten Authentizität zuläßt. Nach kontinentaleuropäischem Rechtsverständnis handelt es sich hier nicht um eine Frage der Zulässigkeit von Beweismitteln, sondern um ein Problem der Beweiswürdigung[29].

Dies gilt in besonderem Maße für die Vorlage eidesstattlicher Versicherungen („affidavits")[30]. Trotz aller im Schrifttum geäußerter Bedenken[31] ist die Verwertbarkeit eidesstattlicher Versicherungen in der internationalen Rechtsprechung anerkannt[32]. Im Bereich der menschenrechtssichernden Vergleichsverfahren hat sich die ILO-Kommission im Fall Portugal v. Liberia dieser Rechtsprechung zu Recht angeschlossen[33].

Hinsichtlich der Form von Beglaubigungen reicht jede Art von Bestätigung durch den vorlegenden Staat aus[34].

---

[27] So Art. 48 III VO EuKMR.

[28] Vgl. die Ausführungen von *Lalive*, ASDI Bd. 7, S. 89; *Oort*, Bewijs, S. 184 ff.; *Witenberg*, RdC 1936 II, S. 70; *Sandifer*, Evidence, S. 174 ff.

[29] So auch das Urteil im Salem-Fall, RSA II, S. 1197 f.: „It is however left to the discretion of the Arbitral Tribunal to judge how far they will give weight to such sworn affidavits."

[30] Vgl. *Lalive*, S. 89: „L'affidavit est une preuve qui se trouve à mi-chemin entre la preuve documentaire et la preuve testimoniale. C'est le procès-verbal d'une déclaration, faite sous serment, devant un magistrat et sur l'initiative d'une partie, aux fins de certifier la réalité de certains faits ou l'authenticité de certains documents. Le rôle du magistrat (souvent simple juge de paix ou ‚notaire public' dans le sens anglo-saxon du terme) est d'ailleurs purement formel. Il consiste à enregistrer le serment et ne comporte aucun examen du fond de la question. On voit que la procédure extrajudiciaire de l'affidavit offre beaucoup moins de garanties que celle de l'enquête par témoins faite devant le tribunal du fond ou que celle de la commission rogatoire."

[31] Vgl. etwa *Kiesselbach*, ZaöRV 1933, S. 572; *Lalive*, S. 89; *Oort*, S. 184 ff.

[32] Im Salem-Fall, s. Fn. 29; im Mavrommatis-Fall vor dem StIGH; im Korfu-Kanal-Fall vor dem IGH; Nachweise bei *Oort*, S. 186.

[33] Bericht S. 40 f., Nr. 61.

[34] Vgl. *Sandifer*, S. 194 - 202.

Diese speziellen Fragen sind nur selten ausdrücklich geregelt[35]. Auch die CERD-Kommission sollte auf eine Regelung in der Geschäftsordnung verzichten und statt dessen ad hoc entscheiden, falls diese Fragen einmal auftreten sollten.

3. Das weitere Verfahren

Nachdem die CERD-Kommission alle von ihr für erforderlich gehaltenen zusätzlichen Informationen gem. Art. 12 Abs. 8 CERD eingeholt hat, wird sie zu prüfen haben, ob sie nunmehr über alle tatsächlichen und rechtlichen Grundlagen des Streitfalls hinreichend informiert ist, um entscheiden zu können, ob der inkriminierte Vertragsstaat die Bestimmungen der Konvention — dem Vortrag des mitteilenden Staates entsprechend — nicht durchführt.

Fühlt sich die Kommission hinreichend informiert, so wird sie zweckmäßig durch förmlichen, den Parteien mitzuteilenden Beschluß die Ermittlungen für abgeschlossen erklären. Ein vorheriges mündliches Schlußgehör erscheint nicht notwendig, da die Parteien im schriftlichen Verfahren Gelegenheit zur Äußerung hatten. Jedoch sollte analog Art. 29 HA die Möglichkeit zu einer abschließenden schriftlichen Stellungnahme gegeben werden.

Der Beschluß über den Abschluß der Ermittlungen erzeugt in den untersuchten Modellverfahrensordnungen regelmäßig Präklusionswirkung für weitere Parteivorbringen[36], schließt aber nicht aus, daß das jeweilige Organ nachträglich bekanntgewordenes Material in seine Erwägungen einbezieht[37]. Da wegen des Grundsatzes des kontradiktorischen Verfahrens der Gegenseite jeweils Möglichkeit zur Stellungnahme einzuräumen ist[38], bedeutet dies zugleich einen Wiedereintritt in das Ermittlungsverfahren.

In entsprechender Weise könnte auch die CERD-Kommission verfahren.

In zwei Fällen kommt jedoch nach Abschluß des schriftlichen Verfahrens eine förmliche Beweisaufnahme durch die Kommission in Betracht: wenn die Kommission der Auffasung ist, die bisherigen Informationen seien nicht ausreichend und die Möglichkeiten des schrift-

---

[35] So in einigen Verfahrensordnungen amerikanischer Claims Commissions; Nachweise bei *Oort*, S. 184 ff.

[36] Vgl. Art. 67 HA; Art. 52 Statut IGH iVm. Art. 48 I VO IGH; Art. 42 § 2 VO EuGH; Art. 28, 35 lit. a) VO der Schiedskommission nach dem Deutschlandvertrag; Art. 23 lit. a) VO der Organe des LSchA; Art. 17 MR.

[37] Art. 68 HA; Art. 48 II VO IGH; Art. 35 lit. b) VO der Schiedskommission nach dem Deutschlandvertrag; Art. 23 lit. b) VO der Organe des LSchA; Art. 17 MR.

[38] s. unter B., 2. Abschn., 1. Kap., Ziff. 5.

lichen Verfahrens seien ausgeschöpft; zum andern, wenn die Parteien Zeugen oder Sachverständige benannt oder eine Augenscheinseinnahme angeboten haben. Werden parteiseitig Zeugen oder Sachverständige präsentiert, so wird sich die Kommission einer Anhörung dieser Personen in einem noch näher zu bestimmenden Umfang nicht entziehen können. Denn andernfalls würde sie sich dem Vorwurf aussetzen, sie habe die Möglichkeit zur Herbeiführung einer friedlichen Beilegung der Kontroverse nicht ausgeschöpft und damit ihre konziliatorische Funktion vernachlässigt.

Derartige Beweisaufnahmen sind in der Verfahrensordnung der Europäischen Menschenrechtskommission vorgesehen[39]. Das Fehlen entsprechender Vorschriften in Art. 26 ff. ILO-Satzung, dem UNESCO-Protokoll und dem Pakt über bürgerliche und politische Rechte erklärt sich aus ihrem Charakter als Rahmenverfahrensordnungen. Aus dem Schweigen der Rassendiskriminierungskonvention über die Zulässigkeit förmlicher Beweisaufnahmen läßt sich aus demselben Grund nicht auf eine grundsätzliche Unzulässigkeit schließen[40].

Beschließt die CERD-Kommission eine förmliche Beweisaufnahme, so leitet sie damit das schriftliche Verfahren in ein mündliches Verfahren über.

4. Das mündliche Verfahren

Ein mündliches Verfahren vor der CERD-Kommission dient lediglich der Beweisaufnahme. Eine eigentliche mündliche Verhandlung, wie sie in gerichtlichen Verfahren vorgesehen ist[41], findet vor der Kommission nicht statt. In gerichtlichen Verfahren kommt es regelmäßig zur Abgabe umfangreicher Erklärungen durch die Rechtsbeistände und Agenten der Parteien, aus denen sich häufig eingehende Rechtsgespräche entwickeln[42]. Derartige Erörterungen können nicht Aufgabe der CERD-Kommission sein. Sie ist kein gerichtliches Organ. Soweit das Verfahren vor der Kommission Ähnlichkeiten mit gerichtlichen Verfahren aufweist, ist dies dadurch bedingt, daß jede Tatsachenfeststellung in gewissen, durch die Natur der Sache bestimmten Grundformen durchgeführt wird, die in allen Verfahrensarten wiederkehren, mithin nicht gerichtsverfahrenstypisch sind.

Der eigentliche Schwerpunkt der Ermittlungstätigkeit der Kommission soll im schriftlichen Verfahren liegen; das mündliche Verfahren in

---

[39] Art. 50 I, 51, 54 - 57 VO EuKMR.

[40] s. unter B., 2. Abschn., 4. Kap., Ziff. 1.

[41] s. Art. 43 Statut IGH iVm. Art. 45 VO IGH; Art. 18 Statut EuGH iVm. Art. 54 VO EuGH; Art. 36 VO EuGHMR; vgl. auch Art. 63 HA; Art. 15 I MR.

[42] Vgl. *Hudson*, International Tribunals, S. 92.

Form einer Beweisaufnahme dient lediglich der Komplettierung des Informationsstandes der CERD-Kommission.

Es ist zum schriftlichen Verfahren rein subsidiär[43]; sofern die Kommission eine Beweisaufnahme nicht für erforderlich hält, findet kein mündliches Verfahren statt.

[43] Ebenso im Untersuchungsverfahren des HA, vgl. *Wehberg*, Kommentar zu Art. 29 HA.

Viertes Kapitel

Beweisaufnahme

1. Die Zulässigkeit förmlicher Beweisaufnahmen durch die CERD-Kommission

Die Rassendiskriminierungskonvention sieht die Möglichkeit einer formellen Beweisaufnahme nicht ausdrücklich vor. Art. 12 Abs. 8 CERD erwähnt als Erkenntnisquellen lediglich die vom CERD-Ausschuß zur Verfügung gestellten sowie die auf Aufforderung der Kommission von den Parteien zusätzlich beigebrachten Angaben. Kann aus dem Fehlen entsprechender ausdrücklicher Normierung auf die Unzulässigkeit förmlicher Beweisaufnahmen geschlossen werden?

Zunächst ist festzustellen, daß in internationalen Streitbeilegungsverfahren, in denen die Streitsubjekte Staaten sind, förmliche Beweisaufnahmen regelmäßig vorgesehen sind[1]. Bei aller Unterschiedlichkeit der Ausgestaltung im Detail gibt es in den Grundzügen dieser Verfahren zahlreiche Übereinstimmungen, die durch die gleiche Funktion der Beweisaufnahme innerhalb der verschiedenen Verfahrensarten bedingt sind.

Rein formell ist die Beweisaufnahme in den gerichtlichen Verfahrensarten regelmäßig Bestandteil der mündlichen Verhandlung[2]; lediglich vor dem Europäischen Gerichtshof ist sie der mündlichen Verhandlung vorgeschaltet[3]. Jedoch kann im letzteren Fall jederzeit wieder in die Beweisaufnahme eingetreten werden[4], so daß der Unterschied letztlich nur sekundäre Bedeutung hat. In anderen Verfahrensarten, in denen eine eigentliche mündliche Verhandlung in der Regel nicht stattfindet,

---

[1] Gerichtliche und schiedsgerichtliche Verfahren: Art. 90 HA; Art. 37 ff. iVm. Art. 19 ff. HA; Art. 63 ff. VO CACJ; Art. 43 V Statut IGH iVm. Art. 53 ff. VO IGH; Art. 29 Statut EuGH iVm. Art. 45 ff. VO EuGH; Art. 38 ff. VO EuGHMR; Art. 14 Konvention über das WEU-Rüstungskontrollgericht; Art. 11 Protokoll ENEA-Gericht; Art. 31 ff. VO des Schiedsgerichts des LSchA; Art. 26 GA; Art. 24 ESK; Art. 18 MR; Untersuchungsverfahren: Art. 19 ff. HA; Art. 22 f. BP; zur Beweisaufnahme in den Verfahren der UN-Untersuchungskommissionen s. UN-Organization and Procedure, S. 35 ff.

[2] Art. 47 - 60 VO IGH iVm. Art. 43 V Statut IGH; Art. 38 ff. VO EuGHMR.

[3] Art. 45 - 54 VO EuGH: Beweisaufnahme; Art. 55 - 62 VO EuGH: mündliche Verhandlung; jedoch umfaßt nach Art. 18 IV Statut EuGH die mündliche Verhandlung auch die Vernehmung von Zeugen und Sachverständigen.

[4] Art. 60 VO EuGH.

ist die Beweisaufnahme die einzige ins Gewicht fallende Erscheinungsform einer mündlichen Erörterung.

Förmliche Beweisaufnahmen sind auch in den völkerrechtlichen Vergleichsverfahren allgemeiner Art vorgesehen[5]. In diesem Punkt ist eine konsequente Linie von dem deutsch-schweizerischen Schiedsvertrag über die Locarno-Verträge, die Generalakte von Genf und New York, den Pakt von Bogotá bis hin zum Europäischen Streitbeilegungsabkommen festzustellen.

Darüber hinaus ist es auch in der Praxis bilateraler Vergleichskommissionen zu förmlichen Beweisaufnahmen gekommen[6].

Auch in den menschenrechtssichernden Vergleichsverfahren sind förmliche Beweisaufnahmen teilweise ausdrücklich vorgesehen; in dieser Hinsicht sind sich die Verfahrensordnungen der Europäischen und der Interamerikanischen Menschenrechtskommission ähnlich[7].

Die Zulässigkeit förmlicher Beweisaufnahmen ist im menschenrechtssichernden Bereich auch nicht auf regionale Kontrollmechanismen beschränkt. So haben verschiedene Vergleichsorgane der ILO förmliche Beweisverfahren durchgeführt, ohne daß hierzu eine ausdrückliche Ermächtigung in der ILO-Satzung verankert wäre[8]. In diesen Fällen sind die in der ILO-Satzung nur äußerst knapp gefaßten Rahmenverfahrensvorschriften unter dem Blickwinkel der Ermittlungsfunktion des Verfahrens als ausreichende Legitimationsgrundlage für die Durchführung eines förmlichen Beweisverfahrens interpretiert worden. Dementsprechend hat der ILO-Verwaltungsrat bei der Einsetzung der Vergleichskommission im Fall Ghana v. Portugal auch die Kommission instruiert[9]. Diese umriß das Problem folgendermaßen:

„... the Commission considered that its functions were not confined to examining only such information as may be submitted by or in support of the parties, but that it should itself take all necessary steps to insure, in accordance with the general directive given to it by the Governing body, that it had at its disposal thorough and objective information concerning the questions at issue“[10].

Diese Ausgangsposition ist, soweit ersichtlich, von keiner Seite in Frage gestellt worden.

---

[5] Art. 16 deutsch-schweiz. Schiedsvertrag; Art. 9 Locarno-Verträge; Art. 11 GA; Art. 12 I ESK, jeweils iVm. Titel III HA; Art. 22 f. BP.

[6] So im französisch-marokkanischen Fall, vgl. *Wehberg*, Vergleichskommissionen, S. 584 f.

[7] Art. 51 ff. VO EuKMR; Art. 50 VO AmKMR iVm. Art. 48 I AmMRK.

[8] Fall Ghana vs. Portugal, Bericht S. 16 ff.; Fall Portugal vs. Liberia, Bericht S. 37 ff.; Bericht Griechenland, S. 16 ff.; Bericht Japan, S. 14 ff.

[9] Bericht S. 5 f., Nr. 9 f.

[10] Bericht S. 9, Nr. 15.

Die Verfahrensregelung in Art. 12, 13 CERD weist eine enge Affinität zu den normativen Grundlagen des soeben dargestellten Verfahrens nach Art. 26 ff. ILO-Satzung dar, wie bereits der Textvergleich zeigt. Zugleich sind die Funktionen beider Verfahrensarten insoweit identisch, als es sich in beiden Fällen um Staatenbeschwerdeverfahren in Form eines Vergleichsverfahrens zur Erfüllungskontrolle des jeweiligen Vertrages im Interesse des Menschenrechtsschutzes handelt. Darüber hinaus hat die ILO-Regelung eine paradigmatische Rolle bei den Vorarbeiten zu Art. 12, 13 CERD gespielt, und auch das Verfahren, das die ILO-Vergleichskommissionen befolgt hatten, war bei der Ausarbeitung der Rassendiskriminierungskonvention bekannt. Diese Gründe sprechen dagegen, daß die mit den Art. 26 ff. ILO-Satzung weitgehend ähnlichen Art. 12, 13 CERD ein förmliches Beweisverfahren ausschließen.

Eine gegenteilige Annahme kann nicht aus der Tatsache hergeleitet werden, daß auch im Verfahren vor der Ad-hoc-Vergleichskommission nach Art. 42 des Pakts über bürgerliche und politische Rechte und vor der Vergleichskommission nach dem UNESCO-Protokoll eine förmliche Beweisaufnahme keine ausdrückliche Erwähnung findet. Denn in beiden Fällen handelt es sich um Rahmenvorschriften, die der Konkretisierung durch Einzelverfahrensordnungen bedürfen. In der Folge des Verfahrens, das die ILO-Vergleichskommissionen eingeschlagen haben, ist damit zu rechnen, daß auch die letztgenannten Kommissionen nötigenfalls zu förmlichen Beweisaufnahmen schreiten werden.

Die Ableitung der Befugnis zur Durchführung förmlicher Beweisaufnahmen durch die CERD-Kommission aus textkritischen und entstehungsgeschichtlichen Gründen wird nachhaltig gestützt durch eine teleologische Interpretation der Art. 12, 13 CERD. Aus der Erfüllungskontrollfunktion der Kommission folgt die Notwendigkeit zur umfassenden Tatsachenermittlung, die gegebenenfalls nur durch förmliche Beweisaufnahme erfolgen kann. Aber auch die konziliatorische Funktion der Kommission führt zu demselben Ergebnis aus der Erwägung heraus, daß die Kommission ohne gründliche Sachaufklärung zur Unterbreitung sachlich angemessener und erfolgversprechender Vergleichsvorschläge nicht in der Lage sein wird.

2. Zulässigkeit von Beweismitteln

In Kompromissen, Statuten und Verfahrensordnungen finden sich regelmäßig keine Bestimmungen darüber, welche Arten von Beweismitteln im Verfahren generell zulässig sind[11]. Aus der Sicht kontinental-

---

[11] Ausnahme: Art. 48 VO der Gemischten Schiedsgerichte zwischen Belgien einerseits und Deutschland, Österreich und Ungarn andererseits; Art. 52 VO

europäischer Rechtsordnungen ist das Fehlen einer solchen Regelung verständlich, da grundsätzlich alles als Beweismittel herangezogen werden kann, was der Wahrheitsfindung dient.

Wenn dennoch im völkerrechtlichen Schrifttum die Problematik der generellen Zulässigkeit von Beweismitteln häufig erörtert wird[12], so wird dies nur vor dem Hintergrund des strengen Beweisregeln unterworfenen anglo-amerikanischen Beweisrechts verständlich. Danach ist auf die Beweisführung beispielsweise die „best evidence rule" anzuwenden. Diese besagt,

> „that proof must always be made by the best means available for where reliable evidence is available and a party seeks to adduce less reliable evidence, his motive becomes suspect; he is likely to be doing so because the production of the best evidence will show something inimical to his case"[13].

Zulässigkeitsregeln dieser Art haben in die untersuchten Modellverfahrensordnungen keinen Eingang gefunden.

Das weitgehende Fehlen einer ausdrücklichen Regelung der Zulässigkeit von Beweismitteln in völkerrechtlichen Verfahrensordnungen beruht auf der in Rechtsprechung[14] und Schrifttum[15] nahezu einhellig vertretenen Auffassung, daß aus Gründen der Elastizität des Verfahrens[16]

---

der Gemischten Schiedsgerichte zwischen Ungarn einerseits und Frankreich sowie Rumänien andererseits; s. RDTAM Vol. I, 39, 177; Vol. II, 138, 820, 831; diese Normen sahen vor, daß alle Beweismittel zulässig seien; s. aber Art. 45 § 2 VO EuGH.

[12] Statt vieler: *Evensen*, Evidence before International Courts, Acta Scandinavica Iuris Gentium, Bd. 25 (1955), S. 44 ff.; *Oort*, S. 64 f., 179 ff. mwN.

[13] *James*, Introduction to English Law, 7. Aufl. 1969, S. 84; die angesprochene Problematik wird in anderen Rechtsordnungen im Rahmen der Beweiswürdigung erfaßt.

[14] Vgl. die Entscheidung des SchiedsG v. 24. 7. 1930 im Shufeldt-Claim zwischen USA und Guatemala, UNRIAA Vol. 2, S. 1079 (1083, 1098); „International Courts are by no means as strict as municipal courts and cannot be bound by municipal rules in the receipt and admission of evidence ... No international tribunal will allow municipal legal fictions of this sort to prevent them doing strict justice"; vgl. auch US-Mexican General Claims Commission, Entscheidung v. 31. 3. 1926 im Parker-Case, UNRIAA Vol. 4, S. 35 (39): „... the greatest liberality will obtain in the admission of evidence before this Commission with the view of discovering the whole truth with respect to each claim submitted."; ebenso British-Mexican Claims Commission, 8. 11. 1929, UNRIAA Vol. 5, S. 27.

[15] *Oort*, S. 181, 190; ausführlich *Sandifer*, S. 119 - 137 mit zahlreichen Nachweisen; *Witenberg*, RdC 1936 II, S. 87: „... la notion de l'admissibilité est écartée par le droit arbitral international ... la pratique internationale est très nette à considérer qu'aucun principe ne limite le pouvoir du juge d'admettre concurrement tous les modes de preuve."

[16] s. dazu insbes. *Ferrari-Bravo*, La prova, S. 126 f.: „Più volte, infatti, i tribunali internazionali hanno riaffermato l'estrema elasticità della procedura internazionale in questa materia, negando soddisfazione alle pretese avanzate, ora da questo ora da quell'altro Stato, al fine dell'esclusione a priori di alcune categorie di mezzo di prova.".

eine generelle Regelung untunlich sei. Es gibt also keine feststehenden Typen von Beweismitteln. Zulässig ist jedes Beweismittel, das geeignet ist, der Wahrheitsfindung zu dienen[17]. Soweit in den Verfahrensordnungen Beweismittel aufgezählt sind[18], hat die Aufzählung nur die Bedeutung eines Ordnungsschemas; Beweismittel, die nicht ohne weiteres in die aufgezählten Kategorien einzureihen sind, werden dadurch nicht unzulässig[19].

Diese Ausführungen gelten in gleicher Weise für das Verfahren der CERD-Kommission. Aus dem Gebot der umfassenden Sachverhaltsklärung folgt, daß eine Beschränkung auf bestimmte Arten von Beweismitteln dem Ziel des Vergleichsverfahrens zuwiderlaufen würde[20]. Daher steht es auch der CERD-Kommission frei, alles als Beweismittel heranzuziehen, was sie im Interesse der Wahrheitsfindung als erforderlich erachtet.

3. Beweisverwertungsverbote

Von der Frage der generellen Zulässigkeit bestimmter Arten von Beweismitteln ist das Problem zu unterscheiden, ob im Einzelfall die Verwertung eines bestimmten Beweismittels aus besonderen Gründen unzulässig sein kann (Beweisverwertungsverbot).

Beweisverwertungsverbote existieren auch im internationalen Verfahrensrecht. Sie beziehen sich insbesondere auf Beweismittel, die die Parteien ausgeschlossen haben oder die einen vertraulichen Charakter tragen[21]. Auch kann die Verwertbarkeit persönlichen Wissens der Gremienmitglieder zweifelhaft sein[22].

In den untersuchten Modellverfahrensordnungen finden sich jedoch keine ausdrücklichen Beweisverwertungsverbote; vielmehr wird über die Frage der Verwertbarkeit erst in casu entschieden[23].

---

[17] Vgl. StIGH im Fall der brasilianischen Anleihen zur Frage, auf welche Weise die Ermittlung innerstaatlichen Rechts vorzunehmen sei: „... à l'aide de toutes recherches auxquelles la Cour jugerait convenable de procéder ou de faire procéder ...", Série A, No. 20/21, S. 124; vgl. auch die Definition des Beweismittels bei *Oort*, S. 181: „een fenomeen in een procedure voor de internationale rechter, geschikt om bij de internationale rechter de overtuiging te wekken, dat een beweerd processueel feit materieel waar is".

[18] z. B. Art. 45 § 2 VO EuGH.

[19] So wurden als Beweismittel verwandt: Modelle (StIGH im Maaswasser-Fall), Grundreliefs (IGH im engl.-norweg. Fischereistreit), Filme (IGH im Tempel-Fall, ICJ Reports 1962, S. 9); Nachweise bei *Evensen*, S. 53 f.

[20] So auch die ILO-Vergleichskommission im Fall Portugal vs. Liberia, Bericht S. 41 f., Nr. 62.

[21] So *Witenberg*, RdC 1936 II, S. 87, der von einer „inadmissibilité relative" spricht; s. auch *Oort*, S. 182.

[22] Dafür: *Oort*, S. 182.

Art. 18 I MR bestimmt hierzu:

„The tribunal shall decide as to the admissibility of evidence that may be adduced . . ."

Auch im Verfahren vor der CERD-Kommission ist es denkbar, daß gewisse Beweise einem Verwertungsverbot unterliegen können. Deshalb kann auch in der Geschäftsordnung der Kommission in Anlehnung an Art. 18 I MR bestimmt werden, daß die Kommission aus gegebenem Anlaß über die Verwertbarkeit eines bestimmten Beweises zu befinden hat.

Im Hinblick auf die internationale Praxis und aus Zweckmäßigkeitserwägungen empfiehlt es sich, daß die Geschäftsordnung der Kommission von einer näheren Bezeichnung der ein Beweisverwertungsverbot begründenden Umstände absieht.

4. Zeugenbeweis

Der Zeugenbeweis ist in der Hand eines jeden Organs, das eine Tatsachenermittlung durchzuführen hat, ein wichtiges Beweismittel, da er eine effektive Ermittlung ermöglicht. Deshalb ist der Zeugenbeweis auch sowohl im Bereich der Menschenrechtssicherung als auch der allgemeinen Streitschlichtung weithin vorgesehen. Es ist dasjenige Beweismittel, dessen Handhabung in den untersuchten Modellverfahrensordnungen am detailliertesten durchnormiert ist[24]. Als Zeugen kommen Privatpersonen und staatliche Beamte[25], Organe internationaler Organisationen und internationaler, nichtstaatlicher Organisationen in Frage[26].

Im weitesten Umfang ist die Zeugenvernehmung in den herkömmlichen Streitbeilegungsverfahren vorgesehen. Ausgehend von dem Haager Streitbeilegungsabkommen von 1907[27] ist die Möglichkeit der Zeugeneinvernahme eingeflossen in Statut und Verfahrensordnung des IGH[28], in die Generalakte[29], den Bogotá-Pakt[30], die Europäische Streit-

---

[23] *Oort*, S. 182.

[24] Daher ist eine gewisse Überproportionalisierung bei der Darstellung des Zeugenbeweises unvermeidbar.

[25] Zu den damit verbundenen innerstaatlichen Problemen im Rahmen des Beamtenrechts vgl. *A. Clemens*, Der europäische Beamte und sein Disziplinarrecht, 1962.

[26] Vgl. *Khol*, S. 463.

[27] Art. 19 und 90 (im summarischen Verfahren).

[28] Art. 43 V, Art. 51 Statut; Art. 49 VO (gleichlautend: Art. 27 VO des Schiedsgerichtshofs und der Gemischten Kommission nach dem LSchA); Art. 72 VO für das summarische Verfahren.

[29] Art. 13.

[30] Art. 23.

beilegungskonvention[31], das Statut des EGKS-Gerichtshofs[32] und später in Statut und Verfahrensordnung des EuGH[33].

Auch die Model Rules on Arbitral Procedure sehen eine Zeugenvernehmung vor[34].

Eine Zeugenvernehmung ist im Rahmen der Europäischen Menschenrechtskonvention vor der Kommission[35] und dem Gerichtshof[36] vorgesehen. Im amerikanischen Rahmen ist sie vor der Interamerikanischen Menschenrechtskommission[37] möglich. Das gleiche gilt für das Beschwerdeverfahren nach Art. 26 der ILO-Satzung, aufgrund dessen in den bisher durchgeführten Verfahren eigene Zeugenordnungen erlassen wurden[38]. Entsprechend hat der ILO-Ausschuß im Verfahren zum Schutz gewerkschaftlicher Rechte die Einvernahme von Zeugen beschlossen[39]. Schließlich ist eine Zeugenvernehmung auch im Rahmen der UN-Konvention zum Schutz bürgerlicher und politischer Rechte möglich[40].

4.1 Zeugnisfähigkeit

Die Frage der Zeugnisfähigkeit wird in den untersuchten Modellverfahrensordnungen nur selten geregelt. Art. 42 VO der Schiedskommission nach dem Deutschlandvertrag bestimmt, daß jede Person, die nicht Prozeßpartei ist, als Zeuge vernommen werden kann. Dagegen können nach Art. 51 VO des Schiedsgerichtshofs und der Gemischten Kommission nach dem Londoner Schuldenabkommen die Prozeßparteien als Zeugen aussagen.

Ob die CERD-Kommission dem letzteren, am angelsächsischen Rechtsdenken orientierten Vorbild folgen oder als Zeugen nur Personen, die nicht Partei sind, hören sollte, scheint praktisch nicht von großer Bedeutung zu sein. Unter dem Gesichtspunkt der Wahrung einer gewissen Kontinuität des internationalen Sicherungsverfahrensrechts dürfte die

---

31 Art. 12 II, III.

32 Art. 21 IV, Art. 28 III.

33 Art. 18 IV, Art. 23, 29 Statut; Art. 45 § 2, 47 § 1, 49 § 3 VO.

34 Art. 18 I.

35 Art. 54 VO

36 Art. 38 I VO.

37 Art. 50 VO.

38 Ghana v. Portugal, Bericht S. 17 f.; Portugal v. Liberia, Bericht S. 38; s. auch *Haas*, Beyond the Nation State, S. 363, 366 f.

39 Bericht über die Gewerkschaftssituation in Griechenland, S. 17; Bericht über die Koalitionsfreiheit öffentlicher Angestellter in Japan, S. 20.

40 *Khol*, S. 243; auch die Ad-hoc-Arbeitsgruppe der UN-Menschenrechtskommission im Fall der Mißhandlung politischer Gefangener in der Südafrikanischen Union führte Zeugenvernehmungen durch, s. dazu *Ermacora*, Enquiry Commissions, S. 188, 191.

letztere Möglichkeit vorzuziehen sein. Denn auch im Verfahren Ghana vs. Portugal nach Art. 26 ILO-Satzung wurden nur Zeugen vernommen, die nicht mit den Parteien identisch waren[41].

4.2 Zeugenbenennung

Die Benennung der Zeugen erfolgt in der Regel durch die Parteien[42]. Die Zeugenbenennung seitens der Parteien ist regelmäßig Bestandteil des schriftlichen Verfahrens. Zu den von den Parteien zu übermittelnden Prozeßdokumenten gehört häufig eine Beweismittelliste, die die Zeugen benennt, deren Vernehmung die betreffende Partei wünscht[43]. Die Zeugenbenennung muß Namen, Beruf und ladungsfähige Anschrift der Zeugen enthalten und das Beweisthema anführen[44]. In einigen Fällen sind die Zeugen bereits in Klageschrift und -beantwortung zu benennen[45].

Aus praktischen Erwägungen sollte auch im Vergleichsverfahren vor der CERD-Kommission in Anlehnung an die internationale Praxis die parteiseitige Zeugenbenennung möglichst frühzeitig, also jedenfalls im schriftlichen Verfahren, erfolgen. Namen, ladungsfähige Anschrift und Beweisthema sind auch hier von den Parteien anzugeben.

4.3 Zeugenladung

Die Ladung der Zeugen wird regelmäßig durch das Gremium vorgenommen[46]. Gelegentlich ist auch eine Ladung durch die Parteien auf Ersuchen des Gerichts vorgesehen[47]. Die Ladung kann auf Parteiantrag[48], von Amts wegen[49] und in einigen Fällen auch auf Antrag Dritter[50] vor-

---

41 Bericht S. 16 f.; daß Parteivertreter nicht als Zeugen vernommen werden konnten, ergibt sich schon aus dem Anwesenheitsrecht der Parteivertreter bei der Zeugenvernehmung, s. § 2 der Zeugenordnung, ibid.

42 So Art. 19, 90 HA; Art. 49 VO IGH; Art. 12 II ESK; Art. 27 VO der Organe des LSchA.

43 So Art. 19, 90 HA; Art. 49 VO IGH; Art. 27 VO der Organe des LSchA.

44 So Art. 49 VO IGH; gleichlautend Art. 27 VO der Organe des LSchA.

45 So Art. 72 III VO IGH im abgekürzten Verfahren; die so benannten Zeugen müssen zum persönlichen Erscheinen vor dem IGH zur Verfügung stehen, vgl. Art. 72 V VO IGH; ferner: Art. 38 § 1 e) und Art. 40 § 1 d) VO EuGH; Art. 63 VO CACJ.

46 Art. 25 HA; Art. 11 III GA; Art. 23 BP; Art. 39 I VO EuGHMR (Ladung durch den Kanzler); Art. 54 II VO EuKMR (Ladung durch den Sekretär); Art. 19 II Satzung des SchiedsG des Deutschlandvertrags; Art. 22 VO der SchiedsK des Deutschlandvertrags; Art. 12 Satzung der SchiedsK des Überleitungsvertrags; Art. 11 I VO Saar-SchiedsG.

47 So Art. 54 VO IGH.

48 Art. 25 HA; Art. 11 III GA; Art. 12 II ESK; Art. 54 I VO EuKMR; Art. 11 I VO Saar-SchiedsG; Art. 47 § 1 VO EuGH.

49 Wie Fn. 48, jedoch Art. 12 *III* ESK.

genommen werden. Soweit die Ladung Personen mit Aufenthalt in einem der Staaten, die Partei sind, betrifft, ist der Aufenthaltsstaat häufig im Rahmen seiner Verfahrensförderungspflicht zur Weiterleitung der Ladung verpflichtet[51].

Der Ladung geht regelmäßig ein Ladungsbeschluß voraus, der unter Angabe von Namen, Beruf und Anschrift des Zeugen die Tatsachen bezeichnet, über die dieser zu vernehmen ist[52]. In einigen Fällen enthält der Beschluß ferner Hinweise auf die Erstattung der Kosten des Zeugen und eventuelle Strafandrohungen bei Säumnis des Zeugen[53]. Der Ladungsbeschluß wird den Parteien und den Zeugen zugestellt[54].

Gelegentlich ist die Ladung von Zeugen an das Einverständnis der Parteien gebunden[55]. Ferner finden sich Vorschriften, die eine Zeugenladung von einem Kostenvorschuß der beantragenden Partei abhängig machen und bei amtswegiger Ladung einen Kostenvorschuß der Gerichtskasse vorsehen[56].

Die Verfahrensordnung der CERD-Kommission sollte zweckmäßigerweise sowohl eine Ladung auf Parteiantrag als auch von Amts wegen vorsehen. Der Ladungsbeschluß sollte zumindest Namen und Anschrift des Zeugen sowie das Beweisthema enthalten.

4.4 Verfahren bei Säumnis des Zeugen

Bei Säumnis des Zeugen stellt sich die Frage nach einer Herbeischaffungspflicht des Aufenthaltsstaates, der Möglichkeit einer kommissarischen Vernehmung durch innerstaatliche Behörden und — sofern das Fernbleiben unentschuldigt erfolgt — nach Sanktionsmöglichkeiten gegen den Zeugen.

Eine Herbeischaffungspflicht des Aufenthaltsstaates besteht im Rahmen des Untersuchungsverfahrens gem. Art. 23 des Haager Abkommens von 1907 für dessen Vertragsstaaten. Wie sich aus der Entstehungsgeschichte dieser Vorschrift ergibt, soll die Herbeischaffungspflicht nicht nur die Verpflichtung zur Anwendung von Zwangsmitteln gegen den Zeugen, sondern auch zur Gewährung staatlicher Reisekostenvorschüsse

---

50 Art. 47 § 1 VO EuGH (Antrag des Generalanwalts); Art. 49 § 3 VO EuGH (Antrag eines Sachverständigen).

51 Art. 23 HA; Art. 44 I VO IGH; Art. 14 ESK; Art. 23 BP.

52 Art. 47 § 2 VO EuGH; entsprechend der Inhalt der Zeugenladung, s. dazu Art. 39 II VO EuGHMR und Art. 54 II VO EuKMR.

53 So Art. 47 § 2 c VO EuGH.

54 Ebd.

55 So Art. 11 III GA: „mit Zustimmung ihrer Regierung“; Art. 12 III ESK.

56 So Art. 47 § 3 VO EuGH.

begründen[57]; dies soll auch dann gelten, wenn der Zeuge nicht Staatsangehöriger des Aufenthaltsstaates ist[58]. Fehlen jedoch nach der innerstaatlichen Rechtsordnung die Mittel zur Herbeischaffung des Zeugen, so hat es damit sein Bewenden. Eine Verpflichtung des Vertragsstaates zur Änderung der internen Rechtsordnung besteht nach dem Haager Abkommen nicht[59].

Während die Herbeischaffungspflicht nur für Zeugen gilt, deren Erscheinen vor der Untersuchungskommission des HA möglich ist, sieht Art. 23 HA für den Verhinderungsfall zwingend eine kommissarische Vernehmung durch die zuständigen staatlichen Behörden vor. Sanktionsmöglichkeiten gegen unentschuldigt fernbleibende Zeugen sind im HA nicht vorgesehen[60].

Abweichend ist die Regel im durch stärkere Integration gekennzeichneten europäischen Rahmen. Bereits dem Gerichtshof der Montanunion standen gegenüber ausbleibenden Zeugen die den Gerichten allgemein zuerkannten Befugnisse zu[61]. In gleicher Weise kann der EuGH Geldstrafen gegen ausgebliebene, ordnungsgemäß geladene Zeugen verhängen[62]. Ferner kann erneute Ladung auf Kosten des Zeugen angeordnet werden. Gleiches gilt für unberechtigte Aussageverweigerung. Die Strafe kann jedoch bei Vorbringen berechtigter Entschuldigungsgründe aufgehoben werden.

Bemerkenswerterweise besteht eine mittelbare Sanktion auch im Rahmen der Europäischen Menschenrechtskonvention. Diese sieht in Art. 57 für das Komitee und in Art. 43 für den Gerichtshof vor, daß bei unentschuldigtem Nichterscheinen trotz ordnungsgemäßer Ladung der Kanzler des Gerichts auf Ersuchen des Präsidenten die Tatsache des unentschuldigten Fernbleibens dem Vertragsstaat mitteilt, dessen Hoheitsgewalt der Betreffende untersteht. Das weitere Verfahren, einschließlich etwaiger Strafsanktionen, liegt dann in der Hand des jeweiligen Vertragsstaats.

Bleibt im Verfahren vor der CERD-Kommission ein Zeuge säumig, so zeigt sich exemplarisch, daß *der Kommission nicht die Mittel von Zwang und Befehl zustehen*. Die Verhängung von Bußen scheidet aus, weil die Kommission nicht mit quasi-staatlichen, gerichtlichen Sanktionsbefugnissen bewehrt ist[63]. Als Vergleichsorgan ist sie ausschließlich auf den guten Willen aller Beteiligten angewiesen.

---

[57] *Lammasch*, Prot. II, S. 40.

[58] *Wehberg*, Kommentar, S. 36.

[59] So der Konferenzbericht, Prot. I, S. 140.

[60] Weitergehend einige ältere bilaterale Verträge im amerikanischen Raum, vgl. *Hudson*, International Tribunals, S. 94.

[61] Art. 28 V des Statuts.

[62] Art. 24 Statut iVm. Art. 48 VO; entsprechend Art. 9 V VO IGH Saarland.

Die fehlenden Sanktionsmöglichkeiten finden eine Parallele im Untersuchungsverfahren des Haager Abkommens. Während aber dort als Korrektiv die kommissarische Vernehmung durch Behörden des Vertragsstaats zwingend vorgesehen ist, findet sich im Rahmen des CERD-Vergleichsverfahrens keine Rechtsgrundlage für die Annahme einer auf Herbeiführung der Aussage gerichteten Verpflichtung der Vertragsstaaten. Die Kommission kann deshalb derartige Pflichten auch nicht in ihre Geschäftsordnung aufnehmen, sondern für den Fall der Säumnis lediglich einen Aktenvermerk vorsehen.

Die weitergehende Regelung der Art. 43, 57 EuMRK kann als ein auf ausdrücklicher Normierung durch die Vertragsstaaten beruhender Ausnahmefall nicht auf das Vergleichsverfahren vor der CERD-Kommission ausgedehnt werden.

4.5 Vereidigung

Soweit eine eidliche Zeugenvernehmung vorgesehen ist[64] finden sich unterschiedliche Formen der Vereidigung.

Vor dem IGH gibt jeder Zeuge bereits *vor seiner Aussage* vor dem Gerichtshof folgende Erklärung ab:

> „Ich erkläre feierlich auf Ehre und Gewissen, daß ich die Wahrheit, die volle Wahrheit und nichts als die Wahrheit sagen werde[65]."

Auf eine religiöse Beteuerung wird angesichts der Universalität des IGH verzichtet. Diese Regelung ist häufig in andere Verfahrensordnungen übernommen worden[66].

Eine eidliche Vernehmung sah auch Art. 28 des Statuts des EGKS-Gerichtshofs vor, ebenso jetzt Art. 25 EuGH-Statut. Im letzteren Fall kann auch die Eidesformel des Heimatstaats des Zeugen Verwendung finden[67]. Vor dem EuGH wird eine Aussage erst *nach* ihrer Beendigung beeidet. Die Zeugen werden hierauf bereits vor der Aussage durch den Präsidenten hingewiesen[68]. Die Eidesformel lautet:

---

63 Vgl. auch das Verfahren der ILO-Kommission im Fall Portugal vs. Liberia, Bericht S. 42, Nr. 64; die Kommission sah die vorzeitige, unangekündigte Abreise eines Zeugen vor seiner Vernehmung als gleichbedeutend mit einem „contempt of court" an, nahm aber von weiteren Maßnahmen Abstand.

64 Nicht alle Verfahren kennen eine eidliche Zeugenvernehmung; so ist die Vernehmung nach Art. 26 HA uneidlich, vgl. *Wehberg*, Kommentar, S. 40.

65 Art. 53 II VO IGH.

66 Art. 11 II VO Saar-SchiedsG; Art. 15 S. 1 VO des Gemischten Gerichtshofs des Saarvertrags 1956; Art. 31 (b) VO des SchiedsG und der Gemischten Kommission des LSchA.

67 Ebd.

68 Art. 47 § 4 VO EuGH.

„Ich schwöre, daß ich die Wahrheit, die ganze Wahrheit und nichts als die Wahrheit gesagt habe[69]."

Mit Zustimmung der Parteien kann der EuGH auf die Vereidigung verzichten[70].

Eine weltanschaulich neutrale Form sah Art. 9 Abs. 4 der Geschäfts- und Verfahrensordnung des Internationalen Gerichtshofs im Saarland vor:

„Ich versichere, meine Pflicht unparteiisch und gewissenhaft zu erfüllen. Dies verspreche ich."

Im Rahmen der Europäischen Menschenrechtskonvention kann der Eid in der für den IGH geschilderten Weise durch feierliche Erklärung oder Schwur geleistet werden[71]. Die Vereidigung erfolgt jeweils vor der Aussage. Eidesverletzungen führen regelmäßig zu Strafsanktionen[72].

Für den Fall der Eidesverweigerung sind gelegentlich besondere Bestimmungen getroffen. Art. 50 § 1 der Verfahrensordnung des EuGH bestimmt, daß in diesen Fällen der Gerichtshof entscheidet. Er kann nach Art. 48 § 2 seiner Verfahrensordnung selbst Geldstrafen verhängen.

Wie die Untersuchung der Modellverfahrensordnungen zeigt, ist die Vereidigung eine typische Erscheinung gerichtlicher Verfahren. Da die Zeugenvernehmung im Untersuchungsverfahren des Haager Streitbeilegungsabkommens uneidlich ist[73], wirkt sich dies auch auf die zahlreichen Vergleichsverfahren aus, die für Zeugenvernehmungen auf Titel III des Haager Abkommens verweisen[74].

In der Praxis menschenrechtssichernder Verfahren hat es dagegen gelegentlich Zeugenvereidigungen gegeben[75]. Die Rechtsgrundlage für dieses Vorgehen erscheint aber unklar.

Die Rassendiskriminierungskonvention bietet jedenfalls *keine Handhabe* für eine Zeugenvereidigung vor der Vergleichskommission. Ihre Geschäftsordnung könnte allenfalls einen Appell an die Wahrheitsliebe unter Hinweis auf die Bedeutung der Aussage vorsehen.

---

[69] Art. 47 § 5 VO EuGH, s. auch Art. 25 EuGH-Statut.

[70] Ebd.

[71] Art. 55 VO EuKMR; Art. 40 VO EuGHMR.

[72] Strafverfolgung vor innerstaatlichen Gerichten: Art. 27 Statut EuGH; Art. 13 Statut ENEA-Gericht.

[73] So *Wehberg*, Kommentar, S. 40; vgl. Art. 26 HA.

[74] z. B. Art. 11 I GA; Art. 12 I ESK.

[75] ILO: § 8 Zeugenordnung im Fall Ghana v. Portugal, Bericht S. 18 (IGH-Formel); § 7 Zeugenordnung der Fact-Finding and Conciliation Commission on Freedom of Association, Fall Japan, Bericht S. 21; ebenso im Fall Griechenland, § 6 Zeugenordnung; auch bei der Ad-hoc-Arbeitsgruppe für Südafrika (Wortlaut entspr. Art. 55 VO EuKMR), s. dazu *Ermacora*, Enquiry Commissions, S. 192 Fn. 46.

4.6 Zeugenvernehmung

Zur Reihenfolge der Zeugenvernehmung bestimmt Art. 25 HA, daß die Zeugen nacheinander[76] und jeder für sich in Gegenwart der Agenten und Rechtsbeistände und in der von der Kommission bestimmten Reihenfolge vernommen werden.

Der Vorgang der eigentlichen Vernehmung ist unterschiedlich geregelt und zeigt teilweise Anlehnung an die europäisch-kontinentalen Rechtssysteme, teilweise Parallelen zur Praxis des anglo-amerikanischen Rechtskreises.

Art. 26 HA folgt ganz den kontinentalen Vorbildern, indem er die Vernehmung in die Hand des Vorsitzenden legt. Indem er den Gang der Vernehmung bestimmt und selbst die maßgeblichen Fragen stellt, entfaltet er eine aktive Rolle[77]. Die übrigen Kommissare haben nur ein subsidiäres Fragerecht, das zur Erläuterung oder Ergänzung der Zeugenaussage oder zu ihrer Aufklärung über alle den Zeugen betreffenden Umstände dient (Art. 26 Abs. 2 HA). Sie dürfen insoweit auch in die Vernehmung durch den Vorsitzenden eingreifen. Dies ergibt sich im Gegenschluß aus Art. 26 Abs. 3 HA. Danach dürfen die Agenten und Rechtsbeistände der Parteien den Zeugen in seiner Aussage nicht unterbrechen, noch irgend eine unmittelbare Anfrage an ihn richten. Sie haben damit eine rein passive Funktion[78], die noch durch die Bestimmung unterstrichen wird, daß sie „den Vorsitzenden bitten (können), ergänzende Fragen, die sie für nützlich halten, dem Zeugen vorzulegen[79].

Eine Ähnlichkeit zum angelsächsischen Recht weist das Verfahren vor dem IGH auf. Zwar bestimmt dessen Statut[80], daß das mündliche Verfahren u. a. in der Anhörung der Zeugen durch den Gerichtshof besteht. Nach Art. 53 Abs. 1 VO werden die Zeugen von den Vertretern der Parteien unter Aufsicht des Präsidenten befragt[81]. Dieser erfüllt insoweit eine Überwachungsfunktion hinsichtlich der Zulässigkeit der Fragen[82].

---

[76] d. h. in Abwesenheit der anderen Zeugen, so *Wehberg*, Kommentar, S. 39.

[77] Dagegen liegt im summarischen Schiedsverfahren gem. Artikel 90 HA die Vernehmung in der Hand des Schiedsgerichts als Gesamtheit; eine Priorität des Vorsitzenden ist nicht normiert; anders jedoch Art. 45 (a) VO der Schiedskommission nach dem Deutschlandvertrag.

[78] Das Verbot der Direktbefragung durch die Parteien sollte eine Verwirrung der Zeugen ausschalten, vgl. *Wehberg*, Kommentar, S. 40; England hatte die Einführung des Kreuzverhörs befürwortet; dagegen *Scott*, The Hague Peace Conferences, Vol. I, S. 271.

[79] So Art. 26 III HA (am Ende).

[80] Art. 43 V, s. auch Art. 51 (Zweckdienlichkeitserfordernis).

[81] Ebenso Art. 31 (a) VO des Schiedsgerichtshofs und der Gemischten Kommission nach dem LSchA.

[82] Vgl. auch Art. 42 II VO EuGHMR.

Allerdings können auch der Präsident und die Richter Fragen an die Zeugen richten[83].

Eine große Ähnlichkeit mit dem Verfahren nach dem Haager Abkommen weist auch das Verfahren des EuGH auf. Zwar fehlt hier die Vorrangstellung des Präsidenten bei der Vernehmung, denn die Zeugen werden vom Gerichtshof vernommen[84]. Doch fehlt ein eigenes Fragerecht der Parteien. Statt dessen kann der Präsident auf deren Antrag nach Beendigung der Aussage Fragen an die Zeugen richten, ggf. auch von Amts wegen. Die gleiche Befugnis steht den übrigen Richtern und dem Generalanwalt zu[85].

Etwas flexibler ist die Zeugenvernehmung im Rahmen der Europäischen Menschenrechtskonvention geregelt. Vor der Kommission können Zeugen durch jedes Mitglied und — mit Ermächtigung des Präsidenten — auch von einer Partei vernommen werden[86]. Entsprechendes gilt vor dem Gerichtshof. Hier bestimmt Art. 42 Abs. 2 VO zusätzlich, daß die Befragung seitens der Parteien der Aufsicht des Präsidenten unterliegt, der auch über die Erheblichkeit der gestellten Fragen entscheidet.

Instruktiv für das Verfahren bei Zeugenvernehmungen im menschenrechtlichen Sicherungsverfahren ist der Fall Ghana vs. Portugal vor der ILO-Vergleichskommission nach Art. 26 der ILO-Satzung[87].

Nachdem jeder Zeuge vor seiner Aussage mit dem Gegenstand der Vernehmung bekanntgemacht worden war, wurde er in Übereinstimmung mit § 6 der Zeugenordnung auf folgendes hingewiesen:

> „The function of the Commission is to ascertain facts. Politics are outside its scope. It therefore seeks factual evidence. The Commission will give you all reasonable latitude to furnish evidence, but it will not permit statements of a political character."

Nach der Vereidigung wurden den Zeugen „preliminary questions" gestellt, die sich auf ihre Identität und Qualifikation bezogen. Zweck dieser Fragen war es, der Kommission einen Eindruck über Art, Um-

---

[83] Art. 53 I VO IGH; ebenso Art. 31 (a) VO des Schiedsgerichtshofs und der Gemischten Kommission nach dem LSchA.

[84] Art. 47 § 4 VO iVm. Art. 23, 29 Statut; ebenso schon Art. 28 Statut des EGKS-Gerichtshofs; ähnlich Art. 19 IV der Satzung des SchiedsG nach dem Deutschlandvertrag.

[85] Ebd.

[86] Art. 56 VO; vergleiche auch Art. 45 (a) VO der Schiedskommission nach dem Deutschlandvertrag.

[87] s. Bericht S. 17 ff.; damit weitgehend übereinstimmend das Verfahren im Fall Portugal vs. Liberia, s. Bericht S. 38; ferner im Fall Griechenland (Bericht S. 17) und Japan (Bericht S. 20) vor der Fact-Finding and Conciliation Commission on Freedom of Association der ILO.

fang und Verläßlichkeit des Zeugenwissens zu vermitteln. Nach § 9 der Zeugenordnung wurde eingangs den Zeugen Gelegenheit zur Abgabe einer Erklärung gegeben, von der in den meisten Fällen Gebrauch gemacht wurde. Die Zeugen wurden von dem Vertreter der benennenden Partei und anschließend dem der Gegenpartei befragt. Sodann konnte der erstgenannte Vertreter Zusatzfragen stellen, die sich aus der Aussage ergaben. Entsprechend wurden die von einer internationalen Organisation benannten Zeugen vernommen[88]. Alle Zeugenbefragungen wurden unter Aufsicht der Kommission durchgeführt; politische Fragen, die mit dem Streitgegenstand nichts zu tun hatten, wurden vom Vorsitzenden nicht zugelassen[89]. Die Kommission oder jedes Mitglied konnte zu jedem Zeitpunkt Fragen an die Zeugen richten[90].

Mit Ausnahme der Zeugenvereidigung scheint dieses Verfahren auf das Vergleichsverfahren der CERD-Kommission übertragbar zu sein. Es hat sich im Fall Ghana vs. Portugal bei der Vernehmung von 32 Zeugen bewährt[91].

Eine Vernehmung allein durch den Vorsitzenden nach dem Vorbild des Art. 26 HA widerspricht der Gleichrangigkeit der Kommissionsmitglieder. Eine Befragung durch die Parteien erscheint vertretbar, sofern dafür Sorge getragen wird, daß neben der Sache liegende politische Fragen und Ausführungen vom Vorsitzenden unterbunden werden.

4.7 Zeugenaussage

Die Zeugenaussage erfolgt grundsätzlich mündlich. Nach Art. 27 HA ist es dem Zeugen bei seiner Aussage nicht gestattet, einen geschriebenen Entwurf zu verlesen[92]. Jedoch kann er nach Ermächtigung durch den Vorsitzenden Aufzeichnungen oder Urkunden benutzen, „wenn die Natur der zu bekundenden Tatsachen eine solche Benutzung erheischt".

Die Zeugenaussagen können nach der Natur der Sache nicht immer in einer Amtssprache erfolgen. Deshalb gilt vor dem EuGH, daß der Gebrauch einer anderen Sprache gestattet werden kann, wenn der Zeuge erklärt, er könne sich in einer Amtssprache nicht hinlänglich ausdrükken[93]. Eine entsprechende Regelung gilt im Rahmen der Europäischen

---

[88] s. § 10 Zeugenordnung.

[89] Gem. § 11 Zeugenordnung.

[90] Gem. § 12 Zeugenordnung.

[91] Vgl. Bericht S. 16/17.

[92] Verlesung kommt in der Praxis vor, so bei der Ad-hoc-Arbeitsgruppe der UN-Menschenrechts-Kommission für Südafrika; vgl. *Ermacora*, Enquiry Commissions, S. 193.

[93] Art. 29 § 4 VO.

Menschenrechtskonvention[94]. In diesen Fällen werden gerichtlicherseits Übersetzungen veranlaßt[95].

Die Zeugenaussage wird regelmäßig protokolliert[96]. Nach Art. 28 HA wird dieses Protokoll während der Sitzung aufgenommen. Gedächtnisprotokolle sind also nicht möglich. Das Protokoll wird dem Zeugen vorgelesen, der „ dazu die ihm gut scheinenden Änderungen und Zusätze machen“ darf, die am Schluß seiner Aussage vermerkt werden. Nach Verlesung der ganzen Aussage wird er zur Unterzeichnung aufgefordert. Vor dem IGH erhält jeder Zeuge eine Übertragung der stenographischen Niederschrift seiner Aussage, um unter der Aufsicht des Gerichts unterlaufene Fehler zu berichtigen[97]. Weniger ausführlich ist die Regelung nach Art. 47 § 6 VO des EuGH, wonach das vom Kanzler nach Anweisung des Präsidenten aufgenommene Protokoll verlesen und von den Richtern und dem Kanzler unterzeichnet wird.

Da die angeführten Regelungen Ausdruck einer allgemein als zweckmäßig angesehenen Verfahrensgestaltung sind, können sie auch Eingang in die Geschäftsordnung der CERD-Kommission finden.

4.8 Aussageverweigerung und Falschaussage

Bei Aussageverweigerung bestimmt Art. 50 § 1 VO EuGH lapidar: „... verweigert ein Zeuge ... die Aussage ..., so entscheidet der Gerichtshof.“ Eine ausdrückliche Strafsanktion findet sich in Art. 9 Abs. 5 GVO IGH Saarland durch vorläufig vollstreckbaren Beschluß, der mit Einspruch angefochten werden kann, über den der Gerichtshof endgültig entscheidet.

Nach der Europäischen Menschenrechtskonvention teilt der Kanzler des Gerichtshofs[98] bzw. der Generalsekretär des Europarats[99] die Tatsache der Aussageverweigerung der Vertragspartei mit, deren Hoheitsgewalt der Betreffende untersteht. Das weitere Verfahren liegt dann bei dem betreffenden Vertragsstaat.

Entsprechendes gilt für falsche Aussagen, denen das Verschweigen gelegentlich ausdrücklich gleichgestellt wird[100]. Das Gericht wendet sich

---

94 Art. 27 Abs. 3 (Gerichtshof).

95 Art. 27 Abs. 3 VO EuGHMR; Art. 29 § 4 VO EuGH; Übersetzung durch den Kanzler.

96 Ein Wortprotokoll wurde geführt bei der Ad-hoc-Arbeitsgruppe der UN-Menschenrechtskommission für Südafrika; Nachweise bei *Ermacora*, Enquiry Commissions, S. 192, Fn. 46.

97 Art. 60 II VO IGH.

98 Art. 43 VO EuGHMR.

99 Art. 57 VO EuKMR.

100 Art. 28 IV Statut EGKS-Gerichtshof.

an den Justizminister des Staates, dem der Zeuge angehört, „damit die von den nationalen Gesetzen angedrohten Strafen verhängt werden“[101]. Präziser noch bestimmt Art. 27 EuGH-Statut:

> „Jeder Mitgliedstaat behandelt die Eidesverletzung eines Zeugen ... wie eine vor seinen eigenen in Zivilsachen zuständigen Gerichten begangene Straftat. Auf Anzeige des Gerichtshofs verfolgt er den Täter vor seinen zuständigen Gerichten[102].“

Eine bloße Mitteilung an den Mitgliedsstaat ohne ausdrückliche Erwähnung einer Sanktionsandrohung findet sich in Art. 43 der Verfahrensordnung des Europäischen Gerichtshofs für Menschenrechte[103].

Die Frage nach dem Adressaten der Anzeige ist nicht einheitlich geregelt. Teilweise ist dies der Justizminister des Heimatstaates des Zeugen[104], teilweise der Aufenthaltsstaat[105], teilweise der Staat, in dem das Gericht seine Sitzung abgehalten hat[106].

Eidesverletzungen im Verfahren der kommissarischen Vernehmung vor innerstaatlichen Justizbehörden führen zu einer unmittelbaren Anwendung der nationalen Strafsanktionen[107]. Einer Anzeige des internationalen Organs bedarf es nicht.

Im Verfahren vor der CERD-Kommission kommt eine Sanktionsbewehrung verweigerter, unvollständiger oder falscher Aussagen nicht in Frage, da einer Vergleichskommission die Mittel von Zwang und Befehl nicht zustehen. Zu erwägen wäre eine Mitteilung an denjenigen Staat, dessen Hoheitsgewalt der betreffende Zeuge untersteht, mit dem Anheimstellen weiterer Veranlassung.

4.9 Ablehnung von Zeugen

Internationale Streitbeilegungsorgane haben regelmäßig abgelehnt, nach dem Vorbild einiger nationaler Rechtsordnungen die Vernehmung von Zeugen wegen Befangenheit nicht zuzulassen. Dies gilt insbesondere auch für den IGH[108]. Der möglicherweise mangelnden Objektivität der Aussage ist im Rahmen der Beweiswürdigung Rechnung zu tragen.

---

101 Ebd.

102 s. dazu auch Art. 109 VO EuGH, der den Erlaß einer zusätzlichen VO zur Regelung des Verfahrens bei Anzeigen wegen Eidesverletzung vorsieht.

103 Entsprechend: Art. 57 VO EuKMR.

104 Art. 28 IV Statut EGKS-Gerichtshof („dem der Zeuge ... angehört“).

105 Art. 43 VO EuGHMR („deren Hoheitsgewalt der Zeuge ... untersteht“).

106 Art. 13 (a) Protokoll ENEA-Gericht.

107 Art. 13 (b) Protokoll ENEA-Gericht.

108 Nachweise bei *Lalive*, Quelques remarques..., S. 98; die gleiche Übung findet sich bei Gemischten Schiedsgerichten, vgl. z. B. RSA II, S. 1151 f.; VI, S. 248, 330, 413; weitere Nachweise bei *Sandifer*, S. 165 - 189.

Die untersuchten Modellverfahrensordnungen regeln diesen Fragenkomplex selten. In einigen Fällen war bestimmt, daß bei Besorgnis der Befangenheit von einer Vereidigung abzusehen sei[109]. Im Verfahren vor dem EuGH entscheidet dieser über Ablehnungsanträge der Parteien, die auf Unfähigkeit, Unwürdigkeit oder sonstige Gründe gestützt werden können[110].

Im Verfahren der CERD-Kommission ist der Fall denkbar, daß solche Personen als Zeugen zu vernehmen sind, die von der behaupteten Konventionsverletzung betroffen sind. In diesen Fällen wäre ein Ausschluß wegen Befangenheit geradezu sinnwidrig, denn diese Personen werden häufig einen wesentlichen Beitrag zur Sachaufklärung leisten können. Deshalb ist eine Vernehmung solcher Personen, die von dem Streitfall unmittelbar selbst betroffen werden, unbeschränkt zulässig. Eine Anlehnung an das Vereidigungsverbot hinsichtlich möglicherweise befangener Zeugen scheidet ohnehin aus, da die CERD-Kommission zur Abnahme von Eiden nicht befugt ist.

4.10 Kosten der Zeugen

Grundsätzlich sind alle Kosten, die einem Zeugen anläßlich seines Erscheinens vor dem internationalen Organ entstehen, zu ersetzen. Zu den Kosten gehören Reise- und Aufenthaltskosten sowie der Verdienstausfall[111].

Bei Ladung auf Antrag einer Partei trägt diese die Kosten[112]; bei Ladung von Amts wegen trägt die Gerichtskasse[113] die Kosten oder, sofern eine solche nicht existiert, diejenige internationale Organisation, der das betreffende Gremium organisatorisch eingegliedert ist[114].

Soweit die Ladung von der Leistung eines Vorschusses abhängt, hat die antragstellende Partei diesen bei der Kasse zu hinterlegen[115]. Diese

---

109 So insbes. bei einigen Gemischten Schiedsgerichten, vgl. Art. 51 VO dt.-belg. GSchG, RDTAM I, S. 40; Art. 55 VO dt.-frz. GSchG, RDTAM I, S. 52.

110 Art. 50 VO; ebenso Art. 41 VO EuGHMR, wo jedoch keine Ablehnungsgründe angegeben sind.

111 Vgl. Art. 51 VO EuGH; Art. 23 VO IGH Saarland; Art. 31 VO des SchiedsG des dt.-österr. Vermögensvertrages; Art. 39 Revid. Rheinschiffahrtsakte 1868.

112 Art. 54 III VO EuKMR; bei Individualbeschwerden sind Abweichungen möglich, vgl. Art. 54 IV VO EuKMR; Art. 29 I VO EuGHMR.

113 Art. 55 VO IGH; Art. 33 VO der Organe nach dem LSchA; Art. 23 II Statut des SchiedsG nach dem Deutschlandvertrag.

114 Art. 39 I VO EuGHMR (Europarat); Art. 54 V VO EuKMR; Art. 15 Protokoll ENEA-Gericht.

115 Art. 47 § 3 VO EuGH; Art. 43 c) VO der Schiedskommission nach dem Deutschlandvertrag (ausführlich).

gewährt ihrerseits dem Zeugen einen Vorschuß auf seine Kosten[116]. Gelegentlich wird die Auszahlung der Zeugenentschädigung davon abhängig gemacht, daß der Zeuge seiner Pflicht genügt hat[117]. Bei Anordnung der Vernehmung durch das Wohnsitzgericht übernimmt das anordnende Organ die anfallenden Auslagen[118].

Auch im Verfahren vor der CERD-Kommission dürfte die Kostenfrage von großer praktischer Bedeutung sein. Bei den parteiseitig benannten Zeugen liegt nach dem Veranlassungsprinzip die Kostentragung durch die benennende Partei nahe.

Problematisch erscheint die Kostentragung hinsichtlich der Zeugen, die die Kommission selbst benennt. Eine Belastung der Parteien mit den Kosten findet in der Konvention keine Stütze, denn nach Art. 12 Abs. 6 CERD tragen die Parteien nur die Ausgaben der Kommissionsmitglieder. Werden Zeugen ex officio benannt, bleibt — da die Kommission nicht über eigene Finanzmittel verfügt — nur eine Belastung des UN-Etats übrig. Die Abwälzung von Belastungen durch die UN kann sich auf eine Analogie zu Art. 10 Abs. 3, Art. 12 Abs. 5 CERD stützen. Wenn die UN nach diesen Vorschriften die Sekretariatsgeschäfte der Kommission zu führen und folglich auch die daraus entstehenden Kosten zu tragen haben, ohne daß dies ausdrücklich in der Konvention verankert ist, so erscheint es denkbar, daß die durch Zeugenladungen notwendig entstehenden Kosten ebenfalls den UN aufgebürdet werden. In beiden Fällen wäre das zwischen den UN und den Organen der CERD bestehende tatsächliche Naheverhältnis der Grund für die Belastung des UN-Etats.

5. Sachverständigenbeweis

Der Sachverständigenbeweis gehört zu den klassischen Beweismitteln internationaler Streitschlichtungsverfahren[119]. Er ist auch im völkerrechtlichen Vergleichsverfahren eingeführt, wo Sachverständige häufig in zwei verschiedenen Funktionen auftreten: einmal als von der Kommission zu ladende Beweismittel[120], zum anderen als parteiseitig fakul-

---

116 Art. 47 § 3, Art. 51 § 1 VO EuGH.

117 Art. 51 § 2 VO EuGH.

118 Art. 26 III Statut EuGH.

119 Art. 19, 23, 25, 90 HA; Art. 50 Statut StIGH; Art. 53 VO StIGH; Art. 50 Statut IGH; Art. 53, 57 VO IGH; Art. 25 Statut EGKSGH; Art. 22, 27, 29 Statut EuGH; Art. 45 § 2, 49 VO EuGH; Art. 11 Protokoll ENEA-Gericht; Art. 14 Konvention über das Rüstungskontrollgericht der WEU; Art. 25 VO der Organe des LSchA; vorgesehen auch in Art. 18 Abs. 1 MR; zur internationalen Praxis s. *White*, Experts, S. 36, 38.

120 Kraft der Verweisung auf Tit. III HA in: Art. 11 I GA; Art. 12 I ESK; Sect. II Art. 12 II VO StSchH; Art. 9 der Locarno-Schiedsverträge; ohne Verweisung unmittelbar: Art. 16 deutsch-schweiz. Schiedsvertrag; Art. 23 BP.

tativ zu benennende Experten, die den Parteien als Hilfspersonen bei der Durchführung des Verfahrens beratend beistehen[121].

In den menschenrechtlichen Sicherungsverfahren findet sich der Sachverständigenbeweis in den Verfahren der Europäischen Menschenrechtskonvention[122].

Auch in der Geschäftsordnung der CERD-Kommission kann die Möglichkeit eines Sachverständigenbeweises als eines im Vergleichsverfahren üblichen Beweismittels vorgesehen werden. Es könnte insbesondere bei der Feststellung politischer oder soziologischer Verhältnisse in dem inkriminierten Vertragsstaat Bedeutung erlangen.

Hinsichtlich der Auswahl der Sachverständigen sind die internationalen Organe regelmäßig frei. Richtungweisend war Art. 50 des Statuts des StIGH:

> „A tout moment, la Cour peut confier ... une expertise à toute personne, corps, bureau, commission ou organe de son choix[123]."

Abweichend davon erwähnt Art. 38 Abs. 3 der Verfahrensordnung des Europäischen Gerichtshofs für Menschenrechte nur Körperschaften, Dienststellen, Kommissionen[124] oder Behörden. Gutachten privater Personen sind jedoch nicht ausgeschlossen, wie sich aus Art. 38 Abs. 1 dieser Verfahrensordnung ergibt.

Die Geschäftsordnung der CERD-Kommission sollte diesem Vorbild folgen.

Im übrigen sind die Verfahrensregeln denjenigen über den Zeugenbeweis weitgehend angeglichen. Dies gilt insbesondere für Benennung, Ladung, Vereidigung, Vernehmung, Aussageverweigerung bzw. Nichterscheinen, Ablehnung und Kosten der Sachverständigen, so daß insoweit auf die dortigen Ausführungen verwiesen werden kann.

Einige Sonderfragen verdienen jedoch hervorgehoben zu werden.

So erscheint es zweckmäßig, im Interesse der Verfahrensbeschleunigung eine Frist zur Abgabe des Gutachtens zu setzen[125]. Das Gutachten wird in der Regel schriftlich zu erstatten sein[126], so daß fraglich ist, wann es den Parteien mitzuteilen ist. Nach Art. 53 der Verfahrensordnung des Ständigen Internationalen Gerichtshofs in der ursprünglichen

---

121 Art. 11 II GA; Art. 12 II ESK; Sect. II Art. 12 III VO StSchH; Art. 24 BP; in dieser Funktion sind Sachverständige nur Beweismittel, wenn sie von dem Gremium einvernommen werden.

122 Art. 38 I VO EuGHMR; Art. 54 I VO EuKMR.

123 Ebenso: Art. 50 Statut IGH; Art. 22 Statut EuGH.

124 „autorité".

125 So Art. 49 § 1 VO EuGH.

126 Davon geht auch Art. 49 § 5 VO EuGH aus.

Fassung waren Gutachten den Parteien unverzüglich zu übermitteln. Die hiergegen frühzeitig erhobenen Bedenken konnten sich anfangs nicht durchsetzen[127]. Erst bei der Novellierung der Verfahrensordnung im Jahr 1936 wurde diese Bestimmung gestrichen; eine entsprechende Regelung ist auch in der Verfahrensordnung des Internationalen Gerichtshofs nicht mehr enthalten.

Dieser Mangel ist zu bedauern, da die frühzeitige Kenntnis des Gutachtens für das weitere verfahrensrechtliche Vorgehen der Parteien wesentlich sein kann[128]. Nach heutiger Rechtslage wird vor dem IGH das Gutachten den Parteien erst in der mündlichen Verhandlung mitgeteilt und ihnen ein Stellungnahmerecht eingeräumt[129].

Für die Geschäftsordnung der CERD-Kommission erscheint es nach dem Vorbild des Art. 53 VO StIGH a. F. angebracht, daß sie eine Mitteilung des Gutachtens an die Parteien zum frühestmöglichen Termin vorsieht.

Daß dem Sachverständigen die zur Erfüllung seines Auftrages erforderlichen Unterlagen zur Verfügung gestellt werden[130] und er sich nur zu den Punkten zu äußern hat, die sein Auftrag ausdrücklich bezeichnet[131], bedarf einer ausdrücklichen Regelung in der Geschäftsordnung der CERD-Kommission nicht.

6. Parteibeweis

In völkerrechtlichen Streitbeilegungsverfahren findet sich die Möglichkeit der mündlichen Parteivernehmung regelmäßig in der Form, daß das Gremium von den Parteien mündliche Auskünfte (oral explanations bzw. explications orales) verlangen kann. Richtungsweisend hierfür war Art. 22 HA[132], der ein Auskunftsrecht im Untersuchungsverfahren normiert. An diese Vorschrift knüpfen insbesondere die späteren Verfahrensordnungen aus dem Bereich des Vergleichsverfahrens an. Dies geschieht teilweise durch eine Generalverweisung auf Titel III des Haager Abkommens (Untersuchungsverfahren)[133], teils durch ausdrückliche Bestimmung[134].

---

[127] Richter *Anzilotti* bezweifelte, ob eine Mitteilung der Gutachten in jedem Fall zweckmäßig sei, aber „the general opinion of the Court was that this should be done", s. PCIJ Sér. D Nr. 2, S. 147 (1922).

[128] So auch *White*, S. 38.

[129] Vgl. Art. 53 I VO IGH; Art. 49 § 5 VO EuGH; Art. 42 VO EuGHMR; im Corfu-Channel-Case vor dem IGH konnten die Parteien zu dem 1. Sachverständigengutachten mündlich Stellung nehmen, s. ICJ Rep. 1949, S. 4.

[130] So Art. 49 § 2 VO EuGH.

[131] So Art. 49 § 4 VO EuGH.

[132] In Titel III: Untersuchungsverfahren.

[133] Art. 9 der Locarno-Schiedsverträge; Art. 11 I GA; Art. 12 I ESK.

Die gleiche Regelung findet sich im gerichtlichen Verfahren. Nach Art. 52 der Verfahrensordnung des IGH kann der Gerichtshof während der mündlichen Verhandlung an die Parteien Fragen richten und sie um Erläuterung ihrer Erklärungen ersuchen[135]. Ähnlich sieht auch Art. 17 Abs. 2 der Model Rules vor, daß das Schiedsgericht die Parteien ersuchen kann „to provide all necessary explanations".

Im Rahmen des Menschenrechtsschutzes gilt entsprechendes vor den Organen der Europäischen Menschenrechtskonvention[136].

Diese Regelungen beinhalten also nicht eine aus dem innerstaatlichen Recht bekannte Vernehmung im eigentlichen Sinn, bei der dem Gericht auch die Möglichkeit der Vereidigung zusteht. Es handelt sich vielmehr um ein Ersuchen um weitere Sach- oder Rechtsausführungen. Eine schärfere Regelung findet sich vor dem Europäischen Gerichtshof, wo das persönliche Erscheinen der Parteien ausdrücklich als Beweismittel bezeichnet ist[137] und der Gerichtshof die Parteien vernehmen („interroger") kann[138]. Eine entsprechende Annäherung an innerstaatliches angelsächsisches Recht gilt vor der Gemischten Kommission des Londoner Schuldenabkommens, wo die Prozeßparteien als Zeugen aussagen können[139].

Bei der Parteivernehmung vor der CERD-Kommission, gegen deren Zulässigkeit sich keine Bedenken erheben, ist davon auszugehen, daß mangels einer vergleichbar engen Konsensbindung — wie sie insbesondere die Vertragsstaaten vor dem EuGH trifft — eine ähnlich stringente Regelung wie in den letztgenannten Verfahren ausscheidet. Deshalb erscheint es im Einklang mit den übereinstimmenden Normen der Verfahrensordnungen aus dem Bereich des internationalen Vergleichsverfahrens geboten, daß sich die Geschäftsordnung der CERD-Kommission auf die Bestimmung beschränkt, daß die Kommission die Parteien um mündliche Auskünfte oder Erläuterungen ersuchen kann[140].

---

[134] Art. 11 III GA; Art. 12 III ESK; insoweit liegt eine Doppelnormierung vor, da dieselbe Regelung bereits über die Generalverweisung auf Tit. III HA gilt; ferner: Sect. II Art. 12 VO StSchH.

[135] „ask them for explanations" bzw. „demander des éclaircissements"; vgl. auch Art. 49 Statut IGH.

[136] Art. 46 I VO EuKMR (Kommission); s. auch Art. 38 I, 42 I VO EuGHMR; zur Parteivernehmung im menschenrechtlichen Individualbeschwerdeverfahren s. *Khol*, S. 122 f. (Minderheitenbeschwerde) und S. 185 f. (Mandatsbeschwerde).

[137] Art. 45 § 2 VO EuGH.

[138] Art. 29 Statut EuGH.

[139] Art. 51 VO: „Parties to the proceedings shall be competent to give evidence."; s. auch Art. 25 VO.

[140] Analog Art. 22 HA.

7. Urkundenbeweis

Da der Urkundenbeweis im internationalen Verfahrensrecht regelmäßig bereits im schriftlichen Vorverfahren erhoben wird[141], ist im mündlichen Verfahrensabschnitt die Erhebung eines Urkundenbeweises die Ausnahme.

In diesem Verfahrensstadium knüpfen sich an den Urkundenbeweis die Fragen, in welchem Umfang das Gremium zur Nachforderung von Urkunden befugt ist und ob und in welchem Umfang die Parteien zum Nachschieben von Urkunden und anderem dokumentarischen Material berechtigt sind.

Im Rahmen ihres Ermittlungsauftrages haben internationale Streitbeilegungsgremien regelmäßig ein unbeschränktes Recht zur Nachforderung von Urkunden, und zwar in allen Stadien des Verfahrens[142].

Dies war schon in Art. 68 HA für das Schiedsverfahren bestimmt, wonach das Schiedsgericht neue Urkunden „in Betracht ziehen" kann, auf die die Parteien sich beziehen. Verlangt das Schiedsgericht die Vorlage der Urkunden, so ist der Gegenpartei davon Kenntnis zu geben[143].

Diese Regelungen sind auch auf die Geschäftsordnung der CERD-Kommission übertragbar; im Rahmen ihres weitgehenden Ermittlungsauftrages muß es auch ihr freistehen, jederzeit neue Urkunden in das Verfahren einzubeziehen. Der Grundsatz des kontradiktorischen Verfahrens gebietet in diesen Fällen, der Gegenpartei ein Stellungnahmerecht zu der neuen Urkunde einzuräumen. Insoweit kann Art. 17 Abs. 2 MR als Vorbild dienen.

Im Gegensatz zu dem weitgehenden Recht der Gremien, neue Urkunden zu verwerten, ist die Befugnis der Parteien zum Nachschieben von Urkunden in den untersuchten Modellverfahrensordnungen sehr restriktiv geregelt. Nach Ablauf der Beweismittelfristen können alle weiteren Beweisurkunden im Interesse der Verfahrensbeschleunigung zurückgewiesen werden. Diese Präklusionswirkung ist jedoch nicht absolut, denn

---

[141] Art. 43 I Statut IGH, Art. 43 VO IGH; Art. 18 II Statut EuGH, Art. 37 § 4 VO EuGH; Art. 35 I VO EuGHMR („Sonstige Unterlagen"); Art. 41 I VO EuKMR („beigefügte Schriftstücke"); Art. 17 VO der Organe des LSchA; s. auch Art. 19 HA (Untersuchungsverfahren); Art. 63 HA (Schiedsverfahren); Art. 15 II MR.

[142] Art. 21 I Statut EuGH, Art. 45 § 2 VO EuGH; dies gilt auch schon vor der mündlichen Verhandlung: Art. 49 Statut IGH; in der mündlichen Verhandlung: Art. 54 VO IGH („andere Beweismittel"); ebenso: Art. 32 VO der Organe des LSchA; Art. 45 I Konvention über Rüstungskontrollgericht der WEU; Art. 69 HA (Schiedsverfahren).

[143] Ebenso: Art. 17 II MR, der der Gegenpartei ausdrücklich ein Stellungnahmerecht einräumt.

die Zustimmung der Gegenpartei heilt den Mangel der Verspätung[144]. Die Verweigerung der Zustimmung bedeutet gleichwohl nicht den endgültigen Ausschluß der Urkunde, denn das Gremium kann — seinem Ermittlungsauftrag folgend — die Urkundenvorlage dennoch zulassen[145]. In diesen Fällen ist der Gegenpartei Gelegenheit zur Stellungnahme und gleichfalls zur Urkundenvorlage zu geben.

Diese Regelungen dürften auf das Verfahren der CERD-Kommission übertragbar sein, da sie im Widerstreit zwischen Ermittlungsauftrag und Verfahrensökonomie sinnvolle Lösungen ermöglichen.

8. Augenscheinsbeweis

Im internationalen Verfahrensrecht tritt der Augenscheinsbeweis vor allem in der Form des Lokalaugenscheins auf[146]. Deshalb steht der Lokalaugenschein im Mittelpunkt der untersuchten Verfahrensordnungen.

Das Haager Abkommen über die friedliche Beilegung von Streitigkeiten sieht für das Untersuchungsverfahren in Art. 20 vor:

> „Die Kommission ist befugt, mit Zustimmung der Parteien sich zeitweilig an Orte zu begeben, wo sie dieses Aufklärungsmittel anzuwenden für nützlich erachtet, oder dorthin eins oder mehrere ihrer Mitglieder abzuordnen. Die Erlaubnis des Staates, auf dessen Gebiete zu der Aufklärung geschritten werden soll, ist einzuholen."

Nach dieser Regelung ist eine Augenscheinseinnahme ohne Zustimmung der Parteien schlechthin unzulässig[147]. Wird die Zustimmung erteilt, so ist die Anwesenheit der Parteien im Termin oder zumindest ihre ordnungsgemäße Ladung obligatorisch[148].

Die Erteilung der Zustimmung steht im freien Ermessen der Parteien. Denn nach Art. 23 Abs. 1 des Haager Abkommens verpflichten sich die Parteien nur in dem Umfang, „den sie für möglich halten".

Aus Art. 20 HA ergibt sich auch die Möglichkeit zur Augenscheinseinnahme auf dem Territorium dritter Vertragsstaaten, die nicht Ver-

[144] Art. 67 HA (Schiedsverfahren); Art. 52 Statut IGH, Art. 48 I VO IGH; ebenso: Art. 23 (a) VO der Organe des LSchA, wonach Schweigen der Gegenpartei ausdrücklich als Zustimmung gilt; ferner s. Art. 17 I MR; vgl. auch die Praxis des StIGH im Fall der Freizonen von Hochsavoyen, Sér. A, No. 22, S. 40; Ostgrönlandfall, Sér. A/B, No. 53, S. 25 f.

[145] So Art. 48 II VO IGH; Art. 23 (b) VO der Organe des LSchA.

[146] Ausdrückliche Beschränkung auf rein gegenständliche Augenscheinseinnahme ist selten, so z. B. in Art. 13 I Nr. 1 VO des Schiedsgerichts des deutsch-österr. Vermögensvertrags.

[147] So *Wehberg*, Kommentar, S. 34 mit im übrigen durch die historische Entwicklung weitgehend überholten Ausführungen.

[148] Art. 21 HA.

fahrensbeteiligte sind. In diesen Fällen wendet sich die Kommission zur Einholung der Erlaubnis unmittelbar an die Regierung des dritten Vertragsstaates[149]. Die zu diesem Zweck erlassenen Rechtshilfeersuchen „können nur abgelehnt werden, wenn diese Macht sie für geeignet hält, ihre Hoheitsrechte oder ihre Sicherheit zu gefährden“[150]. Durch diese Bestimmung, die eine Begrenzung der Verweigerungsgründe intendierte, wird indessen das Gegenteil erreicht. Da jede Augenscheinseinnahme auf dem Territorium eines Vertragsstaates einen tiefen Eingriff in dessen Souveränität darstellt, ist eine Berufung auf eine Gefährdung der Hoheitsrechte und damit Verweigerung der Zustimmung im Rahmen des Untersuchungsverfahrens des Haager Abkommens jederzeit möglich[151].

In den gerichtlichen und schiedsgerichtlichen Verfahren gehört der Lokalaugenschein ebenfalls zu den hergebrachten Beweismitteln[152].

In den völkerrechtlichen Vergleichsverfahren findet in den meisten Fällen kraft Generalverweisung auf Titel III des Haager Abkommens eine analoge Anwendung der Art. 20 ff. HA statt, so daß auch hier die Parteien in der Erteilung der erforderlichen Zustimmung zur Einnahme des Augenscheins völlig frei sind[153].

In einigen Fällen haben sich die Vertragsstaaten zur Duldung von Augenscheinseinnahmen verpflichtet[154]. Dies gilt insbesondere auch für das Verfahren vor der Europäischen Kommission für Menschenrechte[155] und der Interamerikanischen Menschenrechtskommission[156].

Im Bereich der menschenrechtlichen Sicherungsverfahren wird die Befugnis zur Augenscheinseinnahme nur zögernd gewährt[157]. Im Treuhandberichtsverfahren gem. Art. 87 a der UN-Satzung können nach

---

149 Art. 24 I HA mit Redaktionsversehen: Gefährdung allein durch Rechtshilfeersuchen?

150 Art. 24 II HA; ebenso Art. 76 HA für das Schiedsverfahren.

151 So auch *Wehberg*, Kommentar, S. 38.

152 Art. 71 VO CACJ; Art. 44 Statut IGH; Art. 45 § 2 VO EuGH; Art. 30 II VO EuGHMR; Art. 76 HA; s. auch Art. 18 MR; nach *Hudson*, International Tribunals, S. 93, ist Augenscheinseinnahme selbst dann zulässig, wenn im Kompromiß nicht ausdrücklich vorgesehen (mwN. aus älterer Rechtsprechung); vgl. auch neuestens die Augenscheinseinnahmen im Streit zwischen Argentinien und Chile um den Beagle-Kanal, FAZ vom 7. Febr. 1978.

153 Art. 9 Locarno-Verträge; Art. 11 I GA; Art. 12 I ESK; Sect. II Art. 12 II VO StSchH.

154 Art. 16 II deutsch-schweiz. Schiedsvertrag; Art. 23 BP: „... duty of the parties ... to use the means at their disposal to enable the Commission to ... perform other tasks in the territories of the parties ...“.

155 Art. 58 VO EuKMR iVm. Art. 28 lit. a EuMRK.

156 Art. 50 VO AmKMR; s. dazu *Khol*, S. 261.

157 s. dazu *Khol*, S. 463 f.

Übereinkunft mit dem Treuhandstaat besondere „visiting missions" eingesetzt werden, falls der Treuhandrat der Auffassung ist, daß die Verhältnisse im Treuhandgebiet dies erfordern[158]. Dem Mandatsberichtsverfahren des Völkerbundes war diese Möglichkeit noch fremd[159]. Wesentliche Quellen zur Augenscheinseinnahme in menschenrechtlichen Sicherungsverfahren sind Art. 58 der Verfahrensordnung der Europäischen Kommission für Menschenrechte in Verbindung mit Art. 28 lit. a der Europäischen Menschenrechtskonvention sowie Art. 30 Abs. 2 der Verfahrensordnung des Europäischen Gerichtshofs für Menschenrechte[160].

Inwieweit die angeführten Regelungen Modellcharakter für die Geschäftsordnung der CERD-Kommission haben können, ist zweifelhaft.

Der Wortlaut der Rassendiskriminierungskonvention bietet keinerlei Anhalt dafür, daß die Vertragsstaaten die Möglichkeit von Augenscheinseinnahmen auf ihren Territorien im Rahmen der Staatenbeschwerde generell vorsehen wollten. Auch in anderen Staatenbeschwerdeverfahren zum Schutz der Menschenrechte ist der Lokalaugenschein nicht vorgesehen. Soweit im Schrifttum die Möglichkeit von Augenscheinseinnahmen im Staatenbeschwerdeverfahren nach dem Pakt über bürgerliche und politische Rechte bejaht wird[161], findet sich für eine derartige Annahme jedenfalls keine ausdrückliche normative Grundlage[162].

Aus der Zulässigkeit des Lokalaugenscheins in den völkerrechtlichen Vergleichsverfahren aus dem Bereich des allgemeinen Streitbeilegungsrechts kann nicht auf die Zulässigkeit im Vergleichsverfahren vor der CERD-Kommission geschlossen werden. Denn soweit der Augenschein in jenen Verfahren als Beweismittel zugelassen ist, beruht dies auf eigenverantwortlicher, konstitutiver Verpflichtung der Vertragsstaaten, an die diese zusätzlich noch das Erfordernis ihrer vorherigen, freien Zustimmung für den Einzelfall gebunden haben. Daß die Vertragsstaaten der Rassendiskriminierungskonvention derartiges nicht vorgesehen haben, veranlaßt zu der Folgerung, daß die mit Lokalaugenscheinseinnahmen verbundene Souveränitätseinbuße nicht generell hingenommen wurde. Deshalb kann die Geschäftsordnung der CERD-Kommission eine Lokalaugenscheinseinnahme mangels einer Ermächtigungsgrundlage nicht normieren. Sieht sie — dem Vorbild anderer Vergleichskommissionen folgend[163] — den Beweis durch Lokalaugenschein dennoch vor,

---

[158] s. Art. 87 c UN-Satzung iVm. §§ 93 - 98 VO des Treuhandrates.

[159] s. dazu *Khol*, S. 171.

[160] s. auch Art. 50 VO AmKMR.

[161] So *Khol*, S. 243.

[162] Vgl. Art. 41 des Paktes.

[163] So z. B. im Fall Ghana v. Portugal, Bericht S. 22 ff.

so sind die Parteien hieran nicht gebunden. Sie können ihre Zustimmung zu Augenscheinseinnahmen auf ihren Territorien deshalb ohne weiteres verweigern. Abweichende Vereinbarungen zwischen den Parteien sowie einseitige Zustimmung einer betroffenen Partei sind, da im Interesse des Menschenrechtsschutzes, natürlich möglich.

Fünftes Kapitel

Abschluß des Ermittlungsverfahrens

1. Schlußgehör

Aus dem Grundsatz des rechtlichen Gehörs ist abzuleiten, daß den Parteien die Möglichkeit einer Stellungnahme zum Ergebnis der Beweisaufnahme zu geben ist.

Auch die Vergleichskommissionen der ILO räumten den Parteien ein „closing statement on the facts mentioned during the hearings“ ein; die Parteien machen von diesem Recht Gebrauch[1].

Ein derartiges Recht sollte auch die CERD-Kommission zum Abschluß einer mündlichen Beweisaufnahme den beteiligten Vertragsstaaten im Hinblick auf die kontradiktorische Gestaltung des Verfahrens einräumen. Zur Klarstellung ist zu betonen, daß die Wahrnehmung dieses Rechts nicht zu dem Wesen des Vergleichsverfahrens fremden Plädoyers führen darf. Aufgabe der abschließenden Stellungnahmen ist lediglich, das Ergebnis der Beweisaufnahme aus der Sicht der Parteien zu kommentieren und der Kommission zu ermöglichen, sich ein Bild über die von den Parteien vorgenommene Tatsachenbewertung zu bilden. Ferner können in diesem Rahmen Zweifelsfragen geklärt werden, die im Verlauf der Beweisaufnahme entstanden sind[2].

Abgesehen von den Stellungnahmen zum Ergebnis der Beweisaufnahme, die auch schriftsätzlich abgegeben werden können, ist für weitere Schriftsätze der Parteien in diesem Stadium des Verfahrens kein Raum mehr. Entsprechendes gilt für die Vorlage neuen dokumentarischen Materials[3].

Das Ermittlungsverfahren vor der CERD-Kommission ist mit der Gewährung des Schlußgehörs beendet. Die Kommission wird den Abschluß der Ermittlungen zweckmäßigerweise durch einen formellen Verfahrensbeschluß dokumentieren und sich zugleich zur Beratung über den Kommissionsbericht vertagen.

---

[1] Fall Ghana vs. Portugal, Bericht S. 20, Nr. 51; Fall Portugal vs. Liberia, Bericht S. 40, Nr. 58.

[2] So auch im Fall Ghana vs. Portugal, Bericht S. 21, Nr. 53; Portugal vs. Liberia, ebd.

[3] Für die Präklusionswirkung gilt dasselbe wie im Stadium der Beweisaufnahme; dazu unter B., 2. Abschn., 4. Kap., Ziff. 7 (am Ende).

Sollte sich im Einzelfall im Zeitpunkt des Abschlusses des Ermittlungsverfahrens ein direkter Eintritt im Vergleichsgespräche mit den Parteien als zweckmäßig erweisen, so wird die Kommission allerdings zunächst über das Verfahren bei der Durchführung der Vergleichsgespräche zu beraten haben.

2. Vergleichsgespräche

Aus dem Anerbieten guter Dienste gem. Art. 12 Abs. 1 lit a) CERD ist abzuleiten, daß der Vergleichsgedanke im Verfahren vor der CERD-Kommission bereits vor der Erstellung des Berichts einen gewissen Stellenwert im Verfahren hat und die Kommission nach Abschluß des Ermittlungsverfahrens Vergleichsgespräche mit den Parteien führen kann, sofern sie dies für ratsam hält[4].

Für die Form der Einleitung derartiger Gespräche und deren Durchführung finden sich in den untersuchten Modellverfahrensordnungen keine Anhaltspunkte. In der Praxis wurde beispielsweise so verfahren, daß die Kommission ihren Präsidenten beauftragte, die Parteien am Schluß der Sitzungsfolge daran zu erinnern, daß sich die Kommission zur Verfügung der Prozeßbevollmächtigten halte, um zu einem freundschaftlichen Ausgleich zu gelangen[5].

Gelegentlich hat der Kommissionsvorsitzende auch selbst die zuständigen Regierungsstellen des inkriminierten Staates aufgesucht, um mit Regierungsvertretern etwaige Vergleichsmöglichkeiten zu diskutieren[6].

Es wird in das Ermessen der CERD-Kommission gestellt bleiben, ob sie diesen Vorbildern folgen oder andere geeignete Wege beschreiten will.

---

[4] So im griech.-brit. Verfahren Nr. 176/56 vor der Unterkommission der EuKMR; s. Europarat-Presseinformation 1025 v. 20. 11. 1956.

[5] EYbHR Bd. 5 (1962), S. 57.

[6] s. dazu unter B., 2. Abschn., 1. Kap., Fn. 43.

Sechstes Kapitel

Beratung

Die Beratung dient der Erörterung des Ermittlungsergebnisses, seiner Bewertung sowie der Willensbildung über die abzugebenden Empfehlungen. In der Rassendiskriminierungskonvention werden Inhalt und Ablauf der Beratung nicht näher geregelt. Aus Art. 13 I CERD ergibt sich lediglich, daß die Beratung „eingehend" zu erfolgen hat. Darunter ist zu verstehen, daß der Fall unter allen tatsächlichen und rechtlichen Gesichtspunkten zu würdigen ist, wie sich am klarsten aus der französischen Fassung[1] der Konvention ergibt.

1. Teilnahme an der Beratung

Über den Kreis der Teilnehmer an der Beratung ist in den Modellverfahrensordnungen nur selten etwas bestimmt. Es erscheint klar, daß an den Beratungen nur die Mitglieder des Gremiums teilnehmen[2]. Teilweise ist jedoch auch die Teilnahme Dritter vorgesehen. So nimmt in einigen Fällen der Kanzler oder sein Stellvertreter — ohne Stimmrecht — an der Beratung teil[3]. Darüber hinaus können gelegentlich ausnahmsweise — nach Maßgabe einer besonderen Entscheidung[4] — Personen teilnehmen, die weder zu dem eigentlichen Gremium noch zu dessen organisatorischer Peripherie gehören. Die Teilnahme solcher Personen scheidet aber in der Regel aus[5].

Abweichend von der Regel der ausschließlichen Teilnahme von Gremienmitglieder sind aber in der Praxis die Parteien gelegentlich selbst

[1] „Après avoir étudié la question sous tous les aspects, la Commission prépare ... un rapport ....

[2] Art. 19 II VO EuGHMR: „Nur die Richter nehmen an den Beratungen teil."; Art. 27 II VO EuKMR: „... nur die Mitglieder der Kommission ..."; entsprechend auch: Art. 27 § 2 VO EuGH; Art. 30 II VO IGH.

[3] Art. 30 II VO IGH; Art. 19 II VO EuGHMR; Art. 27 III VO EuKMR: „Der Sekretär der Kommission ist grundsätzlich bei der Beratung zugegen."; Art. 27 § 7 VO EuGH: „Der Kanzler ist zugegen, sofern der Gerichtshof nichts anderes bestimmt.".

[4] Art. 19 II VO EuGHMR; Art. 27 III VO EuKMR; Art. 30 II VO IGH.

[5] So am deutlichsten Art. 30 II VO IGH: „Dritte Personen sind nicht zugelassen, es sei denn auf Grund ausdrücklichen Beschlusses des Gerichtshofs.".

zu den Beratungen hinzugezogen worden[6]. Sinn dieser außergewöhnlichen Verfahrensweise dürfte gewesen sein, die Parteien durch frühzeitige Bekanntgabe der Kommissionsauffassungen zu einem Einlenken zu veranlassen. Ferner mag die Absicht mitgespielt haben, eine etwaige Präjudizierung späterer schiedsgerichtlicher oder gerichtlicher Verfahren durch zu ausführliche Sach- und Rechtsausführungen im Bericht zu vermeiden, indem man den Parteien vorab Gelegenheit zur mündlichen Kenntnisnahme der Kommissionsauffassung gab. Der Bericht konnte sich danach kurz fassen.

Für den Bereich der CERD-Staatenbeschwerde erscheint eine Hinzuziehung der Parteien zu den Beratungen nicht schlechthin ausgeschlossen. Es sollte aber jeweils sorgfältig geprüft werden, ob diese Verfahrensweise die Vergleichsaussichten wirklich vergrößert. Denn es besteht die Gefahr, daß die Beteiligung der Parteien die Beratung — insbesondere in stark kontroversen Fällen — unnötig behindert[7]. Es ist dann zu erwägen, ob ein allein mit der Autorität der Kommission ausgestatteter Bericht nicht eher Aussicht auf Herbeiführung einer friedlichen Regelung bietet.

Die weitere Frage, ob die Teilnahme aller Gremienmitglieder an der Beratung erforderlich ist, bleibt häufig offen. Soweit Bestimmungen über die Beschlußfähigkeit getroffen sind, können sie nicht ohne weiteres entsprechend angewandt werden. Es erscheint denkbar, daß Beratungen nicht in der zur Beschlußfassung erforderlichen Besetzung stattfinden, sofern nur bei der Abstimmung die notwendige Anzahl von Mitgliedern teilnimmt. Gleichwohl wäre eine solche Handhabung mißlich; denn eine Stimmabgabe in Unkenntnis des Beratungsablaufs wird dem Sinn des Verfahrens nicht gerecht. Demgemäß bestimmt Art. 12 GA für den Vergleichsausschuß, daß dieser sich nur dann sachlich zu dem Streitfall äußern kann, wenn alle Mitglieder zugegen sind. Diesem Vorbild sollte auch die CERD-Vergleichskommission folgen.

Im übrigen erscheint die Teilnahme eines Mitglieds des Sekretariats an den Beratungen der Kommission zweckmäßig, soweit in den Beratungen Punkte mit finanziellen oder organisatorischen Folgewirkungen berührt werden. Eine ähnliche Bestimmung findet sich auch in Regel 25 der Verfahrensordnung des CERD-Ausschusses.

---

[6] So in der Alabama Claims Arbitration, vgl. *Hudson*, International Tribunals, S. 95; vgl. auch für das bilaterale Vergleichsverfahren einen entsprechenden Vorschlag von *André Gros*, s. *Rolin*, IDI-Schlußbericht, S. 15.

[7] In diesem Sinn auch *Stone*, IDI-Beratungen, S. 94.

2. Gang der Beratung

Die Beratung erfolgt üblicherweise dergestalt, daß jeder Teilnehmer eingangs seine Auffassung zu dem Fall vorträgt und sie begründet[8]. Aufgrund dieser Einzelreferate wird — regelmäßig durch den Vorsitzenden im Rahmen seiner Verfahrensleitungsbefugnis[9] — ein Fragenkatalog erstellt[10], über den später abgestimmt wird. Dabei ist teilweise ausdrücklich bestimmt, daß jedes Gremienmitglied die schriftliche Niederlegung einer Frage in genauer Formulierung in den Amtssprachen und ihre Aushändigung verlangen kann, bevor die Frage zur Abstimmung gestellt wird[11]. In einer abschließenden Aussprache einigen sich die Mitglieder sodann auf eine Meinung, die für die jeweilige Entscheidung maßgebend ist[12].

Für die Reihenfolge des Vortrags und der Abstimmung gilt das Anciennitätsprinzip in umgekehrter Reihenfolge[13].

Zusätzlich bestimmt Art. 27 § 6 VO EuGH, daß das Gericht über Meinungsverschiedenheiten entscheidet, die Gegenstand, Fassung und Reihenfolge der Fragen oder die Auslegung der Abstimmung betreffen.

Bei den dargestellten Regelungen fällt auf, daß sie im wesentlichen gerichtliche Verfahren betreffen. Für Vergleichsverfahren gibt es keine entsprechende formalisierte Regelung. Dies erklärt sich daraus, daß das Vergleichsverfahren geschmeidiger als ein gerichtliches sein muß. Insbesondere bei der Aufgabe, Empfehlungen für die Streitbeilegung auszuarbeiten, erweisen sich die vorliegenden Modellregelungen als zu starr.

Die dargestellten Regelungen können insoweit als Vorbild für die Geschäftsordnung der CERD-Kommission dienen, als die Kommissare eingangs ihre Auffassungen zu Sachverhalt und Rechtslage darlegen und begründen sollten. Auch könnte eine Abstimmung anhand eines vom Vorsitzenden als Ausfluß seiner Verfahrensleitungskompetenz erstellten Fragebogens erfolgen. Gegenstand dieses Fragebogens sollten aber zunächst nur solche Probleme sein, die unmittelbar die Würdigung der Sach- und Rechtslage betreffen. Empfehlungsvorschläge sollten so-

---

[8] Art. 30 III VO IGH; Art. 27 § 3 VO EuGH; Art. 28 VO EuKMR; Art. 19 III VO EuGHMR.

[9] So ausdrücklich Art. 81 VO CACJ.

[10] Vgl. Art. 81 VO CACJ; Art. 30 IV VO IGH; Art. 27 § 4 VO EuGH; Art. 19 IV VO EuGHMR.

[11] Art. 30 IV VO IGH; Art. 27 § 4 VO EuGH; nach Art. 19 IV VO EuGHMR ist genaue Formulierung in allen Fällen obligatorisch.

[12] Art. 30 V VO IGH; Art. 27 § 5 EuGH.

[13] Art. 30 V VO IGH; Art. 27 § 5 VO EuGH; Art. 28, 29 II VO EuKMR; Art. 20 II VO EuGHMR.

lange ausgeklammert bleiben, als nicht eine Einigung über die tatsächliche und rechtliche Ausgangssituation erzielt wurde. Denn die Unterbreitung sachgerechter Lösungsvorschläge vor abschließender Klärung der Sach- und Rechtslage erscheint kaum möglich[14]. Die notwendige Konsensbildung über Sach- und Rechtslage sollte durch eine auf diese Fragen beschränkte Abstimmung vorab erfüllt werden. Für die Abstimmung gelten die oben dargestellten allgemeinen Regeln[15].

Aufbauend auf dieser Abstimmung sollte eine Aussprache über zu empfehlende Maßnahmen erfolgen. Dies könnte in der Weise geschehen, daß zunächst jedes Mitglied eine oder mehrere Empfehlungen präsentiert. In einer nachfolgenden allgemeinen Diskussion werden sich dann voraussichtlich einige Lösungsvorschläge als geeignetste herauskristallisieren. Über diese Vorschläge sollte sodann eine gesonderte Abstimmung erfolgen, deren Ergebnis die Kommissionsempfehlung iSd. Art. 13 Abs. 1 CERD darstellt.

3. Beratungsgeheimnis

Ganz allgemein gilt, daß die Beratungen geheim sind. Dies bedingt zweierlei: sie finden unter Ausschluß der Öffentlichkeit statt[16], und die Unterlagen über Inhalt und Ablauf der Beratungen werden nicht veröffentlicht[17].

Diese zur unbefangenen Wahrheitsfindung unerläßliche Regelung sollte auch für die Vergleichsverfahren vor der CERD-Kommission gelten.

4. Freie Beweiswürdigung

Der Grundsatz der freien Beweiswürdigung ist in den untersuchten Modellverfahrensordnungen regelmäßig nicht ausdrücklich verankert. Lediglich Art. 18 MR sieht eine explizite Regelung vor:

> „The tribunal shall decide as to the admissability of evidence that may be adduced, and shall be the judge of its probative value.“

---

[14] Vgl. auch *Wehberg*, Vergleichskommissionen, S. 589: „... jeder ernsthafte Vermittlungsversuch, insbesondere auch die Ausarbeitung von Vergleichsvorschlägen in dem sogenannten Bericht (setzt) voraus, daß sich die Kommission vorher ein klares Bild von der tatsächlichen und rechtlichen Lage gemacht hat.“.

[15] s. unter B., 1. Abschn., 5. Kap.

[16] Art. 30 I VO IGH iVm. Art. 54 III Statut IGH; Art. 30, 78 HA; Art. 32 Statut EuGH iVm. Art. 27 § 1 VO EuGH; Art. 19 I VO EuGHMR; Art. 27 I VO EuKMR; Art. 9 Protokoll ENEA-Gericht; Art. 26 MR; Sect. I Art. 27, Sect. II Art. 16 VO StSchH.

[17] Art. 54 III Statut IGH iVm. Art. 30 VI VO IGH; Art. 30, 78 HA; Art. 32 Statut EuGH; Art. 19 V VO EuGHMR; Art. 27 I VO EuKMR; Sect. I Art. 27 VO StSchH; Art. 26 MR.

Das Fehlen einer ausdrücklichen Regelung in den meisten Fällen beruht auf dem Umstand, daß in der völkerrechtlichen Judikatur der Grundsatz der freien Beweiswürdigung als tragendes Verfahrensprinzip stillschweigend vorausgesetzt wird. Insbesondere haben sich internationale Gerichte und Schiedsgerichte geweigert, rein technische Bestimmungen oder Legalfiktionen aus einzelstaatlichen Rechtsordnungen zu übernehmen[18].

Die Literatur ist dieser Praxis gefolgt[19].

Für den Bereich des Vergleichsverfahrens werden in der Rechtspraxis und Literatur keine abweichenden Ansichten vertreten. Dies ist verständlich, weil gerade hinsichtlich der mit dem Beweisverfahren zusammenhängenden Fragen große Ähnlichkeit mit gerichtlichen und schiedsgerichtlichen Verfahren besteht. Dies gilt insbesondere für die Beweiswürdigung, da eine Bindung an formalisierte Beweiswürdigungsregeln bei einer Vergleichskommission in gleicher Weise wie bei jenen Verfahren einer umfassenden Sachverhaltsaufklärung im Wege stünde.

Deshalb ist auch die CERD-Kommission bei der Würdigung der von ihr aufgenommenen Beweise frei. Eine Aufnahme dieses Grundsatzes in die Geschäftsordnung erscheint angesichts der allgemeinen Handhabung nicht erforderlich. Sollte jedoch aus Klarstellungsgründen eine ausdrückliche Regelung erwogen werden, so erscheint eine Anlehnung an Art. 18 MR aus Gründen der Rechtsvereinheitlichung als empfehlenswert.

5. Protokollierung der Beratungen

Für die Protokollierung der Beratungen — sofern eine solche überhaupt stattfindet[20] — gelten gegenüber den allgemeinen Vorschriften

[18] z. B. Schiedsspruch vom 24. 7. 30 im Shufeldt-Claim zwischen USA u. Guatemala, UNRIAA Vol. 2, S. 1079 (1083): „International courts are by no means as strict as municipal courts and cannot be bound by municipal rules in the receipt and admission of evidence"; s. auch die Ausführungen im Parker Case vor der US-Mexican General Claims Commission vom 31. 3. 36, UNRIAA Vol. 4, S. 35 (39): „However appropriate may be the technical rules of evidence obtaining in the jurisdiction of either the US or Mexico as applied to the conduct of trials in their municipal courts, they have no place ... in the weighting of evidence before this international tribunal"; s. auch StIGH, Sér. A 7, S. 73 im Fall der deutschen Interessen in Oberschlesien; „La Cour a toute liberté d'apprécier les allégations faites par les Parties"; ähnlich IGH in: Affaire du droit d'asile, arrêt v. 20. 11. 50, Rec. 1950, 266 (268); *Max Huber* im Palmas-Streit, UNRIAA Vol. 2, S. 830 ff. (Fontes A I 1; S. 164): „It is for the arbitrator to decide both whether ... the evidence produced is sufficient or not; and finally whether points left aside by the Parties ought to be elucidated"; weitere Beispiele bei *Sereni*, S. 55, Anm. 38.

[19] *Evensen*, S. 44 ff.; *Sandifer*, S. 10 ff.; *Feller*, The German-Mexican Claims Commission, S. 76; *Guckel*, S. 164; *Hudson*, International Tribunals, S. 92 f.

über die Protokollführung einige Besonderheiten, für die Art. 30 Abs. 6 der IGH-Verfahrensordnung beispielhaft ist. Nach dieser Vorschrift wird in den nichtöffentlichen Sitzungen, die die Beratung von Urteilen zum Gegenstand haben, kein ausführliches Protokoll geführt. Das — als notwendige Folge des Beratungsgeheimnisses — als vertraulich anzusehende Protokoll gibt lediglich den Gegenstand der Aussprache, das Abstimmungsergebnis, die Namen der pro und contra stimmenden Richter sowie die ausdrücklich zur Aufnahme ins Protokoll bestimmten Erklärungen wieder[21].

Es fragt sich, ob eine Protokollierung der Beratungen der CERD-Kommission grundsätzlich erforderlich ist. Für die Parteien ist diese Frage nicht von Interesse, da das Beratungsprotokoll in Anlehnung an die internationale Praxis ohnehin geheim bleiben würde. Somit könnte es allenfalls interne Bedeutung haben. Bei länger sich hinziehenden Beratungen kann eine Protokollierung von Vorteil sein; in diesem Fall erscheint es zweckmäßig, zumindest die zur Abstimmung gestellten Fragen und das Abstimmungsergebnis festzuhalten.

Grundsätzlich erscheint es ausreichend, daß die Geschäftsordnung der CERD-Kommission die Protokollierung der Beratungen — ebenso wie in Art. 27 § 8 der Verfahrensordnung des Europäischen Gerichtshofs — lediglich fakultativ vorsieht.

---

[20] Fakultativ gem. Art. 27 § 8 VO EuGH; im Rahmen des HA ergibt sich die Führung eines Beratungsprotokolls aus Art. 30 S. 3 HA, demzufolge die Weigerung eines Mitglieds, an der Beratung teilzunehmen, im Protokoll festzuhalten ist.

[21] Gleiche Regelung: Art. 19 V VO EuGHMR; Art. 30 VO EuKMR.

Siebtes Kapitel

Der Bericht der CERD-Kommission

1. Inhalt des Berichts

Der Bericht der CERD-Kommission ist der formelle Akt, der das Vergleichsverfahren *vor der Kommission* abschließt. Mit diesem Bericht ist das Vergleichsverfahren noch nicht völlig abgeschlossen; aber wegen der besonderen Regelung des Art. 13 Abs. 2 CERD liegt das weitere Verfahren in der Hand des Vorsitzenden des CERD-Ausschusses.

Der Bericht der Kommission besteht nach Art. 13 Abs. 1 CERD aus einer Feststellung über alle auf den Streit bezüglichen Sachfragen und den Kommissionsempfehlungen zur Streitbeilegung. Wenn diese Vorschrift auch noch nicht alle Zweifel über den Inhalt des Berichts klärt, so stellt sie doch zumindest klar, daß unter diesem Bericht mehr als ein bloßes Abschlußprotokoll zu verstehen ist. Die im internationalen Vergleichsverfahren häufig vorgesehenen Abschlußprotokolle enthalten nämlich regelmäßig je nach Lage des Falles nur die Feststellung, „daß sich die Parteien verständigt haben und gegebenenfalls unter welchen Bedingungen die Verständigung erfolgt ist, oder aber, daß die Parteien nicht zur Annahme eines Vergleichs gebracht werden konnten[1]".

Die abweichende Regelung des Art. 13 Abs. 1 CERD lehnt sich vielmehr an ein Konzept an, das wegen der Aufteilung in Sachverhalt (tatsächliche Grundlage des Streitfalls) und Empfehlungen (Folgerungen aus dem Sachverhalt) formell den herkömmlichen justizförmigen Entscheidungen nähersteht und sich im internationalen Vergleichsverfahren vielfach eingebürgert hat[2]. Dieses Konzept hat sich insbesondere in den menschenrechtssichernden Vergleichsverfahren durchgesetzt.

2. Sachverhaltsdarstellung

Die Sachverhaltsdarstellung gibt die dem Streitfall zugrunde liegenden Tatsachen wieder, wie sie sich für das jeweilige Gremium als Ergebnis des Parteivorbringens und der Beweisaufnahme darstellen.

---

[1] So Art. 8 II Locarno-Verträge, Art. 15 II GA; Art. 15 II ESK; Sect. II Art. 14 VO StSchH.

[2] Art. 15 deutsch-schweiz. Schiedsvertrag; Art. 28 ILO-Satzung; Art. 30 EuMRK iVm. Art. 60 ff. VO EuKMR; Art. 49, 50 AmMRK; Art. 42 VII Pakt

Wie die Untersuchung der Modellverfahrensordnungen aus dem Bereich des internationalen Vergleichsverfahrens ergab, sind die Bestimmungen über den Umfang der Sachverhaltsdarstellung sehr unterschiedlich.

Soweit das Verfahren durch ein Abschlußprotokoll beendet wird, findet eine Sachverhaltsdarstellung in dem Protokoll nicht statt[3].

Bei Vergleichsverfahren, die durch einen Bericht abgeschlossen werden, wird der Sachverhalt in dem Bericht grundsätzlich dargestellt. Der Umfang der Darstellung knüpft jedoch in diesen Fällen häufig[4] an die Differenzierung an, ob eine freundschaftliche Lösung erzielt werden konnte oder nicht.

Bei Gelingen einer freundschaftlichen Lösung beschränkt sich der Bericht in den meisten Fällen auf eine *kurze* Darstellung des Sachverhalts und der erzielten Lösung[5]. Eine Ausnahme findet sich in Art. 27 des Pakts von Bogotá, der in diesem Fall eine Beschränkung auf den Text des Übereinkommens vorsieht.

Bei Mißlingen einer Übereinkunft sind die Regelungen über den Umfang der Sachverhaltsdarstellung differenzierter.

Teilweise ist nur eine summarische Darstellung der Kommissionsarbeit vorgesehen[6]. In anderen Fällen sind der kurz gehaltenen Sachverhaltsdarstellung die schriftlichen und protokollierten mündlichen Stellungnahmen der Parteien beizufügen[7], so daß der Bericht im Ergebnis eine höhere Aussagekraft gewinnt. Eine vollständige Sachdarstellung sieht offenbar Art. 50 Abs. 1 der Amerikanischen Menschenrechtskonvention vor[8].

Am weitesten gehen jedoch die Verfahrensvorschriften der Vergleichsorgane der Europäischen Menschenrechtskonvention. Danach enthält der Bericht bei Fehlschlag der Vergleichsbemühungen eine *ausführliche* Darstellung des Sachverhalts, insbesondere eine eingehende Beweiswürdigung sowie eine genaue Darstellung des eingeschlagenen

---

über bürgerliche und politische Rechte; Art. 17 III UNESCO-Protokoll; eine Zwischenstellung nimmt der Bericht gem. Art. 27 BP ein.

3 Vgl. die Quellen in Fn. 1.

4 Keine Differenzierung findet sich in Art. 18 deutsch-schweiz. Schiedsvertrag.

5 Art. 30 EuMRK iVm. Art. 60 VO EuKMR; Art. 17 III UNESCO-Protokoll; Art. 41 I h), ii) und Art. 42 VII b) Pakt über bürgerliche und politische Rechte; Art. 49 AmMRK (ausführliche Darstellung auf Verlangen einer Partei möglich).

6 Art. 27 BP: „summary of the work of the commission".

7 Art. 41 I h), ii) und Art. 42 VII c) Pakt über bürgerliche und politische Rechte.

8 „... the Commission shall ... draw up a report setting forth the facts ..."; so auch Art. 17 III UNESCO-Protokoll.

Verfahrens[9]. Ferner nimmt der Bericht zur Frage einer eventuellen Konventionsverletzung Stellung[10].

Die Ausführlichkeit der Darstellung bei Fehlschlagen einer Aussöhnung dient dazu, im Falle eines mehrstufigen Verfahrens das nach Abschluß des Vergleichsverfahrens zuständige Organ über Ablauf und Ergebnis des Vorverfahrens zu unterrichten. Eine weitere wesentliche Funktion könnte in der Orientierung der Parteien über das Ermittlungsergebnis des Vergleichsorgans — in der Hoffnung auf eine spätere zweiseitige Beilegung — liegen[11]. Diese Möglichkeit bleibt allerdings nach Art. 62 der Verfahrensordnung der Europäischen Kommission für Menschenrechte verschlossen, wonach der ausführliche Bericht zum ausschließlichen Gebrauch der Kommission bestimmt ist. Auch in die Europäische Streitbeilegungskonvention hat die ursprünglich vorgesehene Mitteilung des Ermittlungsergebnisses an die Parteien keine Aufnahme gefunden[12].

Diese vom Standpunkt der Parteien bedauerliche Einschränkung mag in der von zahlreichen Vergleichskommissionen geteilten Befürchtung begründet sein, die ausführliche Sachverhaltsdarstellung bei fehlgeschlagenem Versöhnungsversuch könne im Rahmen anschließender schiedsgerichtlicher oder gerichtlicher Verfahren eine präjudizierende Wirkung ausüben.

Soweit einige Kommissionen dennoch zur Sach- und Rechtslage Stellung bezogen, versuchten sie gelegentlich, diese Gefahr durch Aufnahme einer negativen Präjudizklausel in den Bericht abzuhelfen[13].

Für den Bericht der CERD-Kommission läßt sich hinsichtlich der Sachverhaltsdarstellung aus Art. 13 Abs. 1 CERD eine Unterscheidung zwischen erfolgreichen und erfolglosen Versöhnungsbemühungen nicht herleiten. Gleichwohl wird im Schrifttum unter Hinweis auf Art. 30 der Europäischen Menschenrechtskonvention die Auffassung vertreten, bei

[9] Art. 62 VO EuKMR.

[10] Art. 66 VO EuKMR; Art. 32 I EuMRK für den Ministerrat; zur Feststellung der Konventionsverletzung vgl. auch Art. 50 VO EuGHMR.

[11] Ebenso im Ergebnis, jedoch begründet mit der Gefahr des Beweisverlustes: *Rolin*, EYB Vol. 3, S. 16 f.; wohl auch *Wehberg*, Vergleichskommissionen, S. 591.

[12] Art. 15 Abs. 2 des Entwurfs: „... il sera tenu procès-verbal des interrogatoires ou autres mesures d'instruction et copie en sera remise aux parties“, s. Assemblée Consultative du Conseil d'Europe, 7e Sess. Ord., 21 juin 1956, Doc. 356.

[13] So im franz.-schweiz. Fall betr. Internierung und Grenzverletzungen, s. *Wehberg*, Vergleichskommissionen, S. 581; Wortlaut der Klausel: „Da der Vorschlag der Kommission nur von dem Verlangen bestimmt ist, eine Vermittlung zwischen den Parteien herbeizuführen, so präjudiziert die vorliegende Darlegung die rechtliche Stellung der Parteien nicht. Diese dürfen sich auf sie in einem eventuellen gerichtlichen Verfahren nicht berufen.“

Erreichen einer freundschaftlichen Lösung sei Art. 13 Abs. 1 CERD nicht anzuwenden. In diesem Fall sei es nicht wünschenswert, alle Sachfragen noch einmal aufzurollen[14]. Dieser Auffassung kann in dieser allgemeinen Formulierung nicht beigetreten werden, da sie die in der Rassendiskriminierungskonvention getroffene Funktionsaufteilung zwischen Vergleichskommission und Ausschuß vernachlässigt.

Denn nach Art. 13 Abs. 1 CERD ist der Bericht dem Vorsitzenden des Ausschusses vorzulegen, der seinerseits gem. Art. 13 Abs. 2 CERD den Bericht den Parteien zuleitet und auch deren Mitteilung über Ablehnung oder Annahme der Empfehlungen entgegennimmt. Die Konvention geht davon aus, daß bei Abfassung des Berichts durch die Kommission der Erfolg der Vermittlungsbemühungen noch offen ist. Es ist daher im Verfahren vor der CERD-Kommission nicht sinnvoll, hinsichtlich des Umfangs der Sachverhaltsdarstellung zwischen erfolgreichem und erfolglosem Ausgang des Vergleichsverfahrens zu differenzieren. Daher wird auch die mangelnde Differenzierung hinsichtlich der Abfassung des Sachverhalts zwischen erfolgreichen und erfolglosen Vermittlungsversuchen verständlich. Eine Beschränkung des Berichts auf eine erzielte Lösung käme also allenfalls in Betracht, wenn im Zeitpunkt der Berichtsabfassung der Vermittlungserfolg bereits feststeht. Die dürfte jedoch nicht der Regelfall sein.

Daher ist im Normalfall in strikter Anwendung des Art. 13 Abs. 1 CERD der Sachverhalt darzustellen.

Aus der Formulierung „alle auf den Streit bezüglichen Sachfragen" läßt sich nicht entnehmen, welcher Ausführlichkeitsgrad der Darstellung gewählt werden soll. Im Interesse der Parteiorientierung erscheint eine über eine summarische Raffung hinausgehende Darstellung nach dem Vorbild des Art. 62 der Verfahrensordnung der Europäischen Kommission für Menschenrechte angebracht. Unter den Begriff „Sachfragen" fällt die Sachverhaltsdarstellung einschließlich einer etwaigen Beweiswürdigung; ferner dürfte auch die Darstellung des Verfahrensablaufs darunter zu subsumieren sein. Zweifelhaft ist aber, ob auch zur Frage einer Konventionsverletzung Stellung zu nehmen ist, da es sich insoweit um eine Rechtsfrage handelt. Der klare Wortlaut der Konvention[15] spricht dagegen[16]. Die Aufnahme einer negativen Präjudizklausel er-

---

[14] *Schwelb*, ICLQ Vol. 15 (1966), S. 996 (1040 f.): „... clearly not appropriate ... If a solution was reached through the good offices of the Commission it would clearly not be desirable to continue to deal with all questions of fact at issue."

[15] „questions of fact" bzw. „questions de fait".

[16] Gleicher Ansicht wohl auch *Schwelb*, ICLQ 15, S. 1041; auch der nach Art. 41 I h) des Pakts über bürgerliche und politische Rechte vorgesehene Bericht enthält nicht die Feststellung einer Konventionsverletzung; so zwar der

scheint in jedem Fall überflüssig, weil Berichte von Vergleichskommissionen immer unverbindlich sind[17]. Da das internationale Vergleichsverfahren ein nunmehr gefestigtes internationales Rechtsinstitut ist, kann ferner davon ausgegangen werden, daß ein später mit der Sache befaßtes völkerrechtliches Gericht oder Schiedsgericht — etwa der IGH gem. Art. 22 CERD — in Kenntnis der Unverbindlichkeit des Berichts ein erneutes Ermittlungsverfahren durchführt, ohne auf die Ergebnisse des Vergleichsverfahrens zurückzugreifen.

3. Empfehlungen

Die Empfehlungen der Vergleichskommission dienen der Herbeiführung eines Vergleichs zwischen den Parteien. Teilweise ist von Vorschlägen[18], teilweise von Bedingungen der der Kommission angemessen erscheinenden Regelung[19] die Rede. Ein sachlicher Unterscheid besteht aber nicht.

Die Empfehlungen sind üblicherweise mit einer Erklärungsfrist gekoppelt[20].

Für die CERD-Kommission ergibt sich die Aufgabe, Empfehlungen (recommendations) auszusprechen, aus Art. 13 Abs. 1 CERD. Die dreimonatige Erklärungsfrist gem. Art. 13 Abs. 2 CERD beginnt mit der Zustellung des Berichts durch den Ausschußvorsitzenden.

4. Begründung der Empfehlungen

Die meisten Modellverfahrensordnungen schweigen zu der Frage, ob die Empfehlungen der Vergleichskommissionen begründet werden sollten[21]. In der Praxis bilateraler Vergleichsverfahren wurden die für die

---

Entwurf des UN-Menschenrechtsausschusses (Report on the tenth session, Suppl. 7, E/2573, April 1954, S. 70, Art. 43 III), der jedoch später auf Antrag der USA geändert wurde; zur Begründung wurde angeführt, daß dem Ausschuß keine „quasirichterliche Funktion" zustehe, s. dazu eingehend *Schwelb*, Civil and Political Rights, S. 854 mwN.

[17] Vgl. Art. 15 II deutsch-schweiz. Schiedsvertrag; Art. 8 Locarno-Verträge; Art. 15 GA; Art. 15 ESK; Art. 28 BP; Sect. II Art. 9 VO StSchH.

[18] Art. 15 I deutsch-schweiz. Schiedsvertrag: „Vorschläge für die Beilegung der Streitigkeiten"; Art. 31 III EuMRK; zu den verschiedenen Arten der Empfehlungen, insbes. im Menschenrechtssicherungsverfahren, s. *Khol*, S. 489 ff.; S. 614, Spalte 12; S. 615, Spalte 62.

[19] Art. 15 I ESK; Art. 15 GA: „terms of settlement which seems suitable to it"; Sect. II Art. 9 VO StSchH: „les termes de l'arrangement qui lui paraîtrait convenable".

[20] Art. 15 I ESK; Art. 15 I GA; Art. 15 I deutsch-schweiz. Schiedsvertrag; anders: Art. 27 BP.

[21] Vgl. etwa Art. 66 VO EuKMR; Ausnahme: Sect. II Art. 13 VO StSchH für das Vergleichsverfahren: „(la commission) indique aux parties, soit par écrit,

Empfehlungen maßgeblichen Gesichtspunkte den Parteien bei der Übermittlung des Berichts bisweilen mündlich erläutert[22]. Schriftliche Begründungen sind ausgesprochen selten[23].

Die Rassendiskriminierungskonvention trifft hierzu keine Regelung. Eine mündliche Erläuterung durch die Vergleichskommission scheidet schon deshalb aus, weil nicht sie, sondern der Ausschußvorsitzende als Übermittler des Berichts auftritt. Gegen eine schriftliche Begründung der Kommissionsempfehlungen erheben sich keine grundsätzlichen Bedenken, sofern — was im Einzelfall zu prüfen sein wird — die Begründung die Aussicht auf Annahme der Empfehlungen erhöht.

5. Sondervoten

Die Rassendiskriminierungskonvention trifft keine Regelung über die Zulässigkeit von Sondervoten. Da schon wegen der Natur der Materie zu erwarten ist, daß innerhalb der Kommission divergierende Ansichten in Sach- und Rechtsfragen auftreten werden, ist die Zulässigkeit von Sondervoten von besonderem Interesse.

In den untersuchten Modellverfahrensordnungen finden sich unterschiedliche Ausgestaltungen bei der Behandlung divergierender Ansichten.

Einmal können sie völlig hinter dem Mehrheitsvotum zurücktreten mit der Folge, daß Meinungsverschiedenheiten nach außen nicht zum Ausdruck kommen[24].

Zum anderen kommt Stimmenthaltung ohne[25] und mit[26] entsprechendem Protokollvermerk in Betracht.

soit oralement, les raisons qui paraissent militer en faveur de cette acceptation".

Zur Begründungspflicht im Rahmen gerichtlicher oder schiedsgerichtlicher Verfahren vgl. Art. 79 HA; Art. 56 I Statut IGH; Art. 74 I VO IGH; Art. 30 Statut EGKSGH; Art. 33 Statut EuGH; Art. 46 BP; Art. 51 I VO EuGHMR; Art. 9 Statut ENEA-Gericht; Art. 16 Konvention über das Rüstungskontrollgericht der WEU; Art. 29 MR.

[22] So im belg.-dän. Streitfall betr. die Schiffe „Gorm" und „Svava"; s. dazu *Wehberg*, Vergleichskommissionen, S. 578 und *Rolin*, Une conciliation belgo-danoise, Annex RGDIP 1953, S. 359 ff.; nach *Wehberg* erhielten die Vergleichsvorschläge erst durch die Begründung ihren vollen Wert.

[23] Soweit ersichtlich, nur im frz.-schweiz. Fall betr. Internierung und Grenzverletzungen (mit Präjudizklausel), s. *Wehberg*, ebd., S. 581; s. auch *van Asbeck*, NTIR 1956, S. 217 ff.; ferner im ital.-schweiz. Vermögensabgabefall; hier hatten die Parteien allerdings ausdrücklich eine Rechtsauskunft erbeten, s. *Wehberg*, ebd., S. 582.

[24] So vor dem EuGH; auch die ESK kennt kein Sondervotum.

[25] So wohl Art. 15 II GA für das Vergleichsverfahren, wonach das Protokoll auf die Mehrheitsverhältnisse nicht eingeht; vgl. auch Sect. I Art. 28 VO StSchH: „... la sentence ne fait pas mention de l'opinion dissidente de la minorité." (Schiedsverfahren); s. auch Art. 15 II ESK.

Drittens kann die Abweichung in der Entscheidung selbst zum Ausdruck gebracht werden[27].

Im internationalen Prozeßrecht überwiegt die letztere Gestaltungsmöglichkeit. Sie entspricht der althergebrachten angloamerikanischen Rechtauffassung, derzufolge die Persönlichkeit des Richters gleichwertig neben seine Funktion tritt[28] und sie deshalb ein Übergehen der Richteransicht ausschließt. Diese Verfahrensweise kann bei der Entscheidung von Grundsatzfragen im Interesse der Wahrheitsfindung[29] vorteilhaft sein.

Die Möglichkeit eines nach außen geschlossenen Richtervotums, die der kontinentaleuropäischen Rechtstradition näher steht[30], betont vor allem die Autorität des Gremiums. Sie findet sich vor allem in Bereichen eines im vorgerückten Stadium befindlichen internationalen Konsenses.

Die Stimmenthaltung ist eine Zwischenlösung, die dem Gremienmitglied die Zumutung erspart, eine für unrichtig gehaltene Entscheidung mitzutragen, ihm andererseits eine explizite Stellungnahme verwehrt.

Das Sondervotum kann sich auf Begründung und Ergebnis[31] der Entscheidung beziehen, auch ist eine bloße Feststellung des abweichenden Votums ohne nähere Begründung möglich[32].

Speziell im Rahmen des Vergleichsverfahrens ist zu berücksichtigen, daß eine Abweichung der Ansichten nicht nur hinsichtlich der Sach- und Rechtslage, sondern auch der abzugebenden Empfehlungen auftreten kann. Der dreifache Ansatzpunkt für Meinungsverschiedenheiten läßt

---

[26] Art. 30 III HA für das Untersuchungsverfahren.

[27] Art. 52 II HA 1899 für das Schiedsverfahren (das HA 1907 hat diese Regelung nicht übernommen!); Art. 45 Statut CACJ iVm. Art. 37 II VO CACJ, unter Aufnahme ins Protokoll und ein spezielles Votenregister („Book of Votes"); Art. 57 Statut IGH iVm. Art. 74 II VO IGH (Urteile) bzw. Art. 84 II VO IGH (Gutachten); Art. 46 BP (Schiedsverfahren); Art. 51 II EuMRK iVm. Art. 50 II VO EuGHMR; s. auch Art. 31 I EuMRK; Art. 44 c) VO der Organe des LSchA.

[28] So *Fasching*, Die Aufgaben der internationalen und übernationalen Gerichtsbarkeit, ÖZöR Bd. 10 (1959/60), S. 169 - 224 (187).

[29] So ausdrücklich im Rahmen der EuMRK: Conférence des Hauts Fonctionnaires, Rapport au Comité des Ministres, 19. Juni 1950, Doc. CM/WP 4 (50) 19 und Annexe au Rapport, Doc. CM/WP 4 (50) 19, S. 18.

[30] Vgl. aber § 30 II BVerfGG.

[31] Art. 46 BP; Art. 57 Statut IGH, 74 II, 84 II VO IGH; Art. 51 II EuMRK, 50 II VO EuGHMR; ohne Unterscheidung: Art. 28 II MR; Art. 44 (c) VO der Organe des LSchA (in der deutschen Fassung).

[32] Art. 52 II HA 1899: „peuvent constater, en signant, leur dissentiment"; Art. 74 II, 84 II VO IGH: „statement of dissent"; ebenso Art. 50 II VO EuGHMR; im übrigen hat sich für die Bezeichnung der Abweichung kein einheitlicher Sprachgebrauch herausgebildet; die Begriffe „individual opinion" und „dissenting opinion" überschneiden sich vielfach.

die Gefahr einer bunt gescheckten Ansichtenvielfalt ohne artikulierte Mehrheitsentscheidung aufkommen. Gerade bei einer Mehrzahl von Empfehlungsvorschlägen kann hier leicht die klare Linie verlorengehen. Damit ist den Parteien des Vergleichsverfahrens aber nicht gedient.

Gleichwohl sehen die menschenrechtssichernden Vergleichsverfahren im Rahmen der Europäischen und Amerikanischen Menschenrechtskonvention und des UNESCO-Protokolls die Möglichkeit zur Aufnahme von Sondervoten in den Kommissionsbericht ausdrücklich vor[33]. Die CERD-Kommission könnte sich also, sofern sie die Möglichkeit von Sondervoten in ihre Geschäftsordnung aufnehmen will, auf gewichtige Vorbilder berufen.

Nicht einleuchtend ist jedoch, daß der Bericht einer Vergleichskommission durch Beifügung abweichender Voten an Überzeugungskraft gewinne. Im Gegenteil erscheint es fragwürdig, wenn die ohnehin schwache Sanktion des Kommissionsberichts durch offen zutage tretende Meinungsverschiedenheiten innerhalb der Kommission weiter an Überzeugungskraft einbüßt. Der inkriminierte Staat wird geneigt sein, zur Begründung der Ablehnung ihm unerwünscht erscheinender Kommissionsempfehlungen auf die für ihn günstigen abweichenden Voten zu verweisen. Eingedenk dieser Überlegung sollte die CERD-Kommission die Zweckmäßigkeit von Sondervoten im Lichte des Verfahrenszwecks eingehend zu prüfen. Nach der hier vertretenen Auffassung bringen Sondervoten im Bericht der CERD-Kommission keinerlei Vorteile, wohl aber erhebliche Nachteile mit sich.

---

[33] Art. 31 I EuMRK iVm. Art. 67 VO EuKMR; Art. 50 I AmMRK; Art. 17 III UNESCO-Protokoll.

Achtes Kapitel

Vorzeitige Verfahrensbeendigung

Auch in dem Vergleichsverfahren vor der CERD-Kommission ist es denkbar, daß die Kontroverse durch Umstände, die außerhalb des Verfahrens vor der Kommission liegen, ein vorzeitiges Ende findet.

Als derartige Umstände kommen die Rücknahme bzw. Nichtweiterverfolgung der Staatenbeschwerde durch den beschwerdeführenden Staat, der Eintritt eines die tatsächlichen Grundlagen des Streits erledigenden Ereignisses und namentlich eine Verständigung zwischen den Parteien außerhalb des Vergleichsverfahrens in Frage. Die Rassendiskriminierungskonvention gibt keinerlei Hinweise, wie die Kommission bei Eintritt dieser Umstände zu verfahren hat.

Die analoge Problematik wird in den Verfahrensordnungen aus dem Bereich der gerichtlichen und schiedsgerichtlichen Verfahrensarten häufig geregelt. Diese Regelungen differenzieren meist zwischen Parteivergleich, beiderseitiger Erledigungserklärung und Klagerücknahme.

Die ausführlichste Regelung findet sich in der Verfahrensordnung des IGH:

Der beiderseitige Parteivergleich hat verfahrenserledigende Wirkung. Das Gericht beschränkt sich auf den Erlaß einer Verfügung, die den Abschluß des Vergleichs feststellt und die Löschung der Sache im Register anordnet[1].

Entsprechendes gilt für den Fall, daß die Parteien in gegenseitigem Einvernehmen dem Gericht schriftlich anzeigen, daß sie das Verfahren nicht fortsetzen wollen[2].

Bei der Klagerücknahme tritt sofortige verfahrenserledigende Wirkung nur ein, wenn die gegnerische Partei bei Eingang der Rücknahme das Verfahren noch nicht aufgenommen hat[3]. Nach der Aufnahme des Verfahrens hat sich die gegnerische Partei innerhalb bestimmter Frist zu erklären, ob sie der Verfahrenseinstellung widerspricht. Bei rechtzeitigem Widerspruch wird das Verfahren fortgesetzt[4].

---

[1] Art. 68 VO IGH; gleichlautend: Art. 40 VO der Organe des LSchA.

[2] Ebd.

[3] Art. 69 I VO IGH; gleichlautend: Art. 41 (a) VO der Organe des LSchA.

[4] Art. 69 II VO IGH; gleichlautend: Art. 41 (b) VO der Organe des LSchA.

Entsprechende Regelungen finden sich auch – wenngleich weniger differenziert – im Verfahren des Europäischen Gerichtshofs[5] und anderer Gremien[6].

Andererseits ist auffallend, daß die Frage vorzeitiger Verfahrensbeendigung in vielen gerichtlichen und schiedsgerichtlichen Verfahren nicht ausdrücklich geregelt ist[7]. Dies trifft auch für das Verfahren vor dem Haager Schiedshof zu, der jedoch in der Praxis den Parteivergleich als verfahrenserledigend anerkannt hat[8].

Eine Sonderstellung nimmt die Regelung gemäß Art. 47 der Verfahrensordnung des Europäischen Gerichtshofs für Menschenrechte ein. Hier entscheidet die Kammer in jedem Fall über die Zulässigkeit einer Klagerücknahme. Sie kann das Verfahren trotz der Klagerücknahme mit Rücksicht auf die dem Gericht gem. Art. 19 EuMRK obliegende Verantwortung fortsetzen[9]. Sie kann andererseits die Zulassung der Rücknahme davon abhängig machen, daß die Parteien gewisse Verpflichtungen übernehmen, die das Gericht anordnet und deren Erfüllung das Ministerkomitee gem. Art. 54 EuMRK überwacht.

Diese Regelungen beschränken die Dispositionsbefugnis der Parteien über den Fortgang und die Beendigung des Verfahrens in empfindlicher Weise.

In den untersuchten Modellverfahrensordnungen aus dem Bereich des Untersuchungsverfahrens ist das Problem der vorzeitigen Verfahrensbeendigung nirgends auch nur andeutungsweise erwähnt.

Dasselbe gilt für die Verfahrensordnungen aus dem Bereich des Vergleichsverfahrens. Dieser Mangel ist – zumindest in solchen Verfahrensarten, die nicht der Sicherung von Menschenrechten dienen – zwanglos aus dem Sinn dieser Verfahrensart und der dort gegebenen umfassenden prozeduralen Dispositionsbefugnis der Parteien erklärbar. Da in diesen Fällen nur die subjektiven Interessen und Rechte der beiden streitenden Staaten auf dem Spiele stehen[10], muß es ihnen unbenommen sein, den Streit in beiderseitigem Einverständnis jederzeit zu beenden. Ebenso muß die Nichtweiterverfolgung des Verfahrens durch den Staat, der das Vergleichsverfahren einleitete, in den Fällen ohne weiteres zu einer Verfahrensbeendigung führen, in denen der Streit-

---

[5] Art. 77 VO EuGH („arrangements amiables“) und Art. 78 VO EuGH („désistement d'instance“).

[6] Art. 25 VO des Schiedsgerichts des dt.-österr. Vermögensvertrages; s. auch Art. 22, 23 MR.

[7] So im HA, VO CACJ, ESK, BP, AmMRK.

[8] *Wehberg*, Kommentar, S. 117 mwN.

[9] Art. 47 II VO EuGHMR.

[10] Vgl. die Ausführungen unter A., 2. Kap., Ziff. 1.3.2.

stoff ausschließlich die am Verfahren beteiligten Staaten angeht. Auch der einseitige Rückzug des belangten Staates aus dem Vergleichsverfahren führt - solange dieses rein bilateral ist - zu einer Verfahrensbeendigung, da ohne sein weiteres Mitwirken das Vergleichsverfahren insgesamt gescheitert ist. Der Erfolg dieser Verfahrensart ist, wie bereits dargestellt, weitgehend vom guten Willen der Beteiligten abhängig[11].

Nach alledem liegt der Schluß nahe, daß auch im Vergleichsverfahren vor der CERD-Kommission eine vorzeitige Verfahrensbeendigung gänzlich im Belieben der Parteien stünde. Diese Folgerung wäre jedoch zu weitgehend, da sie die Funktion der CERD-Kommission als Kontrollorgan zur Sicherung der Standards der Rassendiskriminierungskonvention vernachlässigen würde.

Speziell für den Bereich menschenrechtssichernder Vergleichsverfahren wird im Schrifttum einhellig die Auffassung vertreten, daß eine Vergleichskommission bei Rücknahme der Beschwerde oder einer Verständigung der streitenden Staaten außerhalb des Vergleichsverfahrens nicht sofort zu einer Einstellung des Verfahrens schreiten dürfe[12].

Zur Begründung wird darauf verwiesen, daß menschenrechtssichernde Vergleichskommissionen nicht im alleinigen Interesse der streitenden Parteien, sondern als Sachwalter des objektiven Gemeinschaftsinteresses der Gesamtheit der Vertragsstaaten tätig würden.

Unklar bleibt jedoch, welche Möglichkeiten einer Vergleichskommission zur Fortsetzung des Verfahrens verbleiben, wenn ein streitender Vetragsstaat seine Teilnahme am Vergleichsverfahren aufkündigt. Diese Problematik wird am deutlichsten, wenn beide Parteien den Streit einvernehmlich für erledigt erklären.

Verfolgen im Vergleichsverfahren vor der CERD-Kommission eine oder beide Parteien den Streit nicht weiter, so ist eine sofortige Einstellung des Verfahrens durch eine Verfügung der Kommission - etwa analog dem Verfahren vor dem IGH - nicht angezeigt, da ein solches Vorgehen der Eigenschaft der Kommission als einem zur Wahrung der Konventionsziele berufenen Organ (Art. 12 Abs. 1 lit. a CERD) nicht gerecht würde. Aus ihrer Kontrollfunktion ist vielmehr abzuleiten, daß die Kommission zuvor prüfen muß, ob durch die Nichtweiterverfolgung der Staatenbeschwerde ein Zustand bestehen bleibt, der mit den menschenrechtlichen Standards der Konvention nicht vereinbar ist.

---

[11] Ebd.

[12] s. hierzu ausführlich *Khol*, S. 498 f.; *Jenks*, International Protection of Trade Union Rights, S. 234 f.

Besonders deutlich wird diese Problematik, wenn die Parteien den Streit außerhalb des Vergleichsverfahrens beilegen. In diesem Fall besteht die Gefahr, daß die Kontroverse zwischen den beteiligten Vertragsstaaten zwar beigelegt ist, eine Konventionsverletzung aber gleichwohl fortbesteht[13]. Die Sanktionierung einer streitbeilegenden Parteivereinbarung unter Aufrechterhaltung eines konventionswidrigen Zustandes ist jedoch mit der menschenrechtssichernden Funktion der CERD-Kommission nicht vereinbar.

Das weitere Verfahren der CERD-Kommission wird daher davon abhängig sein, ob sie den nunmehr geschaffenen Zustand als konventionskonform oder konventionswidrig ansieht.

Im ersteren Fall besteht kein Hindernis, das Verfahren nach dem Vorbild der Mehrzahl der gerichtlichen Verfahrensregelungen einzustellen. Die Abfassung eines Berichts erscheint nicht erforderlich, vielmehr dürfte eine Einstellung durch einfachen Beschluß der Kommission genügen. Eine Begründung des Einstellungsbeschlusses, wie sie Art. 47 Abs. 1 der Verfahrensordnung des Europäischen Gerichtshofs für Menschenrechte vorsieht, erscheint nicht erforderlich, da diese spezielle Regelung lediglich mit Rücksicht auf die nachgeschaltete Kontrollfunktion des Ministerkomitees[14] erfolgte.

Ist die CERD-Kommission dagegen der Auffassung, der nunmehr geschaffene Zustand sei mit den menschenrechtlichen Standards der Konvention nicht vereinbar, so müßte unter Zugrundelegung der Meinungen des Schrifttums das Verfahren fortgesetzt werden.

Die praktischen Möglichkeiten zur Fortsetzung des Vergleichsverfahrens erscheinen jedoch sehr begrenzt. Ohne weitere Mitwirkung beider Streitparteien ist das Vergleichsverfahren jedenfalls gescheitert; eine Fortführung des Verfahrens unter dem Gesichtspunkt der Streitbeilegung ist nicht möglich.

Bei dieser Sachlage kann die CERD-Kommission nur noch in Erfüllung ihrer menschenrechtssichernden Kontrollfunktion als Sachwalterin des Gemeinschaftsinteresses der Vertragsstaaten an der Konventionseinhaltung tätig werden. Aber die Mittel zur Entfaltung dieser Tätigkeit sind äußerst beschränkt: ein fact-finding ohne Mitwirkung beider Streitparteien ist praktisch ausgeschlossen. In dieser Situation kann eine Fortsetzung des Verfahrens nur in der Form erfolgen, daß die CERD-

---

[13] So zutr. *Schniewiedt*, S. 93, 102; daher hat die vorzeitige Verfahrensbeendigung in der zweiten griechisch-britischen Beschwerde (Nr. 299/57) vor der Europäischen Menschenrechtskommission erhebliche Kritik gefunden, s. *Schniewindt*, ibid., mwN.

[14] Art. 47 I VO EuGHMR iVm. Art. 54 EuMRK.

Kommission die bisherigen Ermittlungsergebnisse in Form eines Berichts niederlegt.

Die Aufgabe dieses Berichts besteht dann lediglich in der Information der übrigen Vertragsstaaten (vgl. Art. 13 Abs. 3 CERD), denen es überlassen bleibt, im Wege politischer Einflußnahme auf die Beseitigung der Konventionswidrigkeit hinzuwirken.

Neuntes Kapitel

Sonstige Verfahrensprobleme

1. Beteiligung Dritter am Verfahren

In zahlreichen Verfahrensarten ist eine Beteiligung Dritter an dem Streitbeilegungsverfahren möglich[1]. Die Rassendiskriminierungskonvention sieht diese Möglichkeit nicht ausdrücklich vor.

Eine Beteiligung Dritter kommt grundsätzlich in drei Formen in Betracht: als Beteiligung auf der Seite des Angreifers, des Angegriffenen und als Beteiligung als neutraler Dritter mit Beobachterfunktion.

Die Notwendigkeit zur Anerkennung der Möglichkeit zur Beteiligung Dritter an einem Streitbeilegungsverfahren wurde schon frühzeitig durch entsprechende vertragliche Regelungen anerkannt[2]. Sie sind bedeutsam insbesondere in den Fällen, in denen sich ein internationales Streitbeilegungsorgan mit Fragen der Auslegung und des Anwendungsbereichs multilateraler Verträge zu beschäftigen hat[3].

Die Möglichkeit zur Beteiligung Dritter hat auch in Verfahrensordnungen aus dem Bereich des internationalen Vergleichsverfahrens Aufnahme gefunden[4]. Die Parteien, die einen im wesentlichen gleichen Standpunkt vertreten, werden als eine Partei behandelt[5].

Im Bereich der Vergleichsverfahren, die in den Rahmen der Erfüllungskontrolle multilateraler Verträge eingebettet sind, spielt naturgemäß eine Mehrheit von Beteiligten auf der Angreiferseite eine praktisch größere Rolle. In diesen Fällen treten alle Beschwerdeführer gemeinsam als Sachwalter der Gemeinschaftsziele auf.

Von dieser Funktion her gesehen, bestehen keine Bedenken, daß auch eine Mehrheit von Mitgliedsstaaten der Rassendiskriminierungskonvention als mitteilende Staaten gem. Art. 11 Abs. 1 CERD auftritt. Diese Staaten sind dann auch an dem Vergleichsverfahren nach Art. 12, 13

[1] Vgl. Art. 84 II HA; Art. 62 ff. Statut IGH; Art. 93 Statut EuGH iVm. Art. 93 VO EuGH; Art. 33 ESK; Art. 42 BP.

[2] Vgl. etwa Art. 84 II HA.

[3] Vgl. *Hudson*, International Tribunals, S. 97 f.

[4] Art. 34, 35 GA; Art. 32 ESK; Art. 8 III UNESCO-Protokoll.

[5] So ausdrücklich Art. 21 BP; vgl. auch Art. 25 VO EuGHMR; Art. 34 lit. a) GA; Art. 31 V Statut IGH.

CERD zu beteiligen und als eine einzige Partei zu behandeln. Auf diese Weise hat auch der Dritte die Möglichkeit, auf die Zusammensetzung der CERD-Vergleichskommission gem. Art. 12 Abs. 1 lit. a) CERD Einfluß zu nehmen.

Die Beteiligung Dritter auf der Seite des inkriminierten Vertragsstaates dürfte im CERD-Vergleichsverfahren eher theoretisch sein; sie dürfte nur in dem wenig realistischen Fall in Frage kommen, daß zwei Vertragsstaaten nach dem Vorbringen des mitteilenden Staates durch denselben Sachverhalt die Schutzbestimmungen der Rassendiskriminierungskonvention verletzen. In anderen Fällen wird das Verfahren gegen die inkriminierten Staaten jeweils gesondert zu betreiben und durchzuführen sein.

Die Beteiligungsfähigkeit neutraler Dritter mit Beobachterfunktion erscheint im CERD-Vergleichsverfahren zweifelhaft. Eine vergleichbare Funktion ist der Europäischen Kommission für Menschenrechte gem. Art. 19, 44 der Konvention im Verfahren der Staatenklage vor dem Europäischen Gerichtshof für Menschenrechte eingeräumt[6]. Maßgebend für diese Gestaltung war die Erwägung, daß die Anwesenheit eines Anwalts des europäischen Interesses „contribuera à la serenité du débat judiciaire“[7]. Ferner erschien die Mitwirkung der Kommission zur Erläuterung des Kommissionsberichts zweckmäßig[8].

Diese Erwägungen lassen sich nicht auf das Verfahren vor der CERD-Vergleichskommission übertragen. Zudem ist auch unklar, wer die Rolle eines die Gemeinschaftsziele wahrenden Beobachters im Verfahren gem. Art. 12, 13 CERD spielen sollte. Ein solcher Beobachter ist letztlich auch von der Sache her nicht erforderlich, da die CERD-Kommission als Organ der Rassendiskriminierungskonvention selbst zur Wahrung der Konventionsziele berufen ist.

2. Einstweilige Maßnahmen

Ausgehend von den Verfahrensvorschriften gerichtlicher und schiedsgerichtlicher Organe, die vorläufigen Rechtsschutz durch einstweilige Anordnungen gewähren[9], sehen auch zahlreiche Verfahrensordnungen aus dem Bereich des internationalen Vergleichsverfahrens die Möglichkeit vorläufiger Maßnahmen vor[10]. Da die Tätigkeit von Vergleichs-

[6] So auch Art. 29 VO EuGHMR; Art. 71 VO EuKMR.

[7] So *Eissen*, AFDI Bd. 5 (1959), S. 618 (653).

[8] Vgl. *Vasak*, Convention Européenne, S. 172; *Mosler*, ZaöRV Bd. 20 (1959), S. 415 (441).

[9] Art. 17 Regulations CACJ; Art. 41 Statut IGH iVm. Art. 61 VO IGH; Art. 83 - 88 VO EuGH; Art. 34 VO EuGHMR; Art. 1 II, 20 MR.

[10] Art. 33 II GA; Art. 31 ESK; Art. 16 II BP; Art. 18 III dt.-schweiz. Schiedsvertrag; Art. 19 Locarno-Verträge.

kommissionen jedoch niemals zu juristisch verbindlichen Entscheidungen führt, versteht es sich, daß auch einstweilige Maßnahmen durch Vergleichskommissionen nicht verbindlich angeordnet, sondern nur in Form einer Empfehlung ausgesprochen werden können[11].

Unter Berücksichtigung der Unverbindlichkeit dieser Empfehlungen dürften der Zulässigkeit der Aussprache von Empfehlungen durch die CERD-Vergleichskommission, die sich auf die Herbeiführung einstweiliger Maßnahmen durch den inkriminierten Vertragsstaat beziehen, keine durchgreifenden Bedenken entgegenstehen.

3. Wiederaufnahme des Verfahrens

Da die Berichte von Vergleichskommissionen keine rechtlich verbindliche Wirkung entfalten, stellt sich das Problem der Rechtskraft, das in justizförmigen Verfahren regelmäßig besondere Vorschriften über die Wiederaufnahme des Verfahrens erforderlich macht[12], im Vergleichsverfahren nicht[13].

Es tritt jedoch das analoge Problem auf, ob und unter welchen Voraussetzungen eine Vergleichskommission nach der Erstattung des Berichts nochmals in das Verfahren eintreten darf.

Soweit ersichtlich, findet sich eine ausdrückliche Regelung dieser Frage nur in Art. 15 des UNESCO-Protokolls:

> „Sauf dans les cas où des éléments nouveaux lui sont soumis, la Commission ne pourra connaître d'affaires qu'elle a déjà traitées."

Eine entsprechende Übung findet sich auch in dem ILO-Verfahren zum Schutz gewerkschaftlicher Rechte. In diesem Verfahren wurde in der Praxis im Gegensatz zum Völkerprozeßrecht nicht auf das Vorliegen eines unverschuldeten Beweisnotstands oder das Bekanntwerden neuer Tatsachen abgestellt. Als genügend wurde vielmehr angesehen, daß eine bereits als unsubstantiiert zurückgewiesene Beschwerde nachträglich erneut in substantiierter Form vorgebracht wurde[14].

---

[11] Atypisch insoweit Art. 18 III dt.-schweiz. Schiedsvertrag, der eine verbindliche Anordnung vorsieht; ebenso Art. 19 Locarno-Verträge; in diesen Fällen haben sich die Vertragsstaaten zur Befolgung der Anordnungen in dem jeweiligen Vertrag verpflichtet.

[12] Vgl. Art. 83 HA; Art. 78 - 81 VO IGH iVm. Art. 61 Statut IGH; Art. 41 Statut EuGH iVm. Art. 98 - 100 VO EuGH; Art. 54 VO EuGHMR; Art. 48 BP; Art. 38 MR.

[13] Wegen Fehlens einer rechtlichen Bindungswirkung des Berichts und der daraus resultierenden mangelnden Beschwer sind in Vergleichsverfahren auch keine Rechtsmittel vorgesehen.

[14] Nachweise bei *Jenks*, Trade Union Freedom, S. 473 f., insbes. Fn. 12, 13.

Sofern die CERD-Kommission die Möglichkeit einer Wiederaufnahme des Vergleichsverfahrens bei der Ausarbeitung ihrer Geschäftsordnung in Betracht ziehen sollte, kommt als Wiederaufnahmegrund allein das Bekanntwerden neuer erheblicher Tatsachen in Betracht. Grundsätzlich sollte an der Regel festgehalten werden, daß eine Vergleichs-kommission mit der Erstattung ihres Berichts ihre Funktion erfüllt hat.

Das Verfahren, das die ILO in den genannten Fällen anwandte, kann auf das Verfahren vor der CERD-Kommission wegen der Zuständigkeitsverteilung zwischen dem Ausschuß und der Kommission nicht entsprechend übertragen werden. Denn die Frage der Substantiiertheit der Staatenbeschwerde hat der CERD-Ausschuß vorab zu prüfen, sie fällt also nicht in den Kompetenzbereich der CERD-Kommission. Wird eine zunächst unsubstantiiert erhobene Beschwerde nochmals erneut in substantiierter Form erhoben, so ist die Zulässigkeit allein in dem erneut zu durchlaufenden Vorverfahren vor dem CERD-Ausschuß zu prüfen.

In diesen Fällen stellt sich das Problem einer Wiederaufnahme vor der CERD-Kommission nicht.

4. Kosten

Die Tragung der Kosten des Vergleichsverfahrens ist in der Rassendiskriminierungskonvention nur partiell geregelt.

Während im CERD-Berichtsverfahren die Ausgaben der Ausschußmitglieder gem. Art. 8 Abs. 6 CERD von allen Vertragsstaaten getragen werden, werden die Kosten der Kommissionmitglieder gem. Art. 12 Abs. 6 CERD von den an dem Streit beteiligten Staaten zu gleichen Teilen nach Kostenvoranschlägen getragen, die der Generalsekretär der UN erstellt. Dieser kann gem. Art. 12 Abs. 7 CERD bis zur Erstattung durch die Kostentragungspflichtigen erforderlichenfalls in Vorlage treten.

Die Kosten der Parteien sind von diesen selbst zu tragen. Dies sieht die Konvention zwar nicht ausdrücklich vor, entspricht aber im internationalen Vergleichsverfahren den Gepflogenheiten[15].

Der wichtigste Kostenfaktor, nämlich das Sekretariat der Kommission, hat ebenfalls keine explizite Regelung erfahren. Eine Kostentragung durch die Parteien ist im Bereich internationaler Organisationen jedenfalls nicht üblich[16]. Es bleibt daher nur der Ausweg, diese Kosten durch den allgemeinen UN-Etat zu decken[17]. Die hiergegen erhobenen

15 Art. 30 BP; Art. 36 HA.

16 Anders aber Art. 14 II GA; Art. 17 II ESK; Sect. II Art. 7 VO StSchH.

17 So auch *Schwelb*, ICLQ Bd. 15 (1966), S. 996 (1049).

Bedenken, es sei unangebracht, diese Kosten einer Vielzahl anderer, unbeteiligter Staaten anzulasten[18], greifen nicht durch. Denn dieses Verfahren wird u. a. auch bei der Finanzierung des Internationalen Gerichtshofs angewandt[19]. Die Heranziehung dritter Staaten rechtfertigt sich aus dem Verfahrenszweck, nämlich der Herstellung eines internationalen Sicherungszustandes auf dem Gebiete des rassischen Diskriminierungsschutzes, der mittelbar auch den nicht am Streit beteiligten Staaten zugute kommt.

Die Auffassung, daß die Kosten des Sekretariats der CERD-Kommission dem Etat des UN-Generalsekretärs zur Last fallen, wird durch die gleiche Handhabung der Kosten des Sekretariats des CERD-Ausschusses gestützt. Obwohl auch im letzteren Fall eine explizite Kostentragungsregelung fehlt, werden diese Kosten schon seit jeher vom UN-Generalsekretär gedeckt. In diesem Zusammenhang ist auch zu berücksichtigen, daß das Sekretariat der CERD-Kommission letztlich keinen eigenständigen, sondern einen vom Sekretariat des CERD-Ausschusses abgeleiteten Status hat. Denn gem. Art. 12 Abs. 5 CERD „arbeitet das nach Art. 10 Abs. 3 gestellte Sekretariat auch für die Kommission“. Daher liegt eine finanzielle Gleichbehandlung nahe.

Aus dem gleichen Grunde empfiehlt es sich, auch im Rahmen des CERD-Vergleichsverfahrens einem Vertreter des Sekretariats ein Mitwirkungsrecht bei Beschlüssen einzuräumen, die finanzielle Auswirkungen haben. Eine entsprechende Bestimmung findet sich in Regel 25 der Verfahrensordnung des CERD-Ausschusses.

Nach Schätzungen dürften im Ergebnis etwa zwei Drittel der zur Durchführung der Konventionszwecke notwendigen Kosten durch den UN-Haushalt zu tragen sein[20].

---

18 So der Vertreter Ghanas, UN Doc. A/C.3/SR. 1355.

19 Vgl. Art. 33 Statut IGH.

20 So der jugoslawische Vertreter, UN Doc. A/C.3/SR. 1352; *Schwelb*, ICLQ Bd. 15, S. 996, Fn. 49, hält diesen Ansatz sogar für zu niedrig.

Zusammenfassung

Das Vergleichsverfahren vor der CERD-Kommission ist ein Teilabschnitt eines Staatenbeschwerdeverfahrens, das den Vertragsstaaten der Rassendiskriminierungskonvention eine Möglichkeit zur Kontrolle der Befolgung der materiellen Menschenrechtsschutznormen der Konvention geben soll. Die Effektivität dieses Verfahrens hängt primär von der Bereitschaft der Vertragsstaaten ab, sich in diesem Sinne durch Erhebung von Beschwerden gem. Art. 11 CERD zu engagieren.

Die Erfahrungen, die im weltweiten Rahmen der ILO mit den dort vorhandenen analogen Kontrollverfahren gesammelt wurden, lassen in dieser Richtung keinen übertriebenen Optimismus aufkommen. Die etwas günstigeren Erfahrungen mit dem Staatenbeschwerdeverfahren der Europäischen Menschenrechtskonvention erklären sich aus der im westeuropäischen Rahmen bestehenden, vergleichsweise einheitlichen Rechts- und Geschichtstradition. Sie können auf das weltweite Instrument der Rassendiskriminierungskonvention nicht ohne weiteres übertragen werden.

Soweit die Wirksamkeit des Staatenbeschwerdeverfahrens von Voraussetzungen institutioneller Art abhängt, so ist jedenfalls vor der Ad-hoc-Vergleichskommission des CERD durch die elastische Regelung der Art. 12, 13 CERD in Verbindung mit der der Kommission eingeräumten Geschäftsordnungsautonomie die Möglichkeit zur Durchführung eines gründlichen, wenn auch nicht zu rechtlich verbindlichen Entscheidungen führenden Verfahrens eröffnet. Es wird weitgehend von der Kommission selbst abhängen, ob sie bei der Ausarbeitung ihrer Geschäftsordnung den durch die Konvention belassenen Spielraum zur Ausgestaltung des Verfahrens ausschöpfen will. Im Rahmen der durch die Konvention gesetzten prozeduralen Eckpfeiler bestehen in verfahrensrechtlichen Einzelfragen jedenfalls zahlreiche Gestaltungsmöglichkeiten. Aufgabe dieser Arbeit war es, die Möglichkeiten der Verfahrensgestaltung auf der Grundlage bestehender Modellverfahrensordnungen auszuleuchten. Ihr Sinn konnte nicht in der Erstellung einer möglichst erschöpfenden Musterverfahrensordnung liegen. Denn wie die Erfahrung zeigt, steht die Praktikabilität verfahrensrechtlicher Regelungen gerade im internationalen Bereich häufig in umgekehrter Relation zu ihrem Ausführlichkeitsgrad.

Dies gilt in erhöhtem Maß für das Vergleichsverfahren, dessen wichtigster, ungeschriebener Grundsatz von einem der langjährigen Experten auf diesem Gebiet, Hans Wehberg, dahin formuliert wurde[21], daß die „souplesse" einer Vergleichskommission in jedem Fall aufrecht erhalten werden muß. Dieses Postulat ist sinngemäß auf die CERD-Kommission auszudehnen. Auch für das Verfahren vor der CERD-Kommission gilt das Gebot der Situationsangemessenheit, dem C. W. Jenks[22] treffend Ausdruck gegeben hat:

„Flexibility of procedure, reflecting both the will and the power to modify established procedures and adopt new procedural devices as may be necessary to act effectively in new situations, is of crucial importance. Successive cases with an apparent similarity may differ profoundly in both substance and context, and unless the procedure followed is as resourceful as the subject matter and circumstances may be varied it will be liable to lose its bite. Such a process of growth, profiting from firm obligations where they exist but not inhibited by their absence, and coming to grips with new situations by recourse to new procedures, is possible only when it is nurtured by political forces of real vitality, breadth and power."

[21] Vergleichskommissionen, S. 591.
[22] International Protection of Trade Union Rights, S. 244.

Literaturverzeichnis

André, Achim: Beweisführung und Beweislast im Verfahren vor dem Europäischen Gerichtshof, in: Kölner Schriften zum Europarecht, Bd. 6 (1966)

van Asbeck, F. M.: La procédure suivie par la Commission Permanente de Conciliation Franco-Suisse, in: NTIR Bd. 3 (1956), S. 209

— La tâche et l'action d'une Commission de Conciliation, in: NTIR Bd. 3 (1956), S. 1

— Nieuwe proeven in de beslechting van statengeschillen, in: NTIR Bd. 11 (1964), S. 109

— Quelques aspects du contrôle international non judiciaire de l'application par les Gouvernements des conventions internationales, in: NTIR 1959 (Sonderheft), S. 27

— Une Commission d'Experts, in: Verzijl-Festschrift, 1958, S. 9

Basdevant, Jean: Quelques mots sur les „Conclusions" en procédure internationale, in: Scritti di diritto internazionale in onore di Tomaso Perassi, Bd. 1 (1957), S. 173

Bastid, Suzanne: La Commission de Conciliation Franco-Siamoise, in: La Technique et les Principes du Droit Public, Etudes en l'honneur de Georges Scelle, Bd. I, 1950

— La Commission de Conciliation Franco-Suisse, in: AFDI Bd. 2 (1956), S. 436

— Une nouvelle Commission de Conciliation? in: Mélanges Rolin, S. 1

Berber, Friedrich: Lehrbuch des Völkerrechts, Bd. I, II und III, München/Berlin 1975/1969/1977

— Völkerrecht. — Dokumentensammlung Bd. I und II, München/Berlin 1967

Berenstein, A.: Le mécanisme des sanctions dans l'Organisation Internationale du Travail, in: RGDIP Bd. 44 (1937), S. 446

Bertram, Wilhelm: Der internationale Schutz der Menschenrechte — Völkerrechtliche Übereinkommen und andere Dokumente der Vereinten Nationen und des Europarats in deutscher Übersetzung, Köln 1974

Bolla, Plinio: Quelques considérations sur les Commissions de Conciliation prévues par l'article 83 du Traité de Paix avec l'Italie, in: Symbolae Verzijl, 1958, S. 67

Borel, Eugène: L'Acte Général de Genève, in: RdC Bd. 27 (1929), S. 359

Brierly, J. L.: The General Act of Geneva 1928, in: BYIL Bd. 11 (1930), S. 119

Brownlie, Ian: Basic Documents on Human Rights, Oxford 1971

Capotorti, F.: Intorno al recente progetto di convenzione sulla procedura arbitrale, in: Rivista di diritto internazionale Bd. 40 (1957), S. 202

— Patti internazionali sui diritti dell'uomo, Padova 1967

Capotorti, F.: The International Measures of Implementation Included in the Convenants on Human Rights, in: Nobel Symposium 7: International Protection of Human Rights, New York/Stockholm 1968

Carey, John: UN Protection of Civil and Political Rights, in: The Procedural Aspects of International Law Series, Syracuse (New York) 1970

Carlston, K. S.: The Process of International Arbitration, New York 1946

Carstens, K.: Das Recht des Europarats, Berlin 1956

Cassese, A.: Il sistema di garanzia delle convenzione dell'ONU sull'eliminazione di ogni forma di discriminazione razziale, in: Rivista di diritto internazionale Bd. 50 (1967), S. 270

Cheng, Bin: General Principles of Law as Applied by International Courts and Tribunals, London 1953

Chowdhuri, R.: International Mandates and Trusteeship Systems — A Comparative Study, Den Haag 1955

Clemens, A.: Der europäische Beamte und sein Disziplinarrecht, 1962

Coleman/Pollock/Robinson: Rules of Procedure for the New Tribunal (on Racial Discrimination), in: California Law Review Bd. 56 (1968), S. 1569

Corsi, J.: Rapport sur les Conclusions du Comité Spécial nommé par l'Association de Droit International dans sa XVIe Conférence (Londres) et Projet de Règlement pour les Arbitrages Internationaux, 1905

Cot, Jean-Pierre: La Conciliation Internationale, Paris 1968

Dahm, Georg: Völkerrecht, Bd. I, II und III, Stuttgart 1958/1961/1961

Darby, W. E.: International Arbitration Procedure, 1913

Darrigrande Silva, J.: Los derechos humanos en América, Estudio comparado entre el derecho vigente en los Estados Americanos y la declaratión Americana de los derechos y deberes del hombre, Santiago de Chile 1969

Das, Kamleshwar: Measures of Implementation of the International Convention on the Elimination of All Forms of Racial Discrimination with Special Reference to the Provisions Concerning Reports from States Parties to the Convention, in: RDH Bd. 4 (1971), S. 213

Delbrück, Jost: Die Rassenfrage als Problem des Völkerrechts und nationaler Rechtsordnungen, Frankfurt 1971

— Menschenrechte und Grundfreiheiten im Völkerrecht anhand ausgewählter Texte internationaler Verträge und Konventionen, Stuttgart, München, Hannover 1972

Dickmann, G.: Der Krieg als Rechtsproblem in Antike und Mittelalter, in: ders., Friedensrecht und Friedenssicherung, Göttingen 1971

Domke, Martin: International Trade Arbitration, 1958

Dupuy, René Jean: La Commission Européenne des Droits de l'Homme, in: AFDI Bd. 3 (1957), S. 449

Egbert, Lawrence D.: Principles of Evidence Applied by International Tribunals, in: The Arbitration Journal Bd. 3 (1939), S. 155

Eide/Schou (Hrsg.): International Protection of Human Rights, Proceedings of the 7th Nobel Symposium, Oslo, Sept. 25 - 27, 1967, Stockholm/New York 1968

Efremoff, J.: La Conciliation Internationale à la Conférence de Washington, in: RDI Bd. 3 (1929), S. 490

— Les Traités Internationaux de Conciliation (Bd. I - III), Paris 1932

— L'Organisation de la Conciliation Internationale, in: Académie Diplomatique Internationale, Avril - Juin 1930, S. 106

— Organisation de la Conciliation comme moyen de prévenir les guerres, in: RdC Bd. 59 (1937), S. 103

— Une Organisation Internationale pour prévenir la guerre, in: Bulletin Interparlementaire 1936, S. 157

Ermacora, Felix: Der Menschenrechtsschutz durch die Vereinten Nationen, in: Schriftenreihe der Arbeitsgemeinschaft für Menschenrechte und Völkerrecht des Internationalen Konstantinordens, 1967

— Der Minderheitenschutz in der Arbeit der Vereinten Nationen, Wien/Stuttgart 1964

— Die vierte Gewalt: eine regional-supranationale Gewalt zum Schutz der Menschenrechte, in: Leibholz-Festschrift, 1966, S. 673

— Diskriminierungsschutz und Diskriminierungsverbot in der Arbeit der Vereinten Nationen, Wien/Stuttgart 1971

— International Enquiry Commissions in the Field of Human Rights, in: RDH Bd. 1 (1968), S. 180

— Zu den Menschenrechtspakten der Vereinten Nationen, in: VN 1968, S. 133

Evensen, J.: Evidence before International Courts, in: Acta Scandinavica Iuris Gentium Bd. 25 (1955), S. 44

Eyma, Jean: La Cour de Justice Centre-Américaine, Paris 1928

Faraggi, Marcel: L'Acte Général d'Arbitrage, Paris 1935

Fasching, Walter: Die Aufgaben der internationalen und übernationalen Gerichtsbarkeit, in: ÖZöR Bd. 10 (1959/60), S. 169

Fawcett, James E.: Die weltweite Sicherung der Menschenrechte unter Berücksichtigung neuer Vorschläge, in: Menschenrechte im Staatsrecht und im Völkerrecht, Vorträge und Diskussionen des 2. Internationalen Kolloquiums über die Europäische Konvention zum Schutze der Menschenrechte und Grundfreiheiten, Karlsruhe 1967

Feller, A. H.: The German-Mexican Claims Commission, in: AJIL Bd. 27 (1933), S. 62

— The Mexican Claims Commissions (1923 - 1934); A Study in the Law and Procedure of International Tribunals, New York 1935

Fenwick, Charles G.: Inter-American Regional Procedures for the Settlement of Disputes, in: International Organization Bd. 10 (1956), S. 12

Fernández-Shaw, F.: La Organización de los Estados Americanos, 2. Aufl. Madrid 1963

Ferrari-Bravo, Luigi: La prova nel processo internazionale, Napoli 1958

François, J. P. A.: La Cour permanente d'Arbitrage, son origine, sa jurisprudence, son avenir, in: RdC Bd. 87 (1955), S. 457

Fuchs, Gilles: La Commission Interaméricaine de la Paix, in: AFDI Bd. 3 (1957), S. 142

Garcia Amador, F. V.: State Responsibility — some New Problems, in: RdC Bd. 94 (1958), S. 469

Gerold, Rainer: Die Sicherung des Friedens durch die Organisation der Amerikanischen Staaten, Berlin 1970

Gessner, Volkmar: Der Richter im Staatenkonflikt, Berlin 1969

Goldman, Robert K.: The Protection of Human Rights in the Americas: Past, Present and Future, New York 1972

Golsong, Heribert: Das Rechtsschutzsystem der europäischen Menschenrechtskonvention, Karlsruhe 1958

— Die Verfahrensordnung der Europäischen Kommission für Menschenrechte, in: Europa-Archiv Bd. 10 (1955), S. 8349

— Implementation of International Protection of Human Rights, in: RdC Bd. 110 (1963), S. 7

Goose, Peter E.: Der internationale Pakt über bürgerliche und politische Rechte, in: NJW 1974, S. 1305

Gormley, Paul W.: The Procedural Status of the Individual before International and Supranational Tribunals, The Hague 1966

Graßhof, F.: Zum VN-Pakt über bürgerliche und politische Rechte, in: VN 1974, S. 5

Gros, André: Remarques sur la Conciliation Internationale, in: Etudes en l'honneur d'Achille Mestre, Paris 1956

Guckel, Peter: Die Streitbeilegungsvorschriften in den Satzungen der Internationalen Organisationen mit Ausnahme der Vereinten Nationen und der Europäischen Gemeinschaften, Diss. jur. Bonn 1962

Guggenheim, Paul: Traité de Droit International Public, Tome II, Genève 1954

— Lehrbuch des Völkerrechts, Bd. II, Basel 1951

— Völkerprozeßrecht und materielles Völkerrecht, in: ZöR Bd. 11 (1931), S. 555

Guradze, Heinz: Die Menschenrechtskonventionen der Vereinten Nationen vom 16. 12. 1966, in: JIR Bd. 15 (1971), S. 242

— Die Europäische Menschenrechtskonvention: Konvention zum Schutze der Menschenrechte und Grundfreiheiten nebst Zusatzprotokollen, Berlin/Frankfurt 1968

Haas, E.: Beyond the Nation State, Stanford 1964

Hahn, H. J.: Internationale Kontrolle, in: ArchVR Bd. 7 (1958/59), S. 88

Hallier, Hans-J.: Die zwischenstaatlichen Schiedsgerichte des Abkommens über die deutschen Auslandsschulden, in: ZaöRV Bd. 19 (1958), S. 708

— Internationale Gerichte und Schiedsgerichte, Köln 1961

Hamburger, Ernst: Die Instrumente der UN gegen Rassendiskriminierung, in: VN 1968, S. 3

Hamzeh, Fuad Said: International Conciliation with special Reference to the Work of the United Nations Conciliation Commission for Palestine, Den Haag 1963

Hill, Norman L.: International Commissions of Inquiry and Conciliation, in: International Conciliation Nr. 278, März 1932, S. 9

Hoffmann, Gerhard: Die Grenzen rechtlicher Streiterledigung im Völkerrecht, in: Berichte der Deutschen Gesellschaft für Völkerrecht, Heft 9, S. 1, Karlsruhe 1969

Hudson, Manley O.: International Legislation, Bd. II, Washington 1931

— International Tribunals — Past and Future, Washington 1944

— The Central American Court of Justice, in: AJIL Bd. 26 (1932), S. 759

— The Inter-American Treaties of Pacific Settlement, in: Foreign Affairs Bd. 15 (1936), S. 165

— Visits by International Tribunals to Places Concerned in Proceedings, in: AJIL Bd. 33 (1937), S. 696

Hyde, C. C.: Commissions of Conciliation and the Locarno Treaties, in: AJIL Bd. 20 (1926), S. 103

Institut de Droit International: La Conciliation Internationale (Berichte, Beratungen und Resolution), in: AnnIDI Bd. 48 (1959), S. 15, und in AnnIDI Bd. 49 (1961), S. 193

James, Philip S.: Introduction to English Law, 7. Aufl. London 1969

Jenks, Clarence W.: Human Rights and International Labour Standards, London/New York 1960

— The International Protection of Trade-Union Freedom, London 1957

— The International Protection of Trade-Union Rights, in: Luard, E. (Hrsg.), The International Protection of Human Rights, S. 210, London 1967

— The United Nations Covenants on Human Rights come to Life, in: Guggenheim-Festschrift, 1968, S. 765

Khol, Andreas: Zwischen Staat und Weltstaat — Die internationalen Sicherungsverfahren zum Schutz der Menschenrechte, Wien/Stuttgart 1969

Kiesselbach, Wilh.: Der Abschluß der 10jährigen Tätigkeit der Deutsch-Amerikanischen Schadenkommission und die in dieser Arbeit gemachten Erfahrungen, in: ZaöRV Bd. 3 (1933), S. 568

Korsch, H.: Prozeßmaximen, in: Zehn Jahre Rechtsprechung des Gerichtshofs der Europäischen Gemeinschaften, Kölner Schriften zum Europarecht Bd. 1 (1965), S. 122

Kraske, Erich: Der mittelamerikanische Gerichtshof 1908 - 1918, in: ArchVR Bd. 2 (1950), S. 204

Kunz, J. L.: Interamerikanische Streitschlichtung unter dem Pakt von Bogotá, in: ÖZöR Bd. 2 (1950), S. 486

— The Pact of Bogotá, in: The Arbitration Journal Bd. 3 (1948), S. 147

Kunzmann, Karl H.: Die Europäische Konvention über die friedliche Beilegung von Streitigkeiten, in: Europa-Archiv Bd. 14 (1959), S. 125

— Die Generalakte von New York und Genf als Streitschlichtungsvertrag der Vereinten Nationen, in: Friedenswarte Bd. 56 (1961), S. 1

Lalive, Jean-Flavien: Quelques remarques sur la preuve devant la Cour Permanente et la Cour Internationale de Justice, in: ASDI Bd. 7 (1950), S. 77

Lambrinidis, John: The Emergence of Quasi-Judicial Quasi-Administrative Organs and Methods for the Settlement of International Disputes, in: Revue Hellénique de Droit International Bd. 16 (1963), S. 78

Landy, E. A.: The Effectiveness of International Supervision — Thirty Years of ILO Experience, London 1966

Langer, Gerd: Die Beteiligten in dem Verfahren vor dem Europäischen Gerichtshof für Menschenrechte, Bonn 1966

Lefranc, Olivier: Les problèmes juridiques posés devant la XIIe session de la Conférence Générale de l'UNESCO, in: AFDI Bd. 8 (1962), S. 638

Lehmann, Horst: Das Interamerikanische System zur friedlichen Beilegung von Streitigkeiten, Diss. jur. Bonn 1969

Lerner, Natan: The United Nations Convention on the Elimination of All Forms of Racial Discrimination, Leyden 1970

Liepe, K. M.: Die Schiedsgerichtsbarkeit im Dawes-Plan und im Londoner Schulden-Regelungs-Abkommen, Diss. jur. Mainz 1954

Luard, Evan (Hrsg.): The International Protection of Human Rights, London 1967

v. Mangoldt, Hans: Die Schiedsgerichtsbarkeit als Mittel internationaler Streitschlichtung, Berlin/Heidelberg/New York 1974

Marinus, J. H.: De internationale rechtbank in Saarland (1956 - 1959), Leyden 1960

McNulty/Eissen: Die Europäische Kommission für Menschenrechte: Verfahren und Rechtsprechung, in: Journal der Internationalen Juristenkommission Bd. 1 (1958), S. 214

Meißner, Friedrich: Die Menschenrechtsbeschwerde vor den Vereinten Nationen, in: Völkerrecht und Außenpolitik Bd. 24, Baden-Baden 1976

de Melville, Edgar: De Haagsche Overeenkomst betreffende de vreedzame beslechting van Internationale Geschillen in het permanente Hof van Arbitrage, Teil I, Rhenen 1907

Mérignhac, P.: Traité théorique et pratique de l'Arbitrage international, Paris 1895

Merle, M.: Le contrôle exercé par les organisations internationales sur les activités des Etats membres, in: AFDI Bd. 5 (1959), S. 411

Mertens, Pierre: L'Application de la Convention et de la Recommandation de l'UNESCO concernant la lutte contre la discrimination dans le domaine de l'enseignement, in: RDH Bd. 1 (1968), S. 91

Mertens de Wilmars/Verougstrate: Proceedings against Member States for Failure to Fulfil their Obligations, in: Common Market Law Review Bd. 7 (1970), S. 385

Meurer, Christian: Das Friedensrecht der Haager Konferenz, München 1905

Meyer-Lindenberg, H.: Die Friedenssicherung im amerikanischen Regionalsystem, in: ZaöRV Bd. 17 (1956/57), S. 548

Monconduit, F.: La Commission Européenne des Droits de l'Homme, Paris 1965

Morelli, Gaetano: La Théorie générale du Procès international, in: RdC Bd. 61 (1937), S. 253

— Studi sul processo internazionale, Milano 1963

Mosler, Hermann: Kritische Bemerkungen zum Rechtsschutzsystem der Europäischen Menschenrechtskonvention, in: Jahrreiss-Festschrift, 1964, S. 289

— Organisation und Verfahren des Europäischen Gerichtshofs für Menschenrechte, in: ZaöRV Bd. 20 (1960), S. 415

— The Protection of Human Rights by International Legal Procedure, in: Georgetown Law Journal Bd. 32 (1964), S. 800

Mourgeon, Jacques: Les pactes internationaux relatifs aux droits de l'homme, in: AFDI Bd. 8 (1967), S. 326

Muenger, Kurt: Bürgerliche und politische Rechte im Weltpakt der Vereinten Nationen und im schweizerischen Recht, Zürich 1973

Murray, J.: The United Nations Trusteeship System, Urbana (Illinois) 1957

Narayan, L.: Analysis of the Principles and System of International Trusteeship in the Charter, Genf 1951

Newman, Frank: The new International Tribunal on Racial Discrimination, in: California Law Review Bd. 56 (1968), S. 1559

Nippold, Otfried: Die Fortbildung des Verfahrens in völkerrechtlichen Streitigkeiten, 1907

— Die zweite Haager Friedenskonferenz, Teil I: Das Prozeßrecht, Leipzig 1908

Oort, Herman: Bewijs voor de Internationale Rechter, Leyden 1966

Oppenheim, L./*Lauterpacht*, H.: International Law, Bd. I und II, London/New York/Toronto 1967/1960

Partsch, Karl Josef: Bekämpfung der rassischen Diskriminierung im Rahmen des Schutzes der Menschenrechte, in: Scheuner/Lindemann (Hrsg.): Die Vereinten Nationen und die Mitarbeit der Bundesrepublik Deutschland, Schriften des Forschungsinstituts der Deutschen Gesellschaft für Auswärtige Politik e. V., Bd. 32 (1973), S. 109

— Die Konvention zur Beseitigung der Rassendiskriminierung, in: VN 1971, S. 1 und 46

— Die Rechte und Freiheiten der Europäischen Menschenrechtskonvention, Berlin 1966

— Rassendiskriminierung — Die UN-Konvention und ihre Wirkungsweise — Darstellung, Text und Materialien, in: Schriften der Bundeszentrale für politische Bildung, Bonn 1971

Peaslee, Amos J.: International Governmental Organizations, Constitutional Documents, Bd. I und II, 2. Aufl. The Hague 1961

Plessner, K.: Inkompatibilität, prozessuale Ausschließung und Ablehnung beim Ständigen Internationalen Gerichtshof, 1929

Ralston, J. H.: The Law and Procedure of International Tribunals, Stanford 1926 (Suppl. 1936)

Reuter, Paul: Principes de Droit International Public, in: RdC Bd. 103 (1961), S. 431

Revel, G.: Rôle et caractère des Commissions de Conciliation, in: RGDIP Bd. 38 (1931), S. 564

Robertson, Arthur: Human Rights in Europe, Manchester (USA) 1963

— Human Rights in the World, Manchester (USA) 1972

Rolin, Henri: L'Heure de la Conciliation comme mode de Règlement Pacifique des Litiges, in: EYB Bd. 3 (1957), S. 3

— Une Conciliation Belgo-Danoise, in: RGDIP Bd. 57 (1953), S. 353

Rosenne, Shabtai: The Law and Procedure of the International Court, Bd. I und II, 1965

Ruegger, Paul: Le fonctionnement pratique des Commissions de Conciliation, in: RDILC Bd. 56 (1929), S. 91

Rupp, Hans: Staatsvertreter vor internationalen Schiedsgerichten, Berlin 1938

Ruzié, David: Les aspects internationaux des Droits de l'Homme, in: RDH Bd. 4 (1971), S. 89

Saba, Hanna: La Convention et la Recommandation concernant la lutte contre la Discrimination dans le domaine de l'enseignement, in: AFDI Bd. 6 (1960), S. 646

Salmon, J.: La Convention Européenne pour la Règlement Pacifique des Différends, in: RGDIP Bd. 63 (1959), S. 21

Sanders, Pieter: Arbitration Law in Western Europe: A Comparative Survey, in: Domke, M. (Hrsg.), International Arbitration S. 137

Sandifer, Durward V.: Evidence before International Tribunals, Chicago 1939

Scerni, M.: La procédure de la Cour permanente de justice internationale, in: RdC Bd. 65 (1938), S. 565

Schätzel, Walter: Die Ablehnung eines Mitgliedes eines internationalen Gerichts wegen Befangenheit, in: ders., Internationale Gerichtsbarkeit S. 151

— Die Prozeßordnungen der gemischten Schiedsgerichte, in: DJZ 1921, S. 243

— Internationales Recht — Gesammelte Schriften und Vorlesungen, Bd. II: Internationale Gerichtsbarkeit, Bonn 1960

Schindler, Dietrich: Die Schiedsgerichtsbarkeit seit 1914. Entwicklung und heutiger Stand, in: Handbuch des Völkerrechts Bd. 5, 3. Abteilung, Stuttgart 1938

Schlochauer, H. J.: Die Verfahrensordnung des Ständigen Schiedshofes für Streitigkeiten zwischen einem Staat und einer nichtstaatlichen Partei, in: ArchVR Bd. 12 (1964/65), S. 173

Schniewindt, Friedr.: Die friedliche Beilegung zwischenstaatlicher Streitigkeiten im westeuropäischen Rahmen, Diss. jur. Saarbrücken 1967

Schreiber, Anna P.: The Inter-American Commission on Human Rights, Leyden 1970

Schurmann, C. W. A.: A Centre for International Fact-Finding: A Review and a Proposal, New York 1963

Schwarzenberger, G.: International Law, Bd. I, II und III, 1957/1968/1976

Schwelb, Egon: Civil and Political Rights — The International Measures of Implementation, in: AJIL Bd. 62 (1968), S. 827

— Die Arbeit der Vereinten Nationen auf dem Gebiet der Menschenrechte, in: Vorträge und Diskussionen des 2. Internationalen Kolloquiums über die Europäische Konvention zum Schutze der Menschenrechte und Grundfreiheiten, Karlsruhe 1967

Schwelb, Egon: Notes on the early Legislative History of the Measures of Implementation of the Covenants, in: Mélanges Modinos, Paris 1968

— Some Aspects of the Measures of Implementation of the Covenant on Economic, Social and Cultural Rights, in: RDH Bd. 1 (1968), S. 363

— The Implementation of the International Convention on the Elimination of All Forms of Racial Discrimination, in: ILA, Report of the Committee on Human Rights, S. 585, New York Conference 1972

— The International Convention of All Forms of Racial Discrimination, in: ICLQ Bd. 15 (1966), S. 996

Scott, James B.: Les conférences de la Paix de la Haye de 1899 et 1907, Paris 1927

— Treaties for the Advancement of Peace, New York 1920

Seidl-Hohenveldern, I.: Das Recht der internationalen Organisationen einschließlich der Supranationalen Gemeinschaften, 2. Aufl. Köln/Berlin/Bonn/München 1971

— Die Grenzen rechtlicher Streiterledigung in Internationalen Organisationen, in: Berichte der Deutschen Gesellschaft für Völkerrecht, Heft 9, S. 45, Karlsruhe 1969

— Die Vergleichskommissionen gem. Art. 83 des Friedensvertrages mit Italien von 1947, in: ArchVR Bd. 9 (1961), S. 278

Sereni, Angelo P.: Principi generali di diritto e processo internazionale, in: Quaderni della rivista di diritto internazionale No. 1, Milano 1955

Shore, William I.: Fact Finding in the Maintenance of International Peace, Dobbs Ferry/New York 1970

Simpson, J. L.: The Agreement on German External Debts, in: ICLQ Bd. 6 (1957), S. 472

Simpson/Fox: International Arbitration, 1959

Skubiszewski, K.: A New Source of the Law of Nations: Resolutions of International Organisations, in: Guggenheim-Festschrift, 1968, S. 508

Soder, Josef: Die Menschenrechtskonventionen der Vereinten Nationen, in: VN 1967, S. 167

Sohn, Louis B.: The Role of International Institutions as Conflict-Adjusting Agencies, in: University of Chicago Law Review Bd. 28 (1961), S. 205

Sohn/Buergenthal: Basic Documents on International Protection of Human Rights, New York 1973

— International Protection of Human Rights, New York 1973

Staats, R.: Ausländisches Privatvermögen in der internationalen Rechtsprechung, Göttingen 1966

Stauffenberg, B. Schenk Graf v.: Statut et Règlement de la Cour permanente de Justice internationale, 1934

Stone, Julius: Legal Controls of International Conflict, 2. Aufl. London 1959

Strupp, Karl: Documents pour servir à l'histoire du Droit des Gens, Bd. I und II. Berlin 1923

Strupp/Schlochauer: Wörterbuch des Völkerrechts, Bd. I, II und III, Berlin 1960 - 1962

Stuyt, A. M.: Survey of International Arbitrations, 2. Aufl. Leyden/Dobbs Ferry 1972

Ténékidès, G.: Droit international et communautés fédérales dans la Grèce des cités, in: RdC Bd. 90 (1956), S. 469

Tomuschat, Christian: Die Interamerikanische Menschenrechtskommission, in: ZaöRV Bd. 28 (1968), S. 531

Turlington, Edgar: The Pact of Bogotá, in: AJIL Bd. 42 (1948), S. 608

UN: Analysis of the Main Features of the Inter-American Peace System, Study of the UN Secretariat, in: UN Doc. A/AC. 18/46/Add. 1

— Interim Committee of the General Assembly, Organization and Procedure of United Nations Commissions XII — Comparative Tabulation of the Rules of Procedure of United Nations Commissions, UN Publications Sales No. 1950.X.2

— Memorandum on Recent Inter-American Experience in the Field of Pacific Settlement, prepared by the UN Secretariat, UN Doc. A/AC. 18/SC.9/L.6

— Repertory of United Nations Practice, Bd. I, New York 1955

— Report of the International Law Commission, 5th Session, UN Doc. A/2456

— Report of the Secretary General on Methods of Fact-Finding, UN Doc. A/5694

— Systematic Survey of Treaties for the Pacific Settlement of International Disputes 1928 - 1948, New York 1948

UNESCO: Techniques of Mediation and Conciliation, in: UNESCO International Social Science Bulletin Bd. 10 (1958), S. 507

Valticos, Nicolas: Droit International du Travail, Paris 1970

Vasak, Karel: La Convention Européenne des Droits de l'Homme, Paris 1964

— La protection internationale des Droits de l'Homme sur le continent américain — La Commission interaméricaine des Droits de l'Homme, Paris 1968

— Les institutions nationales, régionales et universelles pour la protection des Droits de l'Homme, in: RDH Bd. 1 (1968), S. 164

Verdross, Alfred: Völkerrecht, 5. Aufl. Wien 1964

— Einige Hauptbestimmungen der Geschäftsordnung des Europäischen Gerichtshofes für Menschenrechte, in: ÖZöR Bd. 10 (1959/60), S. 475

Vignes, Daniel: Procédures internationales d'enquête, in: AFDI Bd. 9 (1963), S. 438

de Visscher, Chr.: La Procédure de Conciliation devant la Société des Nations, in: RDILC Bd. 50 (1923), S. 21

Waldock, C. H. M.: The European Convention for the Protection of Human Rights and Fundamental Freedoms, in: BYIL Bd. 34 (1958), S. 356

Wehberg, Hans: Die Haager Schiedsgerichtskonvention, in: Die Friedenswarte Bd. 46 (1946), S. 353

— Die Vergleichskommissionen im modernen Völkerrecht, in: ZaöRV Bd. 19 (1958), S. 551

— Kommentar zu dem Haager Abkommen betreffend die friedliche Erledigung internationaler Streitigkeiten vom 18. Oktober 1907, in: Archiv des öffentlichen Rechts, 1. Beilagenheft, Tübingen 1911

Weil, Gordon Lee: The European Convention on Human Rights, Leyden 1963

Wemmer, Wilhelm: Trägerschaft, Funktion und Organisation des Gerichtshofes einer zwischenstaatlichen Vereinigung im Vergleich zu einem internationalen Gerichtshof, Diss. jur. Münster 1963

White, Gillian Mary: The Use of Experts by International Tribunals, Syracuse (New York) 1965

Witenberg, J. C.: L'Organisation judiciaire, la Procédure et la Sentence internationale, Paris 1937

— La théorie des preuves devant les Jurisdictions internationales, in: RdC Bd. 56 (1936), S. 5

Wolfrum/Prill/Brückner: Handbuch Vereinte Nationen, München 1977

Wright, Quincy: Arbitration as a Symbol of Internationalism, in: Domke, M., International Trade Arbitration, S. 3

Zarras, J.: Le contrôle d'application des Conventions internationales de Travail, Paris 1937

Zorn, Philipp: Die beiden Haager Friedenskonferenzen von 1899 und 1907, 1915

Kolibri 360 GmbH
Ferdinand-Jühlke-Straße 7
99095 Erfurt, Deutschland
produktsicherheit@kolibri360.de

Druck:
CPI Druckdienstleistungen GmbH
im Auftrag der
Kolibri 360 GmbH
Ferdinand-Jühlke-Str. 7
99095 Erfurt